导游讲解与实务

——以南京市导游资格考证为例

董红艳　蔡安宁　◎编著

中国广播影视出版社

图书在版编目（CIP）数据

导游讲解与实务:以南京市导游资格考证为例 / 董红艳，蔡安宁编著. ––北京：中国广播影视出版社, 2024.10 –– ISBN 978-7-5043-9284-8

Ⅰ. F590.633

中国国家版本馆CIP数据核字第2024V9X278号

导游讲解与实务：以南京市导游资格考证为例

董红艳 蔡安宁 编著

责任编辑 谭修齐
封面设计 张道如
责任校对 张 哲

出版发行 中国广播影视出版社
电 话 010 – 86093580 010 – 86093583
社 址 北京市西城区真武庙二条9号
邮 编 100045
网 址 www.crtp.com.cn
电子信箱 crtp8@sina.com

经 销 全国各地新华书店
印 刷 河北赛文印刷有限公司

开 本 710毫米 × 1000毫米 1 / 16
字 数 280（千）字
印 张 17
版 次 2024年10月第1版 2024年10月第1次印刷

书 号 ISBN 978-7-5043-9284-8
定 价 68.00 元

前　言

　　随着文旅行业的蓬勃发展，导游已成为文旅行业中不可或缺的关键角色。导游的专业素养和服务质量，直接关乎游客的旅游体验及满意度，也关乎文旅行业的高质量发展。因此，提升导游人员的业务能力和讲解水平，显得尤为迫切和重要。

　　本书致力于通过系统、详尽的导游考证流程讲解，并以南京市景点为例进行实操指导，助力广大导游人员及有志于投身导游事业的人员，熟练掌握导游讲解的核心技能，从而顺利通过导游资格考试，并在实际工作中学以致用，为游客提供更优质、专业的服务。

　　本书内容具有全面性，覆盖了导游考证的全过程，从江苏省导游人员现场考试的实施规程，到南京市考点的具体考试内容及要求，均进行了详尽的解读。

　　本书内容注重实操性，通过模拟导游讲解的各个环节，如致欢迎词、市情概况讲解、沿途景观讲解、景点讲解及致欢送词等，使读者能够身临其境地体验导游讲解的全过程，进而更好地掌握讲解技巧。

　　本书案例具有典型性，在景点讲解部分精心挑选了南京市具有代表性的文化景点，包括民国文化景点、明文化景点、科举文化景点、宗教文化景点以及红色文化景点等，并对这些景点的历史背景、文化内涵及建筑特色等，进行了深入的剖析和讲解。这些景点承载着深厚的历史文化底蕴，通过本书的细致讲解，读者能够深入了解这些景点的独特魅力和价值，同时掌握不同类型景点的讲解技巧。

此外，本书还附录了导游服务规范问答、导游服务应变问答以及全国导游资格考试大纲等内容，为读者提供了丰富的参考信息和备考资料。这些附录内容不仅有助于提升读者的导游服务专业素养，更为他们顺利通过导游资格考试提供了有力的支持。

　　总之，本书集理论性、实操性和实用性于一体，旨在通过学习和实践，帮助读者不断提升自己的导游讲解水平。

　　在本书的编写过程中，我们得到了多方面的支持与帮助。首先，衷心感谢涂玮教授以及业内专家陈春林总经理，他们在本书框架的制定和内容的撰写方面给予了大量的指导与帮助。此外，书中涉及的各个景区也提供了大力的协助。同时，我们还参考了许多同类教材和著作。在此，我们对所有提供帮助和支持的各方一并表示诚挚的谢意！

　　尽管我们已尽力确保本书的准确性和完整性，但由于水平所限，难免存在疏漏之处。因此，我们恳请同行专家和广大读者不吝赐教，提出宝贵意见和建议，以便本书在后续修订中不断完善和提高。

目 录

第一章　导游讲解考证流程

【概　述】

国家导游资格证考试包括笔试和面试两个环节，两个环节分别划定合格线，每个环节都达到合格要求才算通过导游资格考试。

本章针对面试环节（普通话）。面试环节满分为 100 分，合格线为 60 分。考核内容包括市情概况、景点讲解、服务规范、服务应变、时事政治等。

考核时，导游讲解环节一般是以模拟讲解的形式进行。本章介绍江苏省和南京市导游人员现场考试实施规程。

第一节　江苏省导游人员现场考试实施规程

一、考试方式

除南京市外，各市现场导游考试一般采用室内模拟方式，有条件的市也可采用实地现场考试。

关于室内模拟考试时间，中文类考生每人不少于 15 分钟，外语类考生每人不少于 25 分钟。

二、评分标准

1. 中文类现场考试评分标准分为三大项：语言与仪态占 20%，景点讲解占 50%，综合能力占 30%。

2. 外语类现场考试评分标准分为四大项：语言与仪态占 30%，景点讲解占

30%，综合能力占 20%，口译占 20%。

三、考查要素

根据导游员应具备的基本能力和素质要求，现场导游考试的考查要素包括以下八个方面。

1. 语言表达：主要考查考生的语言能力，包括语言表达的准确性、流畅性、逻辑性、生动性、感染力、说服力及身体语言的运用等。

2. 仪表、礼仪：主要考查考生的仪表仪容和对礼节、礼仪的运用等。

3. 景点讲解：主要考查考生导游讲解是否符合规范程序，考生的城市概况和景点讲解的正确性、全面性、条理性，讲解是否详略得当、重点突出，具有一定讲解技巧。

4. 景点提问：主要考查学生对景点相关知识的掌握。

5. 导游规范：主要考查考生对导游服务规范及工作程序的掌握和应用。

6. 应变能力：主要考查考生处理突发事件和应变特殊问题的能力。

7. 综合知识：主要考查考生对时政、经济、文化、社会发展等综合知识是否全面了解。

8. 口译测试：包括短文朗读与复述、中译外和外译中，主要考查外语类考生的外语表达和理解能力。

四、考试内容

1. 中文类考生现场考试内容包括：城市概况、景点讲解、导游规范、应变能力及综合知识问答。"导游规范"、"应变能力"和"考试讲解景点知识问答"统一使用《江苏省导游人员现场考试手册》中有关内容。

2. 外语类考生现场考试内容包括：用所考语种讲述城市简介和景点，回答评委用所考语种提出的"导游规范"、"应变能力"、"考试讲解景点知识问答"和"综合知识问答"题；阅读所考语种短文，并用所考语种复述阅读内容，阅读材料字数在 150—200 字之间；按要求进行现场口译（中译外和外译中）。

五、考试流程

（一）考试流程

1. 考生在指定时间到考试签到处签到；

2．考生按照准考证号顺序抽取考场号和考试顺序号，进入候考场（区）候考，并于考前 15 分钟依次公布抽签景点；

3．考生进入考场，将准考证、身份证交给评委，各评委在《评分表》上登记考生姓名、准考证号等信息；

4．开始考试；

5．考试结束，考生取回准考证、身份证，退出考场；

6．各评委独立评分，同时填写《评分表》；

7．每个考试时段结束，评委在《评分表》上签字后，由考务工作人员审核后收回。

（二）注意事项

1．考生抽取考场号后，不得更换考场号、考试顺序号，并须在候考场（区）等候；

2．景点讲解中的提问一般为 3 道题，"导游规范"、"应变能力"和"综合知识"各提问 1 个问题；对于个别地区景点内容较少、景点讲解时间较短的情况，可酌情增加"导游规范"和"应变能力"的提问。

3．外语类考生须用所报考语种的语言全程进行现场导游考试。

第二节 南京市考点导游人员现场考试内容及要求

一、考试方式

南京市考点现场考试中，景点讲解采用视频模拟方式，即要求考生结合视频画面进行对应讲解（其中南京市以外各市小语种考生暂不作此要求，仍沿用室内模拟方式）。景点视频以及讲解要点和时间规范会在考前公开。

二、考试内容

1．中文类考生现场考试内容包括：欢迎词（不超过 1 分钟）、景点讲解（配合视频）、景点知识问答，以及导游规范、应变能力、综合知识和市情概况知识问答。

中文类考生考试时间每人不少于 15 分钟。

2. 外语类考生现场考试内容包括：外语短文朗读及复述（短文字数 150—200 字，朗读及复述前有 40 秒的阅读准备时间）、欢迎词和市情概况（时间控制在 1 分钟至 1 分 30 秒）、景点讲解（配合视频）、景点知识问答，以及导游规范、应变能力、综合知识问答、口译（中译外和外译中）。外语类考生必须全程用应试语言应考和讲解。

外语类考生考试时间每人不少于 25 分钟。

景点知识问答和导游规范、应变能力提问基本出自当年出版的《江苏省导游人员现场考试手册》。综合知识问答以近一年来国内外时政大事和常识性知识为主，考前公开题目，考生自行查询答案。市情概况提问一般出自当年公布的市情概况。

三、考试景点及讲解要素

1. 中文类现场考试景点：中山陵、明孝陵、灵谷寺、夫子庙 A、夫子庙 B、南京城垣与中华门城堡、总统府 A、总统府 B、雨花台、牛首山、大报恩寺、侵华日军南京大屠杀遇难同胞纪念馆。

2. 外语考生现场考试景点：中山陵、明孝陵、夫子庙、中华门、总统府、侵华日军南京大屠杀遇难同胞纪念馆。

中、外文现场考试各景点讲解要素会在当年出版的《江苏省导游人员现场考试手册》中提前公布。

四、考试流程

现场考试实行全程信息化操作与管理。具体流程如下：

（1）抽顺序号

第一步：每个考生扫准考证条码，签到；

第二步：签到时间截止，统一生成随机考试顺序号；

第三步：大屏显示考试顺序号结果。

其他：迟到人员考试序号顺序置后。

（2）抽考试题

第一步：条码枪输入考生准考证号，系统根据语种（地区）随机取得讲解景点号、试题号，同时系统打印含评分表的抽题单给考生签字确认；

第二步：考生根据所抽讲解景点观看录像；

第三步：考官在考场依次选取待考考生后，候考室大屏显示进入对应考场考生名单；

第四步：工作人员引导考生进入对应考场；

其他：如打印故障，考生抽题单可补打印。

（3）考后检查

条码枪输入考生准考证号，判断是否考完，如考完提示考生可以离场，否则提醒该考生目前应该在哪个环节；

其他：如考生弃考，可在此处直接设置"弃考"，之后考生可以离开。

五、评分标准

1. 中文类现场考试评分标准分为三大项：语言与仪态占 20%，景点讲解占 50%，综合能力占 30%。

2. 外语类现场考试评分标准分为四大项：语言与仪态占 30%，景点讲解占 30%，综合能力占 20%，口译占 20%。

六、考试要求

因景点讲解需配合视频画面进行，对考生的知识容量和反应能力都提出了较高的要求。建议考生除了去景点实地了解景观的特点和位置外，还要根据公布的现场考试景点及内容提要控制好各知识点内容长短，根据时间规范和个人语速组织好导游词。

第二章　导游讲解实操流程

【概　述】

　　导游实际带团讲解的环节主要包括四个方面：致欢迎词、沿途讲解、景点讲解和致欢送词。

　　欢迎词的主要作用在于介绍服务团队的工作人员，表达对旅游者的欢迎。沿途讲解包括市情概况讲解、沿途景观讲解和即兴讲解三个方面，主要是向旅游者介绍城市风土人情、历史沿革，行车途中所见景观，旅游者感兴趣的即兴讲解话题等。景点讲解则是对参观景点的介绍。欢送词是讲解活动即将结束时，感谢旅游者对导游工作的支持，对不足之处表达歉意，并听取旅游者的意见和建议。

　　优秀的讲解可以吸引游客注意力，加深导游和游客的感情，增强游客对导游的认同感。

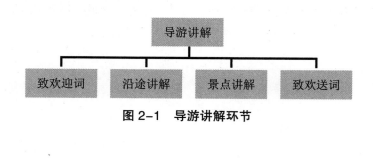

图 2-1　导游讲解环节

第一节　致欢迎词

【解　读】

致欢迎词是导游员接团后的首次正式讲解，欢迎词可以让游客了解参团旅行社的名称、对导游和驾驶员的称呼，同时感受导游的热情及其对游客的欢迎。

狭义的欢迎词包括问候语、介绍语、欢迎语、希望语和祝愿语，适用于导游资格证面试环节、景点导游实践操作等；广义的欢迎词在狭义的基础上增加介绍注意事项、行程概况等，各部分内容也更丰富。

致欢迎词需要注意：

1. 致欢迎词的时间、地点。致欢迎词时间一般是在旅游者集合后；地点是在机场、火车站等集合点，或者是等旅游者在旅游车坐定后进行。

2. 认真对待。致欢迎词时态度要热情，着装和仪容、仪表要符合导游员身份。致欢迎词是导游员的第一次正式亮相，给游客留下良好的第一印象对后续工作顺利开展非常重要。

【考证示范讲解】

在国家导游资格证考试面试过程中，欢迎词讲解的时间为30秒左右，重点考核考生对欢迎词要素的掌握程度。因此，考试时用狭义的欢迎词简明介绍驾驶员、旅行社、导游，并表达欢迎和祝福即可，注意事项、行程简介等则来不及展开。

狭义欢迎词的具体内容包括以下几个方面：

问候语：中国是礼仪之邦，讲欢迎词的第一要素就是问候。问候语包括两个元素，称呼和问好。导游欢迎词中常见的称呼方式有"各位游客""各位嘉宾""各位贵宾"等。也可以根据团型选择比较亲切的称呼。如果带老年团，可以称呼"爷爷奶奶"，研学团则称呼"同学们"或"小朋友们"等。"各位游客早上好！"或者"小朋友们早上好！"就是完整的问候语。

介绍语：需要介绍三个方面的内容，包含自己、所属单位、驾驶员。告诉旅游者你是他们的导游，如何称呼你；驾驶员贵姓，如何称呼；你和驾驶员代表哪家旅行社为大家提供服务。介绍自己的名字时尽量有新意，让旅游者能记住。

欢迎语：代表所在旅行社、本人及驾驶员欢迎游客来本地参观游览。

希望语：表示提供服务的诚挚愿望，希望得到旅游团成员的配合。

祝愿语：预祝游客本次行程旅游愉快顺利。

以上几点结合，就组成了一个要素齐备的地陪欢迎词。

示例 1

各位游客：

大家好！我是导游××，这位是驾驶员×师傅。我们代表××旅行社欢迎大家来到古老而美丽的南京！很高兴能为大家服务，预祝大家游览愉快！

示例 2

各位游客：

大家好！首先我代表××旅行社欢迎大家，我是导游××，我和驾驶员×师傅将竭诚为大家服务。我们的工作离不开各位的支持与配合，希望古老而又美丽的南京给大家留下一个难忘的印象。预祝大家游览愉快！

【实践操作】

在导游实际带团过程中，欢迎词的讲解则复杂得多。考试版欢迎词中各部分内容要介绍得更详细、更有感染力，还需要增加行程简介、注意事项提醒等内容。

一、介绍服务团队

广义的导游服务团队不仅包括导游，还包括驾驶员和旅行社前台等服务人员。因此致欢迎词首先要介绍整个团队，包括导游、司机和旅行社。

讲解欢迎词的第一步是导游的自我介绍，告诉游客如何称呼自己。介绍自己时要简单、朗朗上口，如果能新颖、别致更好，可以达到使旅游者迅速记住自己的效果。比如有个导游叫"刘飞"，她自我介绍说："我是您本次南京之行的导游刘飞，刘备的刘，张飞的飞。"旅游者很容易就记住她了。让旅游者记住导游员的姓名，能够对彼此间增进沟通、培育信任度起到非常积极的作用。帮助记忆的方法很多，常用的有：利用中国传统的拆字法，如弓长张、立早章等；联系相同姓氏的名人姓名进行介绍；突出姓名中的一个字，用叠字法介绍自己。

　　驾驶员是导游的合作伙伴，也是旅途中非常辛苦的工作人员，游客也需要经常和驾驶员接触。因此，告知游客如何称呼驾驶员非常重要。一方面驾驶员有义务将工作做好，另一方面游客也需要理解和配合他工作。介绍驾驶员可以说："大家好，这位是驾驶员张师傅。张师傅不仅技术娴熟、驾车稳妥，而且责任心强、热情度高。相信我们坐他的车，既放心又舒心。"提醒大家注意，不要介绍"这是司机师傅"。"司机"不够体现尊重，驾驶员一般不喜欢这个称呼。

　　介绍旅行社名称是一个宣传企业的机会，要认真把握。导游员可以对所属旅行社做一个简单的介绍，如公司的名称、规模、业绩、行业影响等，有利于增强旅游者对旅行社和导游员的信任。导游在实际带团过程中可以一边展示导游旗，一边介绍旅行社，加深游客对旅行社名称的记忆。

二、表示欢迎

　　代表旅行社、本人及驾驶员欢迎游客。致欢迎词时态度要热情，面带笑容、注视游客，让游客有被重视、宾至如归的感觉。避免生硬、呆板、程式化的表述。

三、表达服务愿望

　　表达为大家服务的意愿时态度要诚恳，表示通过本人尽心尽力的服务，希望旅游者可以收获一个满意的旅程。"在接下来的几天里，我和张师傅将竭诚为大家服务，如果您在旅途中有什么建议和要求，尽管向我提出，在力所能及的范围内，在合理而可能的情况下，我会尽量满足大家的要求，为大家提供一个安全、舒适的旅程。"

四、表达祝福

　　预祝游客整个行程顺利、开心。"中国有句老话说得好：'有缘千里来相会。'今天，我们由不同的地方走到同一个目的地，一同参观游览，这便是一种缘分。那么就让我们将这个美好的缘分进行到底，让我们开心而行、满意而归，收获一段满意的行程。"

五、简介行程

　　简单介绍本次行程的安排。根据行程特点，旅游六要素的食、住、游、行、购、娱中的任何一个方面都可以作为介绍的重点。比如，摄影主题线路，重点介绍美景；研学主题线路，可重点介绍文化等。如果是多日游，可以简单介绍整体行程安排如在某地游览几天，重点介绍行程特色和当日行程。

六、提醒注意事项

介绍行程中的注意事项。比如请旅游者遵守时间观念、游览过程中不要掉队、不要随意丢弃垃圾，注意文明旅游等。讲解注意事项时注意方式、方法和语气。用"我们可以"或"大家一起"代替"大家不要"。例如提醒游客保持车内卫生，可以这么说："此次行程我们有不少时间要在旅游车上度过，它就像我们这三天里流动的家，让我们一起爱这个家，维护它的和睦和卫生！"

以上是带团过程中欢迎词包含的内容，在实地操作过程中，欢迎词讲解的长短、内容呈现的先后顺序、具体讲解的方式等，都可以根据客情进行调整。

【课后实践】

自定接团对象和行程线路，拟定一篇300字左右的欢迎词。要求：要素齐备，内容和表达方式符合带团实际。

第二节　市情概况讲解

【解　读】

一般来说，根据讲解内容和方式的不同，沿金讲解可以划分为市情概况讲解、沿途景观讲解和即兴讲解三个方面。要求导游人员熟悉行进路线，掌握市情概况知识、沿途景观知识，还要具备根据旅游者兴趣点开展即兴讲解的能力。

市情概况，顾名思义是指一个城市的概况，其内容没有严格限定，一般包括城市的地理区位、气候状况、历史沿革、风物特产、交通布局、经济发展、民俗风情、文化传承、著名景点、特色建筑等。通过此部分内容的讲解，可以让旅游者对目的地城市有一个大概的了解。

以南京为例，做市情概况讲解时导游可以向旅游者介绍它的地理概况：南京位于长江下游，总面积 6587 平方千米。南京有 3100 多年建城史，素有"六朝古都""十朝都会"之称，具体哪六朝、哪十朝，这些朝代在南京建都的原因是什么都可介绍；可以介绍它的风物特产雨花石、雨花茶的成因及特点，人类非遗代表作南京云锦木机妆花手工织造技艺、金陵刻经印刷技艺等。这些知识都需要掌握，都可以作为讲解的内容。

市情概况讲解可根据途中时间长短集中讲解，也可以结合沿途景观分段讲解。具体来说，选择讲解内容时需要注意以下几点：

1. 要根据旅游者的兴趣点选择合适讲解内容。旅游者的年龄、性别、职业不同，喜爱的讲解内容也各不相同。导游员需要提前分析旅游者的特点，针对不同旅游团队的层次和特点，选择旅游者感兴趣的内容讲解。

2. 讲解要适时适量。如果旅游者精神饱满、兴趣浓厚就可以多讲一些；如果旅游者比较疲劳，没有兴趣听讲解时，就少讲或者不讲。如果时间充裕，比如从离市区较远的机场接团，就可以开展耗时较长的主题讲解；如果时间比较短，比如在离市区较近的火车站接团，就选择重要的内容讲解。

3. 讲解内容要相对集中。一个主题或内容要一次讲完，保持内容的完整性。合理调节讲解内容的详略程度，在即将到达目的地时要及时收尾。

【考证指导】

考证过程中只考查市情概况。沿途景观讲解和即兴讲解不作要求。

市情概况的考核以提问形式呈现。题目及答题方式示例如下。

1. 南京下辖几个区，全市总面积多少平方千米？

答：下辖 11 个区；全市总面积 6587 平方千米。

2. 历朝历代的南京有很多称呼，有些名字作为南京的地名一直沿用至今。请列举五个南京的曾用名。

答：金陵、秣陵、建邺、建康、蒋州、江宁、昇州、集庆、应天、天京等。

3. 南京物产丰富，已成功入选《世界人类非物质遗产代表名录》的有哪些？

答：南京云锦、金陵刻经、南京剪纸、金陵琴派（古琴）。

4. 请列举三项南京著名的土特产品。

答：盐水鸭、雨花茶和雨花石。

5. 请简要介绍南京雨花茶。

答：雨花茶是中国的十大名茶之一，茶叶条索圆直、形似松针、白毫显露、色泽翠绿，一经品饮，回味无穷。

6. 请列举三个南京曾获得的荣誉称号。

答：全国文明城市、全国卫生城市、国家园林城市、中国优秀旅游城市、全国双拥模范城市、全国科技进步先进城市、国家环保模范城市、联合国人居特别荣誉奖、联合国国际花园城市金奖、全国首家软件名城等。

7. 南京的市民精神是什么？

答：开明开放、诚朴诚信、博爱博雅、创业创新。

8. 南京的市树、市花分别是什么？

答：南京的市树是雪松，市花为梅花。

9. 南京旅游的标志是什么？

答："龙盘虎踞"。

10. 南京具备以山、水、城、林为大格局的奇致景观，请列举三座环峙城区的山。

答：栖霞山、牛首山、幕府山、狮子山、清凉山、鸡笼山等。

11. 南京被称为"六朝古都""十朝都会"，"六朝""十朝"分别是指哪几个朝代？

答：六朝是指东吴、东晋，南朝的宋、齐、梁、陈；六朝加上南唐、明初、太平天国、中华民国为十朝。

每年的考题都会有变化，具体内容可以参考当年发布的南京市情概况。

【实践操作】

以下南京概况供参考。

南京市情概况

城市简介

南京市，简称宁，是江苏省省会，位于江苏省西南部、长江下游，东西最大横距约70千米，南北最大纵距约150千米，面积6587.04平方千米。下辖11个区和国家级江北新区，全市常住人口954.70万人，56个民族齐全，人口最多的民族为汉族。南京是中国东部地区重要的中心城市、全国重要的科研教育基地和综合交通枢纽，是长江三角洲唯一的特大城市和长三角辐射带动中西部地区发展的重要门户城市、首批国家历只文化名城和全国重点风景旅游城市。南京的市民精神是"开明开放、诚朴诚信、博爱博雅、创业创新"。南京的市树是雪松，市花为梅花。

自然概况

南京地处长江三角洲，距入海口380千米，为我国东西水运大动脉 长江与南北陆运大动脉京沪铁路的交汇点，素有"东南门户，南北咽喉"之称。

南京处三面环山， 一面临水的山环水绕的河谷盆地，境内山峦环抱，湖川偎依，自然条件优越，物产丰富。南京地貌属宁镇扬山地，低山、丘陵、岗地约占全市总面积的60.8%，平原、洼地及河流湖泊约占39.2%。钟山主峰北高峰，海拔448.9米，是宁镇山脉最高峰。南京具有典型的北亚热带湿润，气候特征，四季分明，雨水充沛，春秋短、冬夏长，年温差较大，气候温和湿润，是四季分明的旅游城市。南京地处长江下游，长江自西南向东北斜贯全市。秦淮河自南向北奔流而来，是南京的母亲河；玄武湖、莫愁湖是镶嵌在主城区的两颗明珠。全市水域面积占全市总面积11.4%。

孙中山先生就曾经这样赞誉南京："其位置乃在一美善之地区，其地有高山，有深水，有平原，此三种天工，钟毓一处，在世界中之大都市诚难觅此佳境也。"

历史沿革

据史志记载，南京一带在 120 万—100 万年前就有古人类活动。60 万年前古猿人在南京地域生活，汤山旧石器时代文化遗址出土的南京猿人化石，是研究东亚早期人类演化及旧石器时代考古领域具有世界意义的重大发现，再次证明南京是中华文明的发祥地之一。同一化石点发现两个人种，全世界仅有南京一处。南京猿人洞为人类多地起源论提供了有力依据——中国人并非起源于非洲。

7000 年前，南京栖霞地区已有农业文明产生。6000 年前，出现以北阴阳营文化为代表的新石器时代原始村落，在南京及周边地区发现 200 多处新石器时代的遗址。4000 年前，秦淮河流域出现了密集的原始聚落，被称为湖熟文化，在这些聚落的基础上形成了南京地区最早的城邑。

3100 年前，南京是西周周章的封地，中华门外发掘的西街遗址将南京建城史追溯到商周之际。周灵王元年（公元前 571 年），楚国在六合已设有棠邑，置棠邑大夫，这是南京有历史记载的最早的地方建置。周景王四年（公元前541 年），吴国在高淳建濑渚邑，因城池坚固，又名固城。周敬王二十五年（公元前 495 年）前后，吴国在朝天宫一带筑冶城。周元王三年（公元前 473 年），越灭吴，于中华门外的长干里筑越城。周显王三十六年（公元前 333 年），楚灭越，楚威王欲借南京的长江天堑为屏障以图谋天下，于石头城筑金陵邑，金陵之名源于此。

公元前 210 年，秦始皇改金陵为秣陵。

黄龙元年（229 年），吴帝孙权从武昌（今湖北鄂州）迁都建业，是为南京建都之始，孙权开创的东吴成为第一个在南京建都的朝代。317 年，司马睿即位，东晋定都建康，此后，宋、齐、梁、陈陆续定都南京，前后共 320 余年，史称"六朝"，故南京被称为六朝故都。六朝时建康城为当时世界上最大的城市，人口达百万。经济发达，文化繁盛，寺庙林立，"江南佳丽地，金陵帝王州"的景象传诵了千年。

589 年，隋灭陈。隋文帝置建康城为蒋州，隋炀帝时改为丹阳郡。此后隋、唐两朝统治者将扬州治所自金陵迁至广陵，曾一度取消南京州一级的建制。南京屡次承担过中华文明"救亡图存"的使命。一旦中原和北方政权遭到游牧民族的冲击，南京就会成为中原华夏文化的避难所，江南保存了华夏文化之正朔。一旦国家重新恢复大一统的格局，华夏文明的政权即重新恢复于中原大地。

937 年，徐知诰（李昇）立国南唐，定都金陵，改金陵府为江宁府。南唐虽存世 38 年，经历了祖孙三代帝王，但亡国之君李煜的哀美之词对宋词的发展影响巨大，"问君能有几多愁，恰似一江春水向东流"成为千年绝唱。

1368 年，朱元璋在应天称帝，定国号为明，以应天府为都城。南京第一次成为全国政治、经济、文化的中心，更为南京绮丽的史册添上浓墨的一笔。

1853 年，洪秀全领导的太平军攻克南京，定都南京，改名为天京。1864 年，清兵攻克天京，太平天国在南京的十一年，谱写了悲壮的天国恩仇录。

1912 年春，孙中山在辛亥革命取得成功后，于南京就任中华民国临时大总统。1927 年，北伐军克南京，国民政府成立，正式定都南京。南京又一次成为全国政治、经济、文化的中心。

"钟山风雨起苍黄，百万雄师过大江。"1949 年 4 月 23 日，南京解放了。一部屈辱的中国近代史从签订第一个不平等的《南京条约》开始，随着人民解放军解放南京而宣告结束。

1949 年 4 月 23 日，南京解放，仍为直辖市。1952 年 9 月，南京直辖市与苏南、苏北行署区合并，成立江苏省。1953 年 1 月 1 日，江苏省人民政府成立，南京定为江苏省省会。1994 年 2 月，中央明确南京行政级别为副省级。

2016 年 6 月，经国务院批准的《长江三角洲城市群发展规划》将南京在城市规模等级上定位为"特大城市"，是长三角城市群 26 个成员中唯一的特大城市。

风景名胜

南京地处宁镇扬丘陵地区，是一座旅游休闲城市。六百多年前，明太祖朱元璋对南京城负山带江的规划多是出于军事防御的考虑。六百多年后，"城在林中，林在城中，山水相映"的景观反而成就了南京独特的"山水城林"的旅游资源，自然赐予的风景资源与历史留下的文化遗存高度融合。低山缓岗、龙盘虎踞，万里长江穿城而过，造就了以山、水、城、林为大格局的奇致景观。

南京自古就有"金陵四十八景"之说，如今"金陵四十八景"包括"古金陵四十八景"和"新金陵四十八景"，代表了南京各个时期的文化底蕴。春游"牛首烟岚"，夏赏"钟阜晴云"，秋登"栖霞圣境"，冬观"石城霁雪"，四时佳景，遍地遗珍。截至 2021 年年底，南京有世界文化遗产 1 项、世界文化遗产预备名单 2 项，国家级非物质文化遗产代表性项目 13 项。有国家等级旅游景区 56 家，其中 4A 级以上景区 27 家，其中钟山风景名胜区—中山陵园风景区、夫子庙—秦淮风光带风景名胜区为国家 5A 级旅游景区和中国旅游胜地"四十佳"。1 项世界文化遗产为明孝陵，2 个中国历史文化街区分别为南京梅园新村街区、颐和路街区，1个中国历史文化名镇为南京市高淳区淳溪镇，2个中国历史文化名村为南京市高淳区漆桥镇漆桥村、江宁区湖熟街道杨柳村。

传统文化

南京有十多种历史悠久、各具特色的民间传统曲艺和歌舞。白局源自明清织锦工人在织机房哼唱的民间俗曲和江南小调，他们说方言，唱俚语。因演唱者不取报酬，"白唱一局"，故名"白局"。江宁的方山大鼓、高淳的跳五猖、溧水的跳当当和栖霞的龙舞，都是始于明清时期的民间舞蹈，已列入南京市非物质文化遗产名录。

南京传统工艺享誉全国。南京云锦始于六朝，鼎盛于清，因图案花纹典雅、色彩绚丽宛如天上云霞，得名"云锦"，位列中华"三大名锦"之首。2009年，南京云锦木机妆花手工织造技艺、中国雕版印刷技艺（金陵刻经印刷技艺）、中国剪纸（南京剪纸）3个项目入选人类非物质文化遗产代表作名录。

南京人喜好食鸭，南京板鸭、盐水鸭为南京赢得"鸭都"的雅号和"金陵鸭馔甲天下"的美誉。夫子庙的金陵风味小吃声名远扬，成为秦淮文化不可或缺的一部分。

正月秦淮灯会、春游牛首踏青、东郊赏梅、秋游栖霞、重阳登高，处处呈现出南京百姓的传统生活风貌。 南京国际梅花节、江心洲葡萄节、雨花石艺术节、灵谷桂花节、高淳螃蟹节、六合龙袍蟹黄汤包节等在传统文化的继承中又绽放出新的华彩。丰富多彩的旅游节庆活动不仅营造了南京欢乐祥和的旅游氛围，也促进了南京旅游市场的发展。节日期间聚集的巨大客流和商机直接拉动了南京旅游市场及相关产业的发展，实现了经济效益和社会效益、互动效益。

科教文化

南京是一座科教名城。南京自古以来就崇文重教，历史上有"天下文枢""东南第一学"的美誉。南京科教资源优势突出，被国家科技部列为首批"国家创新型试点城市"，被国家发展和改革委员会列为"国家创新型城市试点"。

南京科教实力雄厚，在全国大城市中，科教综合实力仅次于北京、上海，连续5次荣获"全国科技进步先进城市"称号。根据教育部最新公布的高等院校名单（截至2023年6月15日），位于南京共有51所高校，其中本科34所（公办26所、民办8所），专科17所（公办12所、民办5所）。其中985高校2所、211高校8所、"双一流"高校13所。截至 2023 年，南京拥有在宁两院院士95人，其中中国科学院53人、中国工程院42人。

南京是一座文化名城，丰厚的历史积淀和美好的生活环境使南京成为承载中华文化的人文乐土。魏晋风骨、六朝遗韵乃至唐宋以来的诗词歌赋、话本辞章，积淀和造就了今日南京的文脉。"书圣"王羲之、"画圣"顾恺之、"诗仙"李白、"词帝"李煜、"唐宋八大家"之一王安石，以及当代书画家林散之、徐悲鸿、刘海粟、傅抱石等无不与南京渊源深厚。

南京历史底蕴深厚，文化遗产丰富，是全国首批公布的历史文化名城之一，其中有世界文化遗产——明孝陵；世界非物质文化遗产——南京云锦、金陵刻经、南京剪纸、古琴（金陵琴派）；中国非物质遗产——金箔锻制技艺、秦淮灯会、南京白局、东坝大马灯、金银细工制作技艺等项目。2008年发现的七宝阿育王塔是近50年来国内发现的最大一尊地宫佛塔，塔座之内藏有佛教界最高圣物"佛顶真骨"（释迦牟尼顶骨舍利），为奠定南京佛都的地位提供了有力的实物依据。

近年来，文化事业发展取得新进展。南京书画院、金陵美术馆、老城南记忆馆等重点文化项目建设，牛首山遗址公园等重点文化项目建设有序推进，江宁织造博物馆实现对外开放。大力实施古都保护工程，全面启动实施新一轮明城墙、近代民国建筑保护和利用工作等都为南京的明天增加亮丽的色彩。

现代经济

南京是长江三角洲的重要一极，也是国际上看好的21世纪亚洲及环太平洋地区最具发展前景的城市之一。

南京是中国东部重要的工业基地，工业经济实力雄厚，门类齐全，以电子信息、汽车、石化、钢铁四大产业为支柱产业，并积极拓展新能源、新材料、生物医药、新型光电、环保装备、航空航天、轨道交通装备、先进船舶制造八大新兴产业领域。

南京是中国重要的电子信息产业基地，已形成以新型显示器、通信、计算机及外部设备、软件及系统集成和信息家电为主要特征的"五大产品群"，产业规模居全国同类城市前列。

2020年南京GDP经济总量排名全国第十。这是改革开放以来，南京首次进入前十。经济总量跻身前十，南京的"人均"更为喜人。南京人均地区生产总值由2012年的85695元，增加到2022年的173781元。于2017年突破人均GDP 2万美元的中等发达经济体门槛，当年南京的人均GDP全国排名第八。2021年，南京人均GDP前进到全国第四。2022年，南京市地区生产总值16907.85亿元，同比增长2.1%。

2024年7月，联合国人居署发布《2024—2025亚洲宜居城市排行榜Top50》，南京位列亚洲第14，中国大陆第4。

生态环保

建设生态文明不仅是污染控制和生态修复，更是克服工业文明弊端，推动生产方式和生活方式的根本性变革，探索资源节约型、环境友好型发展道路的过程。

南京的绿化水平全国闻名，生态环境持续向好。截至2022年，全市42个国省考断面累计均值水质优良比例（达到或好于Ⅲ类水质）达100%，水环境质量保持全省第一。空气质量优良天数比率为79.7%，同比减少2.5个百分点；PM2.5均值浓度28微克/立方米，同比改善3.4%。全市林木覆盖率31.95%，自然湿地保护率达70.7%。

今天的南京正勇敢扬弃工业文明旧时代，奋力走在生态文明新时代前列，为把南京建设成为生态经济发达、生态环境优美、生态系统安全、生态文化浓厚、生态制度健全，自然生态与社会文明高度和谐统一的独具魅力的绿色都市而努力。

对外交流

南京是开放之城，对外开放历史悠久。南京是明代郑和下西洋的决策地、始发地。1405—1433年，伟大的航海家郑和先后七次率船队从南京下江入海，经东南亚、印度洋，到达红海及非洲东海岸，遍访亚洲和非洲的30多个国家和地区。

为加强对外友好交往，进入21世纪，南京组织承办了大量对外交流活动，在经济、贸易、科技、文化、教育、旅游等领域开展了广泛的对外交流与合作，其中有中国南京世界历史文化名城博览会、2013年的亚青会、2014年的青奥会。南京正在走向世界。

国际友好城市是在各国城市之间架起的一座座友谊与沟通之桥。自1978年改革开放以来，南京已先后与日本名古屋、美国圣路易斯、意大利佛罗伦萨、荷兰埃因霍温、德国莱比锡、墨西哥莫西卡利、塞浦路斯利马索尔、韩国大田、加拿大伦敦、澳大利亚珀斯、南非布隆方丹、哥伦比亚巴兰基亚、马来西亚马六甲13个城市结为友好城市；并与日本神户、德国斯图加特、英国伯明翰、法国阿尔萨斯大区、澳大利亚墨尔本等14个城市（地区）结成经济合作城市和地区。

立体交通

南京是长江流域的四大中心城市之一，是长三角地区的铁路枢纽中心城市，也是长三角城市群的副中心，铁路、公路、航空、水运、管道五种运输方式齐备。

近年来，随着长三角东部地区高速客运网和大容量铁路干线通道的建成，已形成了以南京为中心，到上海、杭州、合肥等地一小时交通圈。2011 年建成的南京南站，汇集京沪、沪宁、宁杭等多条铁路客运线路，南京还开通了至欧洲、俄罗斯、乌兹别克斯坦、哈萨克斯坦、蒙古、朝鲜等铁路国际联运班列，已成为亚洲最大的交通枢纽。

南京禄口国际机场是我国东部大型枢纽机场、华东地区的主要货运机场、航空货物与快件集散中心，已与法兰克福、阿姆斯特丹、温哥华、洛杉矶、芝加哥、莫斯科、东京、大阪、新加坡、曼谷、金边、首尔和香港、澳门、台北等国内外 70 多个城市或地区通航。

南京港是我国率先跨入亿吨级的江海型内河港之一，拥有万吨级泊位 42 个，可对外辐射 80 个国家或地区的 160 个港口，已成为长江三角洲及长江流域货物集散、江海换装、水陆中转的多功能江海型枢纽港。

南京作为国家级公路主枢纽城市，现有 4 条国道、8 条省道及沪宁、宁杭等多条高速公路交会，形成以南京为核心，辐射镇江、扬州、马鞍山等 6 个周边城市的"一小时都市圈"。

南京城市公路网密集，市内交通快速畅通。长江大桥、二桥、三桥、四桥、纬七路过江隧道是沟通长江南北两岸的重要通道；80 余千米的绕城公路将南京老城与仙林新城区、江宁新城、板桥新城、奥体新城串联起来；"井"字形快速内环沿南京"老城"城墙外围布置，由城西干道、模范马路隧道、玄武湖隧道、九华山隧道、西安门隧道、通济门隧道、双桥门立交、赛虹桥立交等组成，全长 24 千米，围合 35 平方千米"老城"范围。南京还是中国大陆第六个拥有地铁的城市，地铁运输发达。

【知识拓展】

1. 南京的曾用名及其来历

南京是历史上曾用名较多的城市，古称有金陵、秣陵、建邺、建康、集庆、江宁、应天等，在不同朝代的名称有所不同。

冶城——南京历史上最早建筑的城池，位置在今朝天宫一带。春秋末年，吴王夫差在此筑冶城，开办冶铸铜器的冶铸作坊，规模较大，围有土墙。

越城——越国灭吴后，公元前473年，范蠡在今中华门外的长干里筑越城，是在南京主城地区有确切年代可考的建造最早的一座城池，南京主城地区建城的开端。

金陵——公元前333年，楚威王大胜越国，快速占领当时越国攻下吴国后的领地，并在石头山（今清凉山）筑城防守，被称为金陵邑。

秣陵——公元前210年，秦始皇东巡，曾在秣陵关西南丹阳（今江宁区丹阳）经过，回途又从江乘渡江北返。随行术士认为金陵山势险峻，有天子之气，秦始皇大为不悦，命人开凿方山，使淮水流贯金陵，把王气泄散，并将金陵改为秣陵。"秣"是草料的意思，意指这里不该称金陵，只能贬为牧马场。

建业——公元229年，吴大帝孙权自武昌迁都秣陵，也就是今天的南京，将秣陵改称建业，以此为都城，隐含建功立业之意。

建邺——晋灭吴后，于太康三年（282年）改建业为建邺。邺者，邺城，河南古地名，系司马氏发迹地，以建邺为名，寓不忘故土之意。

建康——公元282年，由于建邺和西晋皇帝司马邺都有一个"邺"字，为了避皇帝名字的讳，把建邺改成建康，后改称建康。此后，东晋、南朝的宋、齐、梁、陈均相继在此建都，故南京有"六朝古都"之称。

江宁——晋太康二年（281年），晋武帝南巡，到南京时，慨叹"外江无事，宁静于此"，至此正式定名为江宁。

集庆路——至元十四年（1277年），升建康府为建康路。天历二年（1329年），改建康路为集庆路。集庆寓意"汇集喜庆"。图帖睦尔先封怀王是一重喜庆，后由怀王成为皇帝是二重喜庆。

应天府——元至正十六年（1356年），朱元璋亲自带兵分三路进攻"集庆"（当时南京的名字），用了十天时间攻破了"集庆"，朱元璋改集庆路为应天府。明洪武元年（1368年），明太祖建都应天府，一方面给自己起兵找了理由是顺应天意而为之，另一方面用来证明自己才是真正的天子。到1368年，功成名就的朱元璋确立应天府为京师，改建南京，这是南京称为南京的开始。

天京——清咸丰三年（1853年）3月29日，天王洪秀全和东王杨秀清在文武百官和黎民百姓的跪迎欢呼声中进入金陵城，暂住藩习衙署，不久修缮两江总督衙门，改作天王府，并宣布定都江宁，改名天京，正式建立了与清王朝相对峙的太平天国农民政权。天京喻"天国京师"之意，谓之"金陵小天堂"。清同治三年（1864年）曾国荃的湘军攻破天京，轰轰烈烈的太平天国运动宣告结束，两江总督曾国藩将天京改回江宁。

南京——中华民国元年（1912年），改江宁府为南京府，为临时政府首都，1927年转正，南京称为首都，至此中国第一次有了首都的称呼。

2. 南京市非物质文化遗产代表性项目名录（部分）

序号	项目名称	项目级别	项目类别	保护单位	公布时间
1	中国古琴艺术（金陵琴派）	人类非遗代表作	传统音乐	南京市秦淮区文化馆	2003年11月
2	中国剪纸（南京剪纸）	人类非遗代表作	传统美术	南京市工艺美术总公司	2009年9月
3	南京云锦木机妆花手工织造技艺	人类非遗代表作	传统技艺	南京云锦研究所有限公司	2009年9月
4	中国雕版印刷技艺（金陵刻经印刷技艺）	人类非遗代表作	传统技艺	金陵刻经处	2009年9月
5	竹马（东坝大马灯）	国家级	传统舞蹈	南京市高淳区文化馆	2008年6月
6	龙舞（骆山大龙）	国家级	传统舞蹈	南京市溧水区文化馆	2008年6月
7	南京白局	国家级	曲艺	南京市秦淮区文化馆	2008年6月
				南京市江北新区文化馆、南京市江北新区大厂街道（市级保护单位）	2012年6月
8	南京金箔锻制技艺	国家级	传统技艺	南京金线金箔总厂	2006年5月
				金陵金箔集团（省级保护单位）	2016年1月
9	金银细工制作技艺	国家级	传统技艺	江苏宝庆珠宝有限公司	2008年6月
10	中医诊疗法（丁氏痔科医术）	国家级	传统医药	南京市中医院	2014年11月
11	秦淮灯会	国家级	民俗	南京市秦淮区文化馆	2006年5月

3. 南京云锦织造技艺

南京云锦是中国传统的丝制工艺品，中国国家地理标志产品，有"寸锦寸金"之称，其历史可追溯至东晋义熙十三年（417年）在国都建康（今南京）设立专门管理织锦的官署——锦署，已有一千六百多年历史。如今只有云锦还保持着传统的特色和独特的技艺，一直保留着传统的提花木机织造，这种靠人记忆编织的传统手工织造技艺仍无法用现代机器来替代。云锦因其色泽光丽灿烂、美如天上云霞而得名，其用料考究、织造精细、图案精美、锦纹绚丽、格调高雅，在继承历代织锦的优秀传统基础上发展而来，又融汇了其他各种丝织工艺的宝贵经验，达到了丝织工艺的巅峰状态，被誉为"锦中之冠"，代表了中国丝织工艺的最高成就，浓缩了中国丝织技艺的精华，是中国丝绸文化的璀璨结晶。在古代丝织物中"锦"是代表最高技术水平的织物，而南京云锦则集历代织绵工艺艺术之大成，列中国四大名锦之首，在元、明、清三朝均为皇家御用品贡品，因其丰富的文化和内涵，被专家称作中国古代织锦工艺史上最后一座里程碑，被公认为"东方瑰宝""中华一绝"，也是中华民族和全世界珍贵的历史文化遗产。

南京云锦木机妆花手工织造技艺作为中国古老的织锦技艺最高水平的代表，2006年列入首批国家级非物质文化遗产名录。2009年8月《地理标志产品云锦》国家标准在南京通过国家级专家评审，同年9月成功入选联合国人类非物质文化遗产代表作名录。

南京云锦工艺独特，织造云锦的操作难度和技术要求都很高，织制云锦需由拽花工和织手两人相互配合，用老式的提花木机织造。拽花工坐在织机上层，负责提升经线；织手坐在机下，负责织纬、妆金敷彩，两个人一天只能生产5—6厘米，这种工艺仍无法用机器替代，故而有"寸金寸锦"之说。

如果要织一幅78厘米宽的锦缎，在它的织面上就有14000根丝线，所有花朵图案的组成就要在这14000根线上穿梭，从确立丝线的经纬线到最后织造，整个过程如同给计算机编程一样复杂而艰苦。

4. 南京水八仙饮食习俗

食用"水八鲜"为南京人的传统习俗。"水八鲜"指地产的8种水生植物。

"三天不吃青，两眼冒火星""南京一大怪，不爱荤菜爱野菜"，这些南京民谚生动而真实地反映了南京人喜爱蔬食野菜的饮食习惯。食素、食野菜的食俗全国各地都有，但人数之多、历史之久，以及所食野菜品种之繁，以金陵为最。南京人吃素的历史要追溯到六朝时期，孙吴时佛教开始在南京兴起，到南朝梁武帝时，逐渐形成寺院、宫廷和民间普遍素食的风气，到此南京被称为我国的"素菜之乡"。1995年3月，国家有关部门的专家到南京考察"菜篮子工程"，见到南京各类野菜充盈市场，欣喜地称为"八野奇观"。南京城也被戏称为"八野之乡"，这里的"八野"就是南京人通常所说的"八鲜"。

南京产的"八鲜"，颇有名气，但所指菜品说法不一，仅以菜蔬而言，就有水八鲜、旱八鲜之分，而水八鲜又有荤素之别。南京地区河湖纵横，池塘密布，是水生动植物生长的良好场所。其中，水芹、莼菜、莲藕、红菱、芡实（鸡头果）、茭白、慈姑、荸荠8种水生植物，人称"水八鲜"。玄武湖、莫愁湖、沙洲圩等地物产十分丰富，蜂拥上市时，有"担子压断街"之说。

水八鲜采购方便，价廉物美，营养丰富，清淡鲜爽，老少咸宜，历来为南京居民日常餐桌上常见的菜蔬，深受喜爱。

"旱八鲜"是指春暖花开时节生长在田野间的野菜，分别为：芦蒿、香椿头、马兰头、豌豆叶、荠菜、枸杞头、苜蓿头和菊花脑。

水八鲜的主要生长地沙洲圩一带，位于建邺区西南部，西北紧邻长江，为现在沙洲街道和双闸街道的部分区域。沙洲圩是古白鹭洲之所在，河网密布，水质清纯，因而这里出产的水八鲜较之其他地方更为鲜嫩可口。

沙洲圩水八鲜生产旺盛时期是在20世纪30年代后半期到50年代末。在生产旺盛期，从水西门外至中华门外，曾出现过大小13班"八鲜"行，当时最有名气的"马记八鲜行"，直到50年代还曾繁荣一时。

南京人喜爱水八鲜，不仅因其味道鲜美、营养丰富而具有食用价值，还因对其充满了浓厚的感情，赋予其很多故事和传说。每逢传统佳节，水八鲜已经成为百姓家中不可或缺的佳肴，食用水八鲜，已经成了南京人的习俗，这又使其具有了浓郁的文化价值。推广、种植水八鲜，还具有较好的经济效益。

20世纪90年代以来，随着沙洲圩地域工业开发和外来人口大量涌入，河塘面积急剧减少，剩余河塘污染渐重，水八鲜产量降低，品质也开始下降，个别品种甚至已不见踪迹，深受南京人喜爱的节令传统菜水八鲜已渐渐身影难觅，除了常规的莲藕、水芹、菱角等少量上市外，有的品种只是芳踪偶现，让不少欲趁过节一解儿时"馋瘾"的老南京们怅然若失。如今，年轻人恐怕连名称都很难报全了。

2007年，水八鲜饮食习俗被南京市人民政府列入首批南京市非物质文化遗产名录。

5. 石头城

石头城全长约 3000 米, 筑于楚威王七年(公元前 333 年)。东汉建安十六年(211 年), 吴国孙权迁至秣陵(今南京), 第二年, 在石头山金陵邑原址筑城, 取名石头城。这里扼守长江险要, 为兵家必争之地, 有石城虎踞之称。

关于石头城的由来, 要追溯到两千多年前的战国时代。据史书记载, 周显王三十六年(公元前 333 年), 楚国灭了越国, 楚威王设置金陵邑, 并在今清凉山上筑城。秦始皇二十四年(公元前 223 年), 楚国灭亡, 秦改金陵邑为秣陵县。相传三国时, 诸葛亮在赤壁之战前夕, 出使东吴, 与孙权共商破曹大计。据说, 诸葛亮途经秣陵县时, 特地骑马到石头山观察山川形势。他看到以钟山为首的群山, 像苍龙一般蜿蜒蟠伏于东南, 而以石头山为终点的西部诸山, 又像猛虎似的雄踞在大江之滨, 于是发出了"钟山龙蟠, 石头虎踞, 真乃帝王之宅也"的赞叹, 并向孙权建议迁都秣陵。孙权在赤壁之战后, 迁都到秣陵(今南京), 并改称秣陵为建业, 第二年就在清凉山原有城基上修建了著名的石头城。当时长江就从清凉山下流过, 因而石头城的军事地位十分突出, 孙吴也一直将此处作为最主要的水军基地。此后数百年间, 这里成为战守的军事重镇。南北战争, 往往以夺取石头城决定胜负。石头城以清凉山西坡天然峭壁为城基, 环山筑造, 周长"七里一百步", 相当于如今的六里左右。这里北缘大江, 南抵秦淮河口, 南开二门, 东开一门, 南门之西为西门, 城依山傍水, 夹淮带江, 险固现时势威。城内设置有石头库、石头仓, 用以储军粮和兵械。在城墙的高处筑有报警的烽火台, 可以随时发出预报敌军侵犯的信号。

唐代以后江水日渐西移, 自唐武德八年(625 年)后, 石头城便被废弃, 故中唐诗人刘禹锡作《石头城》一诗云:山围故国周遭在, 潮打空城寂寞回。淮水东边旧时月, 夜深还过女墙来。诗人笔下的石头城, 已是一座荒芜寂寞的"空城"了。五代时期(924 年), 石头城上兴建了第一座寺庙——兴教寺, 以后这里就成为寺庙、书院集中的风景名胜区了。直到今天, 它仍以"石城虎踞"的雄姿享誉中外。

6. 南京白局

南京白局是南京地区的古老曲种, 元曲曲牌中的"南京调"是白局的古腔本调, 已有七百多年的历史, 形成于元朝末期的云锦织机房, 盛衰随着南京织锦业的发展变化而起落, 是一种极具浓郁地方特色的说唱艺术, 说的是正宗的城南老南京话, 唱的是明清俗曲和江南民调, 糅进了南京秦淮歌妓弹唱的曲调,因其曲种收调众多，唱腔丰富多彩，所以又有"百曲"之称。

南京白局是南京地区民间说唱艺术。在南京云锦织造业比较发达之时，织锦工人在繁重的体力劳动中，边操作，边说唱，以消徐劳累，抒发情怀。逢到街坊上婚嫁祝寿、盂兰盆会或其他的传统节日，几个爱唱的织锦工人凑到一起，搭台说唱，自编自演。因其"白说白唱，不要报酬"，故而得名白局。

白局表演一般一至二人，多至三五人，表演内容涉及金陵美景、秦淮美食、历史传说、节庆民俗、方言俚语等南京人生活的方方面面，极具金陵地方特色，被誉为南京民间文化百科全书，对于研究南京方言、人文风俗有很高的历史价值。2007年被列入第一批江苏省非物质文化遗产名录，2008年被列入第二批国家级非物质文化遗产名录。

7. 南京道路

从中山大道开始，1928年至1935年的7年间，在《首都计划》的规划下，南京完成了超过80%的城市主干道建设。这些道最宽路幅达40米。特别是以中山大道为代表的宽阔林荫道与沿途众多形形色色的近代建筑，形成今天南京旧城的总体格局。与南京今天的城市道路网相比，80%的城市主干道和50%的城市次干道在民国时期已经形成，并且路名基本沿用。所以说，道路规划是《首都计划》得到最大限度落实的部分。

《首都计划》继承了先前于1928年10月制定《首都大计划》的道路系统骨架，采用方格网的形式，提高路网的连接性并实现灵活的交通组织。道路系统则分为干道、次要道路、环城大道、林荫大道4种。

1930年，首都干道也有了命名规则：城南道路，以南京旧称建康、金陵、白下、建邺等命名；城中道路，以北平（北京）、上海、广州、汉口、拉萨等大城市命名；城北道路，以山西、察哈尔、黑龙江、江西、四川等省命名；专为党政军机关规划的道路，以单位命名，如国府路（今长江路）、黄埔路、中央党部路（今湖南路）。这些道路至今仍为南京道路网的主干，且路名基本沿用。

南京的路名，也承载着这里的历史。在文学空前发达的唐宋两朝，先后有59位诗人为南京留下了592首诗词，那些古代诗句里的南京，也有着别样的古韵之美。

桃叶渡：桃叶复桃叶，渡江不用楫。（东晋·王献之《桃叶歌》）

渊声巷：渊渊其渊，浩浩其天。（战国《中庸》）

长干里：同居长干里，两小无嫌猜。（唐·李白《长干行·其一》）

乌衣巷：旧时王谢堂前燕，飞入寻常百姓家。（唐·刘禹锡《乌衣巷》）

在南京的河西新城，山与河的交融则在道路命名上达到了极致：横向道路以江河命名，松花江街、牡丹江街、新安江街等；纵向道路以山岳命名，黄山路、庐山路、华山路、泰山路等。

【课后实践】

假定接待中学生研学团，以你熟悉的城市为例，撰写一篇市情概况讲解词。内容可以就该城市文化某一方面展开，要求表述方式符合带团实际，有感染力，字数不少于 1000 字。

第三节　沿途景观讲解

【解　读】

　　沿途景观讲解是指导游在行进途中针对沿途相对固定存在的景观景物开展的讲解。这些景观景物可以是建筑、雕塑、河湖、道路，也可以是植物等。讲解的内容不局限于具体景观本身的介绍，也可以延伸到相关知识，或者开展主题讲解。比如：行驶在高架桥上，可以先介绍高架桥本身的构造、建设年代、建设意义等，也可以延伸介绍本地交通状况、交通状况的改变对经济发展的意义等。将讲解内容与所见景物结合，有助于提高游客的游览兴致。

　　沿途景观讲解的着眼点是"途"，是导游在行进途中开展的讲解。由于行进路线不同，沿途讲解的内容也不尽相同。所以，相对于景点讲解，沿途讲解对导游的知识储备和服务水平的要求会更高一些，比较难以把握。

【实践操作】

一、沿途景观讲解的程序

　　具体沿途景观讲解如何开展呢？下面以南京中山东路为例，说明沿途景观讲解的程序。之所以以这条路为例，是因为这条路资源丰富，比较具备典型性意义。如果学会了如何在这条路上开展沿途景观讲解，由一到三，大家在其他路上也可以很好地开展沿途景观讲解。另外，从实操的角度考虑，大家都知道，讲解是地陪的工作职责。在南京做地陪，这是绕不开的一条路，是必须会讲解的一条路。

1. 找点

　　道路及两旁的景观令人目不暇接，如何选取讲解的点呢？一般来说，选取的原则有两个，一是比较醒目的、旅游者直接看到并有意探寻的景观，比如行道树、道路名称、大体量建筑等。行驶在南京市内的道路上，以孙中山先生名字命名的道路及两旁的行道树是绕不开的话题。

南京的中山大道是为迎接孙中山先生灵柩而建，并由此而得名，于 1928 年 8 月 12 日动工，于 1929 年 4 月 2 日建成。南京的中山大道是个统称，以鼓楼、新街口两处地标为界，又分为三段，依次命名为中山北路、中山路、中山东路。这是中国最早的中山大道，也是中国第一条现代化的先进城市干道。道路总长达 12 千米，建成时是世界第一长街，也是一道亮丽的民国建筑风景线，被誉为"民国子午线"。

道路两旁栽种有参天的落叶大乔木——法国梧桐，高度可达 30 米，是世界著名的优良庭荫树和行道树，有"行道树之王"的称号。虽然它名为法国梧桐，其实既不"梧桐"，也不"法国"。首先，它不是梧桐，在植物分类学上属悬铃木科，科下仅有一属即悬铃木属。因为它的果球成熟后，可以挂在树上整个冬天，果实柄长而下垂，就如同悬挂在树枝上的铃铛一般，充分展现了"悬铃"这两个字的特点。其次，它的产地也和法国无关。悬铃木属下约 7 种，原产东南欧、印度及美洲，其中中国引入栽培的仅 3 种：一、二、三球悬铃木。其中，一球悬铃木原产于美洲，三球悬铃木原产于印度，曾经在晋代被引入中国。至于二球悬铃木，它不是一种自然产生的品种。在地理大发现之后，欧洲人将美洲悬铃木和东方悬铃木种植在一起，它们杂交产生了二球悬铃木。因为是杂交，没有原产地。所以，三种悬铃木的产地都跟法国没有关系。只是因为法国人把它带到上海，栽在霞飞路，即现在淮海中路一带作为行道树。又因其叶片形状跟梧桐相似，人们就叫它"法国梧桐"了。

沿途景观讲解选点的第二个原则是选取具备一定文化、历史内涵或其他特殊意义的、需要引导旅游者了解的景观。

比如，中山东路的起点中山门，旧称朝阳门，因位于南京城东，最先迎接太阳而得名。它是南京明城墙的明代十三座内城门之一，原为瓮城。民国十七年（1928 年）7 月，国民政府将朝阳门改名为中山门，并沿用至今。同年因迎奉中山先生灵柩归葬中山陵，国民政府将门洞狭小的朝阳门拆除，挖低门基，改筑为三孔券门。

继续前行，南京博物院前身是民国二十二年（1933 年）蔡元培等倡建的国立中央博物院，是中国最早创建的博物馆、中国第一座由国家投资兴建的大型综合类博物馆。名为"南京博物院"，实为中国三大博物馆之一，是大型综合性的国家级博物馆、首批国家一级博物馆，也是国家 4A 级旅游景区、全国重点文物保护单位和中国 20 世纪建筑遗产。

南京航空航天大学，是中华人民共和国工业和信息化部直属的一所具有航空航天民航特色、以理工类为主的综合性全国重点大学，是国家"双一流"建设高校。学校前身是1952年10月创建的南京航空工业专科学校，是中华人民共和国创办的第一批航空高等院校之一。

明故宫是明朝京师应天府（南京）的皇宫，旧称紫禁城。南京故宫作为中国宫殿建筑的集大成者，是遵循礼制秩序的典范，其建筑形制为北京故宫所继承，是北京故宫的蓝本，也是明清官式建筑的母本。

中国人民解放军东部战区总医院，原南京军区南京总医院，始建于1929年，前身为国民政府中央医院，是一所历史悠久、医教研协调发展的大型现代化综合性医院。

南京图书馆前身为清光绪三十三年（1907年）创办的江南图书馆，是中国第一所公共图书馆；1927年改为国立中央大学国学图书馆；2007年南京图书馆新馆建成并全面开放。新馆是中国第三大图书馆、亚洲第四大图书馆、江苏省省级公共图书馆、国家一级图书馆。

江宁织造博物馆，是在江宁织造旧址上建造的一座现代博物馆。从清顺治二年（1645年），到清光绪三十年（1904年），江宁织造署存续达260年，见证了清王朝由盛而衰的沧桑历程。江宁织造署因皇帝数次南巡接驾而声名显赫、盛极一时，为后人留下可叹可追的繁华胜景与无限遐想，织造机房则造就了中国云锦工艺的巅峰与辉煌。目前的江宁织造博物馆融文化学习、娱乐休闲于一体，是展示江宁织造、南京云锦及红楼梦历史和文化的新型博物馆。

每一座建筑背后都承载着一段历史，体现着一种成就，都有自身的特殊意义，都可以作为讲解的点。

2.连线

既然每个建筑都可以讲，那是不是意味着都要讲呢？都讲是不现实的，时间不一定充足，旅游者也不一定都喜欢听。所以在实际带团过程中我们可以根据旅游者的兴趣点选取合适的景点开展深度讲解，形成讲解的线。比如，如果旅游者对明文化感兴趣，我们可以选择明城墙、明故宫、西安门等为主体开展明文化专题讲解；如果旅游者对民国文化感兴趣，可以选择南京博物院、中国第二历史档案馆、钟山宾馆、东部战区总医院等作为讲解的重点。

3.立意

这里的立意是指讲解以所见景观展开，但不拘泥于所见，致力于探寻景观背后的故事，引导旅游者产生家国情怀。

比如看到的景观是行道树,但不拘泥于行道树本身名称、特点等的讲解,而是延伸到城市绿化、绿化对气候的调节作用,引导旅游者意识到生态文明建设的重要性。

比如由对南京明城墙长宽高等建筑格局的讲解,延伸到其屹立六百多年不倒的原因,探究大国工匠精神的重要性。

南京明城墙始建于元朝至正廿六年(1366年),历时28年建成,经历600多年风雨而未倒,依然固若金汤。原因在于它地基扎实、排水系统科学、建造材料特殊,黏合墙体的材料十分坚固,甚至留下了用糯米汁加石灰等灰浆建造的说法。另外,为了确保建造南京城墙的城砖烧造质量,朝廷要求各地府、州、县地方官员,军队卫、所的士卒,以及县以下里、甲的基层组织负责人(总甲、甲首、小甲),直至造砖人夫、烧砖窑匠均须在砖上留下姓名,以便验收时对不合格的城砖追究制砖人的责任。这种严格的"责任制",不仅保证了南京明城墙建造过程中的高质量,也诞生了形色各异的城砖铭文书法。

南京明城墙,高、坚甲于海内,其筑城技术达到中国筑城史上的巅峰,是东亚筑城技术的典范。其建造技艺体现了一丝不苟、精益求精的工匠精神。千百年来工匠以业维生,并以技艺为立身之本,创造了灿烂的工匠文化。由古及今,习近平总书记曾说:"劳动没有高低贵贱之分,任何一份职业都很光荣。"在平凡的岗位干出不平凡的业绩,就是工匠精神的体现。无论是三峡大坝、高铁动车,还是航天飞船,都凝结着现代工匠的心血和智慧。弘扬工匠精神、培育大国工匠是提升我国制造品质与水平的重要环节。

如同教师上课会有"课程思政"的意识,导游讲解也要有"讲解思政"的意识。导游不仅是知识的传递者,更是文化的传播者、文明的引导者。要以文化的建设、文明的引导为己任,做好讲解工作。

二、沿途景观讲解注意事项

就操作的具体程序而言,沿途景观讲解时要注意以下几个方面。

1. 讲解要有提前量

在准备讲解的景观快到时讲:"大家请看左前方(右前方)!"而不能等旅游车开过去了再讲:"快,大家请看后边。"往后看不仅头扭得不舒服,后面的景物容易被其他车辆遮挡,也看不清楚。游客知道后面有重要的景物却看不清楚,讲解效果会适得其反。

2. 方位的指示要以游客为准

导游员面向游客，伸出自己的右手时，指示旅游者"大家请看左前方"；伸出左手时指示"大家请看右前方"。

案例：当游客、导游方位不明确时，如何恰当指示方位？

在一艘前往威尼斯的渡轮上，游客在一楼欣赏着两岸的景色，有的面对面坐在座位上，有的站在甲板上。导游在二楼利用船上的扩音设备讲解："大家看右手边这个建筑……"游客看不到导游的方位，听得一脸茫然，不确定自己的方位是否和导游相同，不明白导游讲的是哪个建筑。

此案例中，旅游者的方位各不相同，旅游者也看不到导游员的方位，导游员仅仅说"大家请看右手边"或者"左手边"已经不能达到明确指示方位的作用了。这种情况下，怎么明确指示方位呢？不知大家有没有留意南京地铁报站提示音"以列车前进方向为准，请从左（右）侧车门下车"。导游人员可以借鉴为"以游船前进方向为准，大家请看右手边"，这样一来指示方位就比较清晰了。

3. 讲解要适时适量

如果旅游者精神饱满、兴趣浓厚就可以多讲一些；如果旅游者比较疲劳、没有兴趣听讲解时，就少讲或者不讲。讲解内容要相对集中。一个主题或内容要一次讲完，保持内容的完整性。合理调节讲解内容的详略程度，在即将到达目的地时要及时收尾。切记，不要上一个景点还没讲完，仓促间切换到下一个景点的讲解。

【知识拓展】

即兴讲解

即兴讲解一般由游客引起，内容无定式，又随时发生。内容无定式，说明在不违背法律和道德规范的前提下，什么都可以讲。年节民俗、风土人情、世界风云、俚语笑话等，都可以讲。当然，什么都可以讲也意味着另外一层含义：什么都要会讲。这要求导游知识内涵丰富、有较高的文化修养，平时注意知识积累，厚积才能薄发。

但是，仅有丰富的知识还不够，即兴讲解的着眼点是"兴"，也就是旅游者的兴趣，要求导游能够把握旅游者的心理，可以根据环境的变化等灵活调节讲解内容。对于导游人员来说，即兴讲解是最难、最不容易把握的。具体怎么开展，要注意以下几条原则的运用。

1.因"人"而异

针对不同的旅游者，选择不同的讲解内容。一般来说，女性喜欢美容、购物等轻松话题，男性对体育、军事、经济等话题比较感兴趣；北方游客爱听历史典故，南方游客偏爱幽默故事。讲解内容需要根据旅游者的性别、年龄、客源地、教育水平等灵活调节。不然，就会犯错。如果带老年旅游团时，就电视综艺开展即兴讲解，效果肯定不好。看电视综艺节目、追情感剧是年轻人的兴趣点，老年人一般不感兴趣。老年人对什么感兴趣呢？大家是不是经常看到报道，许多老年人对各种保健品比较感兴趣？其实，设身处地地想想，就特别能理解他们。所以，针对老年人，可以围绕养生、保健方面的话题开展即兴讲解。

2.因"时"而变

随着时间、季节的变换，准确把握旅游者兴趣点的变化，调整讲解内容。春讲鲜花，秋讲落叶，遇到节日，则可以介绍节日的来历、意义、纪念方式等，可重点介绍目的地特有的纪念方式。端午节到了，许多地方有吃粽子的习俗，但老南京单吃粽子可不行，还得吃"粽子煮鸡蛋"。煮粽子的锅里一定要煮鸡蛋。吃过蘸糖的甜粽之后，要再吃蘸盐的鸡蛋"压顶"。据说，"压顶"后，可以保证整个五月身体健康。这是南京独特的习俗，游客听了后也会觉得很有趣。

3.因"地"制宜

随着游览地点的变换，旅游者关注的兴趣点也会随之变化。即兴讲解需要选择对应的内容。在南京游览，可诉说"六朝金粉地，十里秦淮河"的繁华与苦难；在上海游览，可讲解"浦西的百年沧桑，浦东的今世辉煌"。

4.因"事"而异

关注新闻，根据时事选择讲解内容。比如在南京游览时适逢江苏发展大会召开，可以向旅游者介绍发展大会的宗旨、作用等信息。神舟载人飞船发射成功，可以讲解我国的航天史、强国梦。

5.综合性原则

最后，也是最需要强调的是，以上各原则不是孤立的，即兴讲解过程中需要注意各原则的结合。

比如游览的过程中忽然下雨了，会给游览带来不便，此时旅游者的心情一般会受到影响。怎么讲可以缓解旅游者的低落情绪，甚至激发他们的游兴呢？考虑各原则之间的结合，讲解会更具有针对性。

可以将"时"和"人"结合，针对不同的旅游者则讲解不同的内容。老年旅游者关注健康，可以这样讲："下雨可以洗却尘矣、驱走雾霾，使空气清新。大家此行不仅可以收获美景，更可以呼吸新鲜空气、收获健康，祝愿大家健康永存！"女性旅游者关注美容，可以这样讲："俗话说'江南出美女'，很大程度上是因为江南雨水多，空气湿润，所以许多江南女子肤如凝脂。今天的这场雨其实是一场美容雨，大家在欣赏美景的同时可以收获美丽。祝大家青春永驻、美丽永存。"

如果将"时"和"地"结合呢？同样是下雨时，地点改变，即兴讲解的内容也要随之调整。在江南水乡游览时怎么讲？可以结合戴望舒的诗《雨巷》来讲解："撑着油纸伞，独自彷徨在悠长，悠长又寂寥的雨巷，我希望逢着一个丁香一样地结着愁怨的姑娘……"这首诗写出了江南雨巷的唯美意境，引得许多人也特意撑着伞漫步在江南的雨巷，也希望逢着一个丁香一样结着愁怨的姑娘。今天大家真是非常幸运，可以撑着伞，漫步在江南的雨巷，亲身体验一下这首诗的意境，感受雨中江南的魅力！

同样是下雨时，换一个地方如在杭州西湖游览时怎么讲解呢？大家都知道西湖景色特别美，但知道什么时候最美吗？苏轼的观点是"水光潋滟晴方好，山色空蒙雨亦奇。欲把西湖比西子，淡妆浓抹总相宜"。如同西子，晴天的西湖和雨中的西湖都非常美，可以说是各有各的美，"淡妆浓抹总相宜"。但杭州人却不这么认为，他们说"晴湖不如雨湖"。晴天的西湖，不如雨中的西湖漂亮。为什么呢？西湖虽美，面积却不大，水域面积只有 6.38 平方千米，如果大晴天游览西湖，景色虽美，却一览无余，过于直白，少了一份含蓄、一份朦胧。而欣赏美景如同欣赏美女一样，追求的是含蓄、是朦胧，愈朦胧愈美。雨中的西湖是朦胧的西湖，也是最美的西湖。所以大家今天非常幸运，可以欣赏到雨中朦胧的西湖，最美的西湖。

以上讲解方式对于调节旅游者游兴非常重要，但导游的使命远不止于此。调节旅游者游兴的同时，还需要抓住机会，讲好中国故事，承担起"文化传播使者"的重任。

作为旅游从业者，导游不仅要学习中国文化，更要热爱它、传承它、传播它。致力于讲好中国故事，引导旅游者观景赏美的同时，增强文化自信。

【课后实践】

假定接待中学生研学团，以你熟悉的道路为例，撰写一篇沿途景观讲解导游词。内容依据该道路的文化内涵确定讲解主题。要求表述方式符合带团实际，有感染力，字数不少于 1000 字。

第四节 景点讲解

【解 读】

景点讲解是导游讲解程序中的重要环节，导游员需要在分析游客兴趣特点的基础上，提供针对性的景点讲解服务。讲解好每一个参观景点是导游必备的基本讲解技能。

景点讲解服务的主要任务是掌握景点讲解的具体步骤，能够根据景区的特点结合旅游者兴趣，开展有针对性的景点讲解服务。

景点讲解的内容主要包括以下几个方面：背景知识讲解、注意事项讲解、实景讲解、外延知识讲解。

景点讲解导游词的创作原则包括主题鲜明、重点突出、虚实结合、妙用数字、富有文采等几个方面。

景点讲解过程中需要注意：根据旅游者的文化层次等，因人而异地选择讲解内容。既要准备正史、严谨的讲解内容，也要准备一些逸闻趣事；既要准备和景点直接相关的基本讲解内容，也要准备丰富的外延内容。具体根据旅游者的喜好和观赏特点，灵活调整讲解的内容和方式。

【考证示范讲解】

导游资格证考试过程中的景点讲解环节为对照视频讲解。考前公布视频讲解提纲，考生提前准备讲解资料，考试过程中需要注意讲解内容与视频的对应性。以中山陵为例说明。

表3-1为中山陵讲解视频提纲，包括四个部分：景点概况；陵前部分；陵门、碑亭；祭堂、墓室。景点概况对应背景知识讲解，其会三部分为实景知识讲解。外延知识部分以提问形式呈现。

景点概况部分视频时长为2分30秒，需要准备500字左右的讲解稿，示例如下：

中山陵位于南京东郊紫金山第二峰小茅山的南麓，是孙中山先生的长眠之地，是全国文物保护单位、国家 5A 级旅游景区。

中山陵 1926 年春动工，1929 年夏建成。墓址是孙中山先生生前选定的——"因南京为临时政府成立之地，所以不忘辛亥革命也"。陵墓主体建筑依山而建，建筑采用中国传统的宫殿建筑外形，内部用钢筋水泥制作，坚固耐久。

孙中山先生于 1866 年出生于广东香山县翠亨村，年少时学医，后弃医从政。于 1905 年在日本成立中国同盟会，提出了"民族、民权、民生"的三民主义学说，1911 年武昌起义后，被推选为中华民国临时大总统。在袁世凯篡夺革命果实后，又先后发动了"二次革命""护国运动"等推动民主革命。1921 年在广东就任"中华民国"非常大总统。1915 年 10 月 25 日，22 岁的宋庆龄和 49 岁的孙中山在日本东京市政府办理了结婚登记。直至 1925 年 3 月 12 日，孙中山先生因积劳成疾病逝于北京。

中山陵平面布局呈木铎形，铎形如钟，是古代颁布政教法令时的用具，表示"使天下皆达道"及"木铎警示"，寓含孙中山先生"唤起民众"之义，由青年建筑师吕彦直设计。

1929 年 5 月 26 日，停放在北京碧云寺的孙中山先生遗体由专列运抵南京，6 月 1 日举行奉安大典，送殡队伍长达五六里。灵柩由杠夫抬上汽车，上覆国民党党旗、中华民国国旗。孙先生的遗体自奉安大典之后放入墓穴，从未被打开、移动过。

中山陵讲解大纲

序号	名称	景点内容要点	讲解时长
1	景点概况	地理位置、景区地位 孙中山生平（主要功绩） 墓址选定 中山陵的设计者及设计特点 奉安大典	2 分 30 秒
2	陵前部分	孝经鼎的概况 博爱坊的建筑特色及"博爱"题字 墓道的长度、宽度及特点	2 分钟
3	陵门、碑亭	陵门前广场简介 陵门的建筑特点，"天下为公"匾额题字及出处 碑亭的形状、建筑特点，碑的高度、特点和碑上的题字 台阶与八大平台简介	2 分 30 秒

续表

序号	名称	景点内容要点	讲解时长
4	祭堂、墓室	祭堂前平台简介 祭堂的建筑特点及门上的题字 祭堂内的布局 坐像基座六幅石雕的方位和名称 墓室门简介、墓室内部的建筑特色、圆形石圹的直径和深度，孙中山卧像简介 墓穴简介	3分钟
		累计时长	10分钟

【实践操作】

一、景点讲解内容

景点讲解的内容主要包括以下几个方面：背景知识讲解、注意事项讲解、实景讲解、外延知识讲解。

1.背景知识讲解

景点的背景知识一般包括景点的位置、历史沿革、建筑特色、地理成因、景区地位及相关人物生平等内容。此部分内容的讲解一般在旅游车即将到达景区时开展，下车前完成。通过背景知识的讲解，使旅游者对即将参观的景区有个大致的了解，并可以激发其前往游览的兴致，节省导游员在景区内讲解的时间。

2.注意事项讲解

游览开始前需要讲解景点的注意事项，具体时间一般是在下车前或者景区导览图前完成。主要包括以下方面：

强调参观路线。景点的游览路线一般分三种情况：游览结束后原路返回；完全不走回头路；部分路线重合。不管哪种情况，参观开始前需要向旅游者交代清楚参观路线。

钟山风景区导览图

图 3-1 为钟山风景区导览图，可以在图前向旅游者讲解："大家面前的是钟山风景区部分景点示意图，我们今天要参观的中山陵位于其中。从牌坊开始，经陵门、碑亭，一直到祭堂，是我们今天的参观路线。可以看到我们今天的参观路线是一条直线，直上直下。建议大家上去的时候边听讲解边参观，讲解结束会给大家留自由活动时间。自由活动时大家边往回走边拍照。"

集合时间和地点。开始游览前，导游员需要告知旅游者集合时间、地点。如果在停车场集合，需要强调旅游车的车牌号码、颜色、具体停车地点，游览点到停车场的行走路线。

安全提醒。提醒旅游者保护好自己的财物。下车前，务必提醒旅游者带好贵重物品，不能放在旅游车上。

其他注意事项。参观前告知旅游者景点的注意事项，比如参观园林建筑时不可以抽烟、部分场所不能拍照等。并注意提醒旅游者景点内洗手间的位置。

3. 实景讲解

实景讲解是指到达参观游览点后，导游员带领旅游者对所见到的具体景物的讲解。比如抵达中山陵后，根据游览线路向旅游者依次讲解牌坊、陵门、碑亭等具体景物。

实景讲解过程中注意内容繁简适度，语言生动而富有表现力，做到讲解与引导游览相结合。比如在留园游览过程中，引导旅游者观察建筑门前的台阶：随意堆放几块石头当作台阶，不是通常见到的中规中矩的台阶。可以讲解"这是园主人隐逸思想的体现，做台阶的几块石头代表山的余脉，表示园林不是筑于闹市之中，而是位于山的余脉"。

注意选择合适的讲解位置。根据景区旅游者的动线，选择讲解位置时既要利于本团旅游者集中，又不能挡住其他旅游者的道路。

讲解过程中留意旅游者动向，防止旅游者走失。一般地陪在前讲解，引导旅游者，全陪或领队断后。互相配合，观察旅游者动向，防止走失事故发生。

4. 景点外延知识讲解

景点外延知识是对景点知识的扩充和延伸。一般是景点游览结束后，回到旅游车上进行。比如中山陵游览结束了，可以总结讲解中山陵的建筑特点，也可以和同样位于钟山风景区的明孝陵对比，分析各自的特点，进而延伸到中国古代帝王陵墓格局的演变。外延知识讲解可以提升讲解的文化内涵，带给旅游者知识美的享受。

二、导游词创作技巧

1. 主题鲜明

景点导游词不能局限于见景说景，要挖掘景观背后的故事，要有明确的主题，告诉大家你要表达什么。主题是导游词的灵魂，开篇点题，内容贯穿主题，结尾升华主题。要创作出主题鲜明的导游词，需要深挖景区文化特色。每一个景点都会有自己的特色，一篇优秀的导游词不需要面面俱到，只要选定一个主题，围绕这个主题来开展创作就可以了。当然，如果想突出景区中最核心的文化元素，还是要对各个点进行比较分析，选择需要创作的主题。比如世界文化遗产庐山，能写的主题很多，如宗教文化、自然风光、电影作品等，但是我们知道，历史上曾有3500多位文人登上庐山之后留下了超过16000首诗词。可以说，庐山是我国最受古代文人偏爱的一座山了，因此庐山又被称为"诗经庐山"。关于古诗与庐山，就是一个可以选取的主题，将庐山的自然、人文用故事串联起来逐一讲解。结合景区文化特色，准确地选取主题来创作是导游词的核心和灵魂，它决定着一篇导游词的价值。

2.重点突出

一篇好的导游词肯定不是各部分平均用力的，一定要是详略得当、重点突出。怎么做到重点突出呢？注意以下几个原则：

（1）因地制宜。具体分析每个景点的情况，对景点中有代表性的、有特色的景观重点讲解。比如灵谷寺内的的无梁殿，始建于明代，距今已有600多年历史，是我国现存五大无梁殿中历史最悠久、规模最宏大的一座。撰写导游词的过程中要不吝笔墨，详细介绍。

（2）因人而异。不同的旅游者，感兴趣的内容肯定不同，不存在适用于所有团队的导游词。为了满足不同旅游者的需要，需要准备对应的版本。比如讲解中山陵，一般直接介绍中山陵是孙中山先生的陵墓，但如果旅游者文化水平不高或者是不了解这段历史的外宾，怎么准备导游词呢？他们甚至不知道孙中山是谁。针对他们的导游词，需要先用他们能接受的方式先把孙中山先生介绍一下。

（3）因时而变。导游词的内容和讲解的时间相对应。比如西湖，什么时候最美呢？有说法"晴湖不如雨湖，雨湖不如雪湖，雪湖不如月湖"。为什么呢？西湖的景色虽美，面积却只有6.39平方千米，如果晴天游览，景色会一览无余。但欣赏美景和欣赏美女一样，追求朦胧美，愈朦胧愈美。月色中的西湖是朦胧的西湖，也是最美的西湖。如果带旅游者白天游览西湖，直接讲了这个版本的导游词，结果旅游者可能说，既然月色中的西湖是最美的，为什么安排我们白天来看呢？没有因时而变地调整导游词内容，会影响旅游者的情绪。对比下来，苏东坡的"水光潋滟晴方好，山色空蒙雨亦奇"适应性更强，"或晴或雨，西湖总是很美"，更适合放进导游词中。

3.虚实结合

"实"是指景观的实体、实物、史实、艺术价值等。实是基础，是导游词的主题内容，帮助旅游者了解真相。"虚"指的是与景点有关的民间传说、神话故事、趣闻逸事等，可以增加导游词的趣味性。创作导游词的过程中，"虚"与"实"必须有机结合，以"实"为主，以"虚"为辅，并以"虚"加深"实"的存在。

比如讲解雨花石的形成原因。云光法师讲经说法，感动佛祖落花如雨形成雨花石的说法是虚。"化学元素的色彩＋江水冲击＋河道变迁"使雨花石形成的过程是实。先讲虚，再讲实，虚要落到实处。大家发现，但凡美丽的地方都有传说，玄武湖、莫愁湖、西湖等都有民间传说或神话故事等。讲解时可以虚实结合。不然，全讲实的，会显枯燥，旅游者听着累；全是虚的，过于通俗。如何把握尺度？一般是三分虚七分实，尤其是比赛版本的导游词，虚实结合是基本要求，虚的内容不超过三分为宜。

4. 妙用数字

许多人写导游词时特别注重具体数字，每个建筑或物体的长宽高多少都逐一介绍。其实大家在讲解的过程中发现，许多数字是用不到的，导游记不住，旅游者也不关心。这些数字的存在就失去了意义。但是有特别意义的数字、旅游者关心的数据、能说明具体问题的数据一定要体现。雨花台牺牲的烈士数以万计，目前已知姓名的只有 1519 位，每一位烈士的姓名均不应被遗忘，这个数字有特别的意义；东方明珠电视塔多高？塔高 463 米，其中塔尖高 118 米，这个数字会被旅游者关心；南京明城墙是世界规模最大、原真性最好的城垣，长度 35.267 千米，完整保存的 25.1 千米，这个数字能说明具体问题。这些数字都需要呈现。

5. 富有文采

一是从表达的层面说，要体现文采，可以积累一些诗词文章、优美语句，运用到导游词中。比如在南京，看到台城杨柳依依的景色可以由"无情最是台城柳，依旧烟笼十里堤"引出它的前世，对比今生。比如在苏州，用杜荀鹤的"君到姑苏见，人家尽枕河"描述它的水乡特色。诗词体现了文采，也是点睛之笔，精准地点出了景点的文化内涵。需要注意的是，有文采和通俗易懂不矛盾，有文采不等于是拗口；自己不好记、旅游者听不懂的内容不等于有文采，要尽量避免。

有文采的更高要求是导游词要有文化内涵，要有文化元素的讲解。目前很多导游词都是采用平铺直叙的方法，简单描述景点，缺乏导游个人对景区中相关文化元素的讲解。比如讲博物馆，会说这个馆的面积有多大，里面陈列了什么，有多少数量，然后在

园林台阶

每个展品前说一下这是什么，没有进一步更深入地从文化、历史、民族等层面来讲解它的价值、特色和意义等。比如在苏州园林，看到建筑门口自然山石形状的台阶，有导游会给游客介绍，前方的台阶，大家如果一步登上去，就是一步登天，两步登上去就是步步高升，三步登上去就是连升三级。可以有一些轻松话语调节气氛，但却不能用这些内容代替文化层面的讲解。其实，这种自然山石形状的台阶是园主隐逸思想的体现，表示台阶是山的余脉，房子是建在山脚下。这种注解加上对故人隐逸思想产生的历史背景和文化的注解，才能体现出导游词的文化内涵。

一位出色的导游，要对其讲解的景点景观有比较透彻的了解，让游客通过讲解接受文化的熏陶。要想做到这一点，没有捷径，只有多阅读、多积累、多练习，才能不断提高导游词的撰写水平，提升自身的文化内涵，做好文化的传播者。

三、导游讲解注意事项

从口头语和表情两个方面来说一下讲解时的注意事项：

1. 口头语

（1）语调自然。语调有着十分重要的表达情感的作用，被称为"情感的晴雨表"。导游如果能根据讲解的具体内容对语调进行创造性的处理，使语调随着讲解内容的变化而呈现高潮、低潮的升降起伏，就会使讲解声情并茂。就是我们通常所说的抑扬顿挫。但是，在实地导游讲解中，也要注意避免因一味地追求抑扬顿挫而造成诗歌朗诵式讲解的倾向。要把握适度原则，抑扬顿挫、娓娓道来，不拖音式朗诵，不过于慷慨激昂。

（2）语速快慢相宜。语速是指一个人讲话速度的快慢程度。导游在导游讲解或同游客谈话时，要做到疾徐有致、快慢相宜。如果语速过快，会使游客跟不上导游的节奏，听起来很吃力。如果语速过慢，会使游客感到厌烦，注意力容易分散，也显得讲解不够流畅。在导游讲解中，较为理想的语速应控制在每分钟 200 字左右。当然，具体情况不同，语速也应适当调整。譬如，对中青年游客，导游讲解的速度可稍快些，而对老年游客则要适当放慢；对讲解中涉及的重要或要特别强调的内容，语速可适当放慢一些，以加深游客的印象，而对那些不太重要的或众所周知的事情，则要适当加快讲解速度，以免浪费时间，令游客不快。

（3）停顿长短合理。停顿是一个人讲话时语音的间歇或语流的暂时中断。这里所说的停顿不是讲话时的自然换气，而是语句之间、层次之间、段落之间的有意间歇。目的是集中游客的注意力，增强导游语言的节奏感。停顿的类型很多，比如语义停顿、等待反应停顿等。语义停顿，是指导游根据语句的含义所做的停顿。一般来说，一句话说完要有较短的停顿，一个意思说完则要有较长的停顿。相对来说，逗号是短停顿，句号是长停顿。有了这些长短不一的停顿，导游就能把导游词娓娓道来，游客听起来也比较自然。等待反应停顿，是指导游先说出令人感兴趣的话，然后故意停顿下来以激起游客的反应。比如，"有人说孙中山先生的遗体不在中山陵了，实际上在吗？"这时导游故意停顿下来，看到游客脸上流露出急于知道答案的神情再继续讲解，这时的停顿就是激起游客反应的停顿。

2. 表情

导游讲解是导游与游客之间的一种面对面的交流。游客往往可以通过视觉交往从导游的一个微笑、一种眼神、一个动作、一种手势中加强对讲解内容的认识和理解。

（1）微笑

微笑是自信的象征，是和睦相处、合作愉快的反映；微笑还是一种无声语言，有强化有声语言、沟通情感的功能，还有助于增加交际效果。曾有心理学家做过这样的实验，把钱包随机丢到大街上，看在什么样的方式下，钱包被归还的可能性比较大，结果发现：钱包里面装的东西对钱包归还起到重要作用。装有婴儿微笑照片的钱包被归还的概率最高，大概能到35%。可见笑容是无声的语言，能够传递友好、愉悦的信息，能激发人类善良的天性。每个人都会微笑。而职场上常常强调的露出8颗牙齿的微笑，是看不到眼角的笑容的，有些笑不入心，只是礼节性、象征性的微笑。

有一种微笑叫作迪香式微笑。迪香式微笑，顾名思义，是为了纪念一个叫迪香的法国医生。这位法国医生，通过记录电流刺激面部肌肉激活人的某种情绪发现，真正的微笑不光是微笑肌的参与，还包括眼睛周围肌肉参与，眼角要露出鱼尾纹。这样的笑容饱满，牙齿露出，面颊提高，眼周褶皱，具有很强的感染力。希望大家讲解的过程中可以时刻保持迪香式微笑，让游客感受到你的热情和真诚。

（2）目光

在导游讲解时，运用目光的方法很多，常用的有以下几种：

目光的联结。导游在讲解时，应用热情而又诚挚的目光看着游客。正如德国导游专家哈拉尔德·巴特尔所说的：导游的目光应该是"开诚布公的、对人表示关切的，是一种可以从中看出谅解和诚意的目光"。那种只顾自己口若悬河的导游是无法与游客沟通的。因此，导游应注意与游客目光的联结。

目光的移动。导游在讲解某一景物时，要用目光把游客的目光牵引过去，然后再及时收回目光，并继续投向游客。这种方法可使游客集中注意力，并使讲解内容与具体景物和谐统一，给游客留下深刻的印象。

目光的分配。导游在讲解时，应注意自己的目光要统摄全部听讲解的游客，既可把视线落点放在最后边两端游客的头部，也可不时环顾周围的游客，但切忌只用目光注视面前的部分游客，使其他的游客感到自己被冷落。

（3）手势

在导游讲解中，手势不仅能强调或解释讲解的内容，而且还能生动地表达口头语言所无法表达的内容，使导游讲解生动形象，富有感染力。导游讲解中的手势有以下三种：

情意手势。情意手势是用来表达导游讲解情感的一种手势。譬如，在讲到"我们中华民族伟大复兴的梦想一定能实现"时，导游用握拳的手有力地挥动一下。既可渲染气氛，也有助于情感的表达。

指示手势。指示手势是用来指示具体对象的一种手势。譬如，讲到"各位游客，我们前方看到的是博爱坊"时通过手势让旅游者明确讲解的对象。

象形手势。象形手势是用来模拟物体或景物形状的一种手势。譬如，当讲到"五千克重的西瓜"时，可用手比画成一个球形状。导游讲解时，在什么情况下用何手势，都应视讲解的内容而定。在手势的运用上必须注意要与讲解内容协调合拍，避免使用游客忌讳的手势。

【知识拓展】

优秀导游词及赏析

孝陵享殿映沧桑

各位游客：

大家好！

每座城都有它独特的味道。南京的味道，是满城飘着的桂花混杂着臭豆腐的独特香气，更是六朝古都散发的丝丝帝王之气。这座金陵帝王州的代表之作莫过于"明清皇家第一陵"的明孝陵，而明孝陵最富有历史厚重感、最具有帝王气息的地方，就是大家面前的享殿。

享殿原名孝陵殿，明嘉靖年间改称祾恩殿，取"祭而受福，罔极之恩"的意思，是祭祀和拜谒朱元璋及其马皇后的殿堂。它建于1383年，后毁于太平天国的战火。大家请看，这三层石须弥座台基是明初的原物。台基通高3.03米，三层石栏杆。台基四角有石雕螭首，螭为传说中龙的九子之一，通常被放置在建筑物的台基和四角，是用于装饰基座的排水设施，也就是老百姓常说的"龙吐水"。台基朝南正中有三层丹陛石，石上有三块精美的浮雕，上陛为二龙戏珠，左右两条飞龙遨游于祥云之间，意为皇权的至高无上；中陛为日照山河，一轮圆日映照着山川河流，寓意帝王君临天下，皇恩浩荡；下陛为天马行空，四匹神驹在波涛中驰骋，象征着作为人间主宰的天子拥有通天威海的神力。这种建筑规格是皇家建筑的最高等级。历经了600多年的风雨沧桑，虽然雕刻已依稀模糊，但粗狂、豪放的石雕风格依然可辨，不失为明初石雕艺术的精品。台基之上，便是清同治十二年重建的享殿，单檐歇山顶，三开间，和朱元璋傲视群雄的身份极不相符，这是怎么回事呢？其实答案就在大家的脚下。这些支撑享殿的柱础，每个直径约0.91米，一共有56个，当初，就是由立于这些石柱础上的金丝楠木支撑起了享殿。重檐庑殿，面阔九间，进深五间，上覆黄色琉璃瓦，斗拱挑檐，高大森严，尽显帝王的"九五"之尊。如今的享殿历经战火而显破落，虽不及当年的富丽堂皇，却在历史的打磨之下而越发历久弥新，就如火烧后的圆明园、断臂维纳斯一样，残缺何尝不是一种美，何尝不令人震撼。

步入殿内，迎面可见一幅画像，上有"太祖遗像"四字篆书，这就是明朝开国皇帝朱元璋。这朱皇帝脸颊狭长、五官不正、相貌丑陋，是典型的五岳朝天像。难道朱元璋真的是这个样子的吗？根据民间传说，朱元璋曾召集三名画师为其画像，前两位画师都被他所杀，因为他们画得太真实，暴露了朱元璋的缺陷。第三位只能在形似的轮廓上刻意美化才博得朱元璋欢心。但这第三位画师回去后偷偷画了一幅真实的画像，流传下来。我们姑且不去纠结朱元璋到底长得丑不丑，但他留给后人、留给南京城的诸多财富却是永不泯灭的。现在大家可以走进享殿，走进朱元璋，去了解明朝的那些事儿。

看这丹陛台阶、柱础螭首，耳旁似乎响起当年朱元璋的诗句：天为帐幕地为毯，日月星辰伴我眠。600年的风雨沧桑，抹不去孝陵的王者气度；600年的日月轮回，道不尽孝陵的神奇魅力；600年的时光荏苒，更加掩盖不了孝陵的残缺之美。

【赏析】怎样的导游词才算是一篇优秀的导游词呢？结合上文分享的导游技能大赛的优秀导游词，分析一下比赛版本导游词的结构和内容有什么特点？跟实地导游讲解用词有什么不同？

（1）标题。参加导游比赛的话，导游词的标题需要花费一番心思，题目是点睛之笔，既要点明讲解的对象，又要体现主题，要有文采。这篇导游词最初的题目是"南京明孝陵享殿"，对比"孝陵享殿映沧桑"，大家觉得哪一个题目更好，更适合导游词大赛？"南京明孝陵享殿"，点明讲解的对象是明孝陵享殿，简单直接；"孝陵享殿映沧桑"，则既点明了讲解的对象是享殿，又点明了讲解的主题是"沧桑"。两厢对比，"孝陵享殿映沧桑"更胜一筹，也是这篇导游词最终确定的题目。

下面这几个题目也供大家参考学习："美龄宫凤凰的传奇"，以美龄宫为依托，重点讲解宋美龄的传奇人生；"飞鹰酣战冲霄汉，浩气千秋壮国魂"，讲解的景点是航空烈士公墓，重点介绍航空英烈为国为民无畏牺牲的事迹。

（2）欢迎词。大家发现这篇导游词有问候，但是比较简单。"各位游客大家好"，是简单的一句招呼，没有其他欢迎词的内容。这也是大赛导游词的特点，评分标准若没有明确要求，许多选手会省略欢迎词。但是，需要注意的是，如果你参赛的导游词是为某一特定对象创作的，就需要有问候语：接待小学研学团，问候语是"小朋友们大家好"；接待中学研学团使用"同学们大家好"；接待商务考查团，使用"各位嘉宾大家好"。针对性的问候语，可以让评委明确你讲解的对象。

（3）景点概况。虽然运用的笔墨有不同，但导游词的开篇一般都是概况介绍。《孝陵享殿映沧桑》这篇导游词的概况呈现方式有点与众不同，以文艺范的方式点明了享殿的位置和特点，并和主题呼应。"这座金陵帝王州的代表之作莫过于'明清皇家第一陵'的明孝陵，而明孝陵最富有历史厚重感、最具有帝王气息的地方，就是大家面前的享殿。"

（4）重点突出。导游比赛的时间要求大都是5分钟，由于时间限制，导游词的内容比较少，一般在1000字以内，凝练的都是精华。判断是否重点突出的简单方式就是看段落的长度，段落长的就是讲解的重点。享殿这篇导游词第二段比较长，是讲解的重点。以享殿原名孝陵殿开头，重点描述享殿现存的建筑及特点，并在段落的结尾处适当升华，呼应主题。

（5）虚实结合。享殿这篇的第二段主要是讲实——享殿的名字来历、排水设施、台阶、石柱础等都是实；第三段中由步入殿内看到朱元璋画像而展开的民间传说则是虚，呈现了建筑背后的故事。整篇导游词的内容虚实结合，内容生动。

（6）妙用数字。享殿这篇导游词中出现最多的数字是 600。孝陵享殿有 600 多年的历史，600 是具有特殊意义的数字，是合乎主题的、旅游者需要知道的数字。另外一组是"柱础的直径 0.91 米，数量 56 个"，体现享殿最初的规模的宏伟。每一个数字都要有存在的必要性，都有它存在的特殊意义。

（7）富有文采。结尾部分诗句的引用、排比句的利用可以说是有文采的体现。"看着丹陛台阶、柱础螭首，耳旁似乎响起当年朱元璋的诗句：天为帐幕地为毯，日月星辰伴我眠。600 年的风雨沧桑，抹不去孝陵的王者气度，600 年的日月轮回，道不尽孝陵的神奇魅力。600 年的时光荏苒，更加掩盖不了孝陵的沧桑之美。"用词优美，易于理解，和主题呼应。

结尾部分的内容则是点题，也是升华。对于比赛版本的导游词来说，结尾部分的升华尤为重要。

以上就是这篇优秀导游词赏析的主要内容。多学习、多积累，相信大家通过自己的努力，一定可以写出更优秀的导游词。

【课后实践】

对照视频，练习中山陵背景知识讲解词，并将导游词调整为适合自己语速、表达方式的版本。提交练习视频，生生互评、教师点评。

第五节　致欢送词

【解　读】

旅游活动结束之前，导游员需要致欢送词。通过欢送词表达惜别、加深友谊。如果有服务不到之处，再次向游客表达歉意；介绍未去景点，做好回头客营销；表达美好祝愿；感谢其他陪同人员。

欢送词是导游讲解工作的重要一环。优秀的欢送词可以加深导游员与旅游者之间的友谊，弥补服务过程中的不足。导游员需要认真对待。

【考证示范讲解】

导游资格证考试讲解的过程相当于景点讲解，没有专门的欢迎词环节要求，没有对应的评分标准，不要求要素完备，简单陈述结束语即可。

示例：

各位游客大家好，今天的讲解到这里就结束了，感谢您的聆听！若有不到之处，敬请批评指正！

【实践操作】

在实际带团过程中，如果是景点导游，欢送词的讲解方式可以参考考证版示范讲解。如果是全程陪同导游、地方陪同导游等，实践操作步骤分解如下。

一、回顾行程

回顾行程即带领游客回忆行程中游览的美景、品尝的美食及开心的场景，将旅游行程中的美好回忆一一重现，可以延续和强化旅游者欢乐的心情，加深其对旅游体验的记忆。

二、感谢合作，表达惜别

感谢旅游者在整个行程中对导游员工作的支持和配合，具体可举例说明；

表达在行程中与旅游者之间产生的友谊及惜别之情。

三、征求意见，表达歉意

如果在旅游行程中，因为旅行社或导游员的责任，造成旅游者不满意的情况出现，致欢送词时可以再次表达歉意。面临分别，诚恳的致歉更容易被旅游者接受。

旅游者是整个旅游服务的接受者，对各个环节安排的优劣最有发言权。行程即将结束时可以征求旅游者的意见，找出自身工作的不足，以便后期改进、提高。

四、介绍未去景点

表明由于时间关系，或者因为线路主题设计的考虑，不能参观本地全部精华景点。介绍本次未参观的其他景点，做好回头客营销。

五、表达美好祝愿

预祝旅游者返程顺利，日后的工作、学习顺利，生活幸福等。

六、感谢其他陪同人员

向驾驶员及其他陪同人员表示感谢，感谢他们的辛苦付出及对导游工作的支持。可以列举具体事例表示感谢。比如感谢驾驶员每天把车打扫得非常干净，提前把空调打开；感谢全陪导游协助分房、断后等。

【课后实践】

案例分析：

某导游送团时做了如下欢送词，请从内容的角度分析其优点和不足。

大家的华东之行就要结束了，相信中山陵的肃穆、太湖的浩渺、留园的精致，还有西湖的柔美一定让您意犹未尽。南京盐水鸭、无锡酱排骨一定还在您的唇齿间留香……

美好的时光总是很短暂，离别在即非常不舍！俗话说："两山不能相遇，两人总能相逢。"期待与大家再次相遇，欢迎大家有机会再来华东！

如果在此次旅行中，您有什么不满意之处，还请多多包涵。也在这里感谢大家一路上对我工作的支持和理解。

感恩遇见，祝大家在以后的日子里生活幸福、工作顺利、事事如意！

第三章　南京市民国文化景点导游讲解

【概述】

　　"一座南京城，半部民国史。"如今南京城里还留存着一处处精致的民国建筑和遗迹，百年时光并没有使这些景观褪去色彩。本章带您一起穿越回到那个风云变幻的民国时代，探索这些建筑曾经发生过的故事。

　　本章讲解主要包括中山陵、总统府两个景点。中山陵为民主革命先行者孙中山先生的陵墓，孙中山先生的生平和功绩与民国历史息息相关，陵墓建筑风格体现了民国建筑特色；总统府历史厚重，最初建于明朝，历经明、清、太平天国和中华民国等时代，民国时期是其经历的重要的阶段。

第一节　中山陵

【解读】

　　中山陵位于南京钟山风景名胜区内，是中国近代伟大的民主革命先行者孙中山先生的陵寝，占地面积 8 万余平方米，于 1926 年春动工，至 1929 年夏建成。

　　1961 年，中山陵被国务院公布为首批全国重点文物保护单位；1982 年，被列为国家重点风景名胜区；1991 年，被国家旅游局列为中国旅游胜地四十佳；2007 年，被列为首批国家 5A 级旅游景区；2016 年，入选首批"中国 20 世纪建筑遗产"名录。

　　中山陵主要建筑有博爱坊、墓道、陵门、石阶、碑亭、祭堂和墓室等，排列在一条中轴线上。游览路线考证讲解时间为 10 分钟，包括景点概况和中轴线建筑。实地带团游览讲解时间需 45 分钟左右。

讲解的重点包括孙中山先生生平及其为革命事业所作的贡献、中山陵选址及建造的过程、中山陵建筑的特点等。

【考证示范讲解】

一、景点概述

1. 地理位置、景区地位 2. 孙中山生平（主要功绩） 3. 墓址选定
4. 中山陵的设计者及设计特点   5. 奉安大典

中山陵位于南京东郊紫金山第二峰小茅山的南麓，是孙中山先生的长眠之地。是全国文物保护单位、国家 5A 级旅游景区。

中山陵 1926 年春动工，1929 年夏建成。墓址是孙中山先生生前选定的，"因南京为临时政府成立之地，所以不忘辛亥革命也"。陵墓主体建筑依山而建，建筑采用中国传统的宫殿建筑外形，内部用钢筋水泥制作，坚固耐久。

孙中山先生 1866 年出生于广东省香山县翠亨村，年少时学医，后弃医从政。于 1905 年在日本成立中国同盟会，提出了"民族、民权、民生"的三民主义学说，1911 年武昌起义后，被推为中华民国临时大总统。在袁世凯篡夺革命果实后，又先后发动了"二次革命""护国运动"等推动民主革命。1921 年在广东就任"中华民国"非常大总统。1915 年 10 月 25 日，22 岁的宋庆龄和 49 岁的孙中山在日本东京市政府办理了结婚登记。直至 1925 年 3 月 12 日，孙中山先生因积劳成疾病逝于北京。

1912 年 3 月 10 日，孙中山辞去临时大总统职务之后，与胡汉民等人到紫金山打猎。他感叹于山势之雄伟，笑对左右说："待我他日辞世后，愿向国民乞此一抔土，以安置躯壳尔。"1925 年 4 月 23 日，陈去病专程陪同宋庆龄、孙科等到紫金山当年孙中山先生打猎休息处踏勘，正式确定陵墓位置。

中山陵平面布局呈木铎形，铎形如钟，是古代颁布政教法令时的用具，表示"使天下皆达道"及"木铎警示"。寓含孙中山先生"唤起民众"之意。由青年建筑师吕彦直设计。

1925 年 5 月 2 日，葬事筹备委员会确定设 5000 元奖金，悬奖征求中山陵墓设计方案。共收到应征方案四十余份，吕彦直的设计获得大奖并被采用。吕

彦直设计的图案，平面呈警钟形，寓有"唤起民众"之意，祭堂外观形式给人以庄严肃穆之感，整个建筑朴实坚固，合于中国观念，而又糅合西方建筑精神，融汇了中国古代与西方建筑的精华，符合孙中山的气概和精神。吕彦直设计的中山陵墓图案，融汇中国古代建筑，诸如斗拱、檐椽、券门、歇山式屋顶等民族风格，同时又汲取西方建筑元素，如灵堂重檐歇山式四角堡垒式方屋，既庄严简朴，又别创新格。特别是其全局平面图呈一警钟形，因而受到评选者的一致推崇。南洋大学校长凌鸿勋在评判报告中称赞吕彦直的设计图案"简朴浑厚，最适合于陵墓之性质及地势之情形，且全部平面作钟形，尤有木铎警世之想"。吕

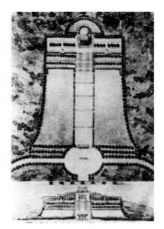

吕彦直方案平面图

彦直被聘请为陵墓总建筑师，1929年3月18日，吕彦直主持建造中山陵积劳成疾，中山陵墓工程还未告成，就因患肝癌不幸逝世，年仅35岁。

1929年5月26日，停放在北京碧云寺的孙中山先生遗体由专列运来南京，6月1日举行奉安大典，送殡队伍长达五六里。灵柩由杠夫抬上汽车，上覆国民党党旗、中华民国国旗。孙先生的遗体自奉安大典之后放入墓穴，从未被打开、移动过。

二、陵前部分

1. 孝经鼎的概况　2. 博爱坊的建筑特色及"博爱"题字
3. 墓道的长度、宽度及特点

孝经鼎

现在来到了中山陵的陵园广场，广场正南是一座八角形石台，台分三层，每层围以石栏，上有三足双耳的紫铜宝鼎，高4.3米，重达万斤，是由国民党元老、中山大学校长戴季陶携全体师生捐赠的，1932年由金陵兵工厂铸造。在鼎的腹部有"智、仁、勇"三个字。鼎的内部还有一块六角形的铜牌，上刻戴季陶母亲所书的《孝经》全文，故此鼎又被称为"孝经鼎"。《孝经》以孝为

博爱坊

中心，比较集中地阐发了儒家的伦理思想。

由广场拾级而上，这座三门四柱的冲天式石牌坊，建于 1930 年，用福建花岗岩仿古代木结构牌楼形式建成，横额上覆盖蓝色琉璃瓦，四根石柱的柱脚前后，夹抱鼓石，柱底是长方形的大石座。牌坊上雕刻莲瓣、云朵和古代建筑彩绘式的图案。坊额的正中有孙中山先生手迹"博爱"二字，这两个字最早可追溯至《孝经》中，韩愈《原道》中也有"博爱之为仁"一语。据说孙中山先生经常写这两个字送人，这也是孙中山一生的极好概括和写照。

博爱坊向前是墓道，分为左、中、右三道，中间宽 12 米，左右各宽 4.6 米。严格的中轴对称，给人以法度严谨的感觉。墓道两侧种植着雪松、桧柏、银杏、红枫等树木，气势雄壮。代替了古代常用的石人石兽，喻示了孙中山先生的精神如青松翠柏万古长青。

三、陵门、碑亭

1. 陵门前广场简介　2. 陵门的建筑特点，"天下为公"匾额题字及出处

3. 碑亭的形状、建筑特点，碑的高度、特点和碑上的题字

4. 台阶与八大平台简介

走过墓道，迎面便是陵门。陵门广场四周种植有很多的树木，如枝叶修剪成圆球状的大叶黄杨，以及千头松和银杏等，使广场显得庄严古朴。

陵门前大平台东西各建有一座硬山卷棚式的相对称的休息室，屋面覆盖蓝色琉璃瓦。东房作卫士室，西房作休息室，室内装有洗手间设备，实际上是两座象征性的点缀建筑物。

陵门是陵寝的入口，是单檐歇山仿中国传统宫殿式的建筑。门前一对石狮

碑亭

是察哈尔省主席宋哲元在1935年赠送的。在陵门正中的横额上，有孙中山先生的手迹"天下为公"。这四个字出自《礼记·礼运》中的"大道之行也，天下为公"，是儒家学说所阐述的一种"大同"的社会理想，也是孙中山先生毕生奋斗的目标和追求的理想。

走过陵门，我们现在看到的是碑亭，重檐歇山顶，上覆蓝色琉璃瓦，亭身用花岗岩建造。亭中央立有花岗岩墓碑，高8.1米，宽4米。上刻国民党元老谭延闿手书的"中国国民党葬总理孙先生于此　中华民国十八年六月一日"24个镏金大字。碑的顶端为阴刻国民党党徽，突出了孙中山先生的葬礼为"党葬"。背面没有铭文。孙中山先生葬事筹备委员会曾讨论过，当时准备在中山陵为孙中山先生刻墓碑、墓志铭、传记等，并且做了分工，由汪精卫写碑文，胡汉民作墓志铭，吴稚晖写传文，张静江撰记文。可是，过了将近两年多的时间，这些碑文内容都没有确定下来，到1928年1月7日，葬事筹备委员会在上海召开会议，认为先生思想和业绩非文字所能概括，故决定不用碑文。

从碑亭往后就是层层叠叠的台阶，从碑亭到祭堂这段石阶共有290层，分为八段，上面三段比较陡，象征三民主义：民族主义、民权主义、民生主义。孙中山设想通过三民主义的实施能够"人能尽其才，地能尽其利，物能尽其用，货能畅其流"，进而实现国富民强、天下为公的大同社会。下面五段比较缓，象征五权宪法：立法、司法、监察、行政、考试，设想将国家的立法、行政、司法、考试、监察这五种治权分别由立法、行政、司法、考试、监察五院独立行使，以防止政府之专权。

奉安大典铜鼎

从博爱坊到祭堂，共有石阶392级，8个平台，落差73米。有说法称392级石阶象征当时全中国的3亿9千200万人口数。

第四层平台上陈列着一对紫铜鼎，

青石狮

鼎身刻有"奉安大典"四个字。其中,西侧的铜鼎上有两个1937年日本侵略军留下的弹孔,提醒我们莫忘国耻。

第五层平台上有一对青石狮,是福建名匠蒋文子先生的杰作,采用中西合璧的雕刻手法:狮子毛发飞扬,是法式雕法;嘴巴里含了一个圆球则是中式雕法(西边已掉落)。越往上石阶越陡,两侧设有石围栏,内有30个花盆,用以盛放盆景。

四、祭堂、墓室

1. 祭堂前平台简介　　2. 祭堂的建筑特点及门上的题字

3. 祭堂内的布局　　　4. 坐像基座六幅石雕的方位和名称

5. 墓室门简介、墓室内部的建筑特色、圆形石圹的直径和深度,孙中山卧像简介

6. 墓穴简介

登上连绵的台阶,我们来到第八层平台,这是陵寝的最高处。祭堂位于平台的正中。"高山仰止,景行行止。"石阶尽头,两侧各有青石古鼎一座,是由孙中山先生的儿子孙科一家所敬赠的。左右两侧,还矗立着一对高大的华表,

华表

是原国民政府主席林森敬赠的。华表高12.6米,用福建花岗石雕琢而成的。断面为六角形,六面均饰浮雕卷云纹。

祭堂处在山顶最高峰,融中西建筑风格于一体:中轴对称、重檐歇山顶、蓝色琉璃瓦、灰白色墙身。双檐之间"天地正气"四字竖额,为中山先生手迹。檐下有石质斗拱。正面开三扇拱形大门,上刻花纹,内有对开的镂空花格紫铜门。在门楣上刻有三民主义的"民族、民权、民生"六个阳篆金字,三民主义为中国国民党信奉的基本纲领,由国民党元老张静江书写。在西侧墙角还镶嵌有1926年开工的奠基石。

步入祭堂,内部以云南产白色大理

石铺地，12根黑色大理石柱，四隐八显。左右两侧的护壁上刻有孙先生手书的《建国大纲》全文。《建国大纲》是中华民国成立后，孙中山针对国家建设所提出的规划方案。顶上的斗式藻井是用马赛克镶嵌的国民党党徽图案。祭堂正中是一尊孙先生的坐像，这是由法国雕刻家保罗·兰窦斯基用意大利白石雕刻的。坐像底座四周有6幅浮雕，正面是如抱赤子，展现了先生早期行医、救治患者的场景；东面是出国宣传、商讨革命，记录了先生早年奔走海外、传播革命、创建同盟会的情形；背面是国会授印，表现了1912年议会为中山先生授大总统印的场面；西面是振聋发聩、讨袁护国，表现中山先生组织革命党人讨伐袁世凯和向广大民众宣传革命思想的场景。

后壁的正中是墓门，门额上刻有"浩气长存"四个字，取自孙中山为黄花岗烈士墓的题字。第二道是单扇铜门，刻有张静江篆书"孙中山先生之墓"。墓圹正中是白色大理石孙中山先生全身卧像，由捷克雕刻家高崎雕刻，与真人比例为1∶1。顶部用马赛克镶嵌了国民党党徽图案。墓室的中央，是个圆形的大理石圹，四周有大理石栏杆。孙先生身穿中山装，双手放于胸前。孙先生的遗体就安葬在卧像下面5米深的长方形墓穴旦。

孙中山先生生前，曾经吩咐葬礼仪式和棺木式样仿照列宁的格式，让民众瞻仰遗容。可当孙中山逝世时，苏联赠送的玻璃钢棺材没能及时运到，只好暂厝在西式玻璃盖棺木棺内，停放在北平香山碧云寺石塔之中。1925年3月30日，苏联政府送来玻璃钢棺材时，孙中山先生的遗体已入殓半个多月，由于当时技术原因防腐措施不当，遗容不能再供后人瞻仰，只好改为土葬。解放战争后期，蒋介石曾想将遗体迁往台湾，但由于爆破墓穴势必会损坏遗体，因而作罢。至今近100年，遗体一直安卧在中山陵墓穴内。谒陵者可在圆形墓室内围绕汉白玉栏杆瞻仰孙中山先生的卧像。

【景点问答】

1. 简述《孝经》的主要内容。

答：《孝经》是孔子和其弟子曾子的一段对话，全文共计十八章。该书以孝为中心，比较集中地阐发了儒家的伦理思想。在中国伦理思想中，首次将孝亲与忠君联系起来，认为"忠"是"孝"的发展和扩大，并把"孝"的社会作用绝对化、神秘化，认为"孝悌之至"就能够"通于神明，光于四海，无所不通"。

2. 简述古建筑中牌坊的作用。

答：作为装饰性建筑，增加主体建筑气势或指明主体建筑入口方位；表彰、纪念某人或某事；作为街巷区域的分界标志。

3. 解释"天下为公"的出处。

答：语出《礼记·礼运》："大道之行也，天下为公。""天下为公"是与"家天下"对立的思想，三民主义中"民权"所阐发的也正是这种思想。

4. 碑亭的石碑上刻了什么字？何人所书？

答：上刻"中国国民党葬总理孙先生于此 中华民国十八年六月一日" 24个颜体楷书镏金大字，为原国民政府主席、行政院院长谭延闿所书。

5. 碑亭到祭堂之间的第五段平台上有些什么物品？

答：有当时上海市政府敬献的铜鼎一对，上刻"奉安大典"篆字，西侧的鼎腹上有两个洞，为1937年12月日军炮轰紫金山时留下的"纪念"，这两个弹洞时时刻刻在提醒着我们莫忘国耻。

6. 祭堂正中孙中山坐像是何人作品？在什么地方制成？用的什么材料？

答：是法籍雕刻家保罗·朗特斯基1930年在巴黎制成。所用材料是意大利白色大理石。

7. 祭堂正中孙中山坐像像座四周六块浮雕的内容分别是什么？

答：分别截取了孙先生从事革命活动的6个片断，东：出国宣传、商讨革命；南：如抱赤子；西：振聋发聩、讨袁护国；北：国会授印。

8. 解释祭堂内用黑色大理石为主料的用意和效果。

答：黑白两色为传统孝色，祭堂内的主料为黑色大理石，与纯白石像一起烘托出隆重哀悼、静穆庄严的气氛，而白玉坐像在黑色衬托下，显得更加高洁。

9. 简介墓室外门门楣。

答：外门框用黑色大理石砌成，门楣上刻"浩气长存"四字，取自孙中山为黄花岗烈士墓的题字。

10. 简介墓室。

答：墓室内顶为天穹状半圆形，上有马赛克镶成的国民党党徽。墓室正中为一大理石圆圹，圹内置大理石石棺一具，棺面上仰卧着孙中山先生大理石全身卧像，身穿中山装，双手放于胸前，安详而眠。孙先生的遗体就安葬在石圹下5米深处的长方形墓穴里。

11. 简介墓室内墓穴。

答：孙先生的遗体就安葬在石圹下5米深处的长方形墓穴里。墓穴用花岗岩垫底，四周砌隔墙，孙先生的遗体安放在一具美国制造的紫铜棺内，棺上盖有一层密封的水晶透明板，铜棺由四根金属条悬吊空中，穴门再用钢筋水泥密封。孙先生的遗体自奉安大典之后放入墓穴，从未被打开、移动过。

12. 请简述祭堂的建筑特色？

答：祭堂现通称灵堂，是一座融合中西建筑风格的宫殿式建筑。长30米，宽25米，高29米。外壁用香港花岗石建造，堂顶是中国传统的重檐歇山式，上覆蓝色琉璃瓦。

13. 中山陵的设计平面图有什么意义？

答：中山陵平面为一木铎形。铎形如钟，为古代颁布政教法令时用。在中山陵，即表示"使天下皆达道"及"木铎警世"之意，寓含孙中山先生"唤起民众"之意，象征中山精神如洪亮钟声，无远弗达（没有传播不到的地方）。

14. 中山陵的墓址是如何选定的？

答：孙中山先生生前就选定南京的紫金山为自己身后的归宿地。据说在民国元年4月1日，他与朋友在明孝陵一带打猎时，就说："待我他日辞世后，愿向国民乞此一抔土以安置躯壳尔。"在此之前，灵谷寺的住持和尚就曾向中山先生推荐过这块"前临平川，后拥青嶂"的风水宝地。1925年3月临终之际，孙中山又嘱咐左右要归葬紫金山。中山先生逝世后，为尊重其遗愿，于是选定了现在的中山陵位置。

15. 简述吕彦直的生平。

答：吕彦直，山东东平县人，1894年生于天津。早年曾在清华大学读建筑，后赴美国康奈尔大学深造，得到美国著名建筑师茂菲的指导，回国后在上海开办彦记建筑师事务所。孙中山病逝后，宋庆龄和孙科等人在紫金山选好了陵址，并征集陵墓设计方案，吕彦直设计的警钟形图案被一致评为首选，他本人也被聘主持全部工程，但是在1929年春，中山陵竣工前不幸身患肝癌病逝，年仅35岁。除中山陵之外，吕彦直还设计了广州中山纪念堂和中山纪念碑。

16. 三民主义、五权宪法的具体内容是什么？

答：三民主义是孙中山所倡导的民主革命纲领。由民族主义、民权主义和民生主义构成，简称"三民主义"，是中国国民党信奉的基本纲领。五权宪法指的是"行政、立法、司法、监察、考试"五权分立的宪政体制。这些都是孙中山先生政治学说的核心内容。

17. 新三民主义的具体内容是什么？

答：民族主义：反对帝国主义，争取中华民族的解放，争取国内各民族的平等。民权主义：权力为一般平民所共有，非少数人所得而私。民生主义：平均地权，节制资本。

18. 中山先生临终前口述的三份遗嘱分别是什么？

答：《遗嘱》、《家事遗嘱》和《致苏联遗书》。在这三份遗嘱里，他仍鼓励自己的同志继续国民革命，完成自己未竟的事业；对自己的伴侣安排妥当；最后号召党内的同志要联合苏联。

19. 简述中山路的由来。

答：它建于 1928—1929 年，是为迎接孙中山先生灵柩安葬中山陵而建，所以原称"迎柩大道"，耗资 120 万银元。原宽 40 米，现已拓宽，分人行、自行车、机动车三道，以安全岛隔开。路两旁及安全岛种植法国梧桐，共六行。这条路是南京的第一条柏油马路。

20. 中山路上的行道树主要是什么？它有什么样的来历？

答：法国梧桐，学名悬铃木。属于阔叶落叶乔木，有单悬、双悬、多悬等，是一种十分理想的行道树。追根溯源起来，它其实是中国的"土特产"，只因当年法国人将它从云南移植到上海法租界，才得了现在这么一个土洋结合的名字。

【知识拓展】

1. 奉安大典的情况

答：1929 年 5 月 28 日上午 10 点，中山先生的灵柩乘专列到达南京浦口，随后灵柩由"威武号"军舰恭送到下关码头，下午 3 点到达中央党部，进行 3 天公祭，于 5 月 31 号封棺。6 月 1 日凌晨 4 点起灵，上午 10 点到点祭堂，举行完奉安大典，由家属宋庆龄及孙科等人将墓门关闭，在礼炮哀乐中奉安大典结束，此后中山先生一直安葬于此。

2. 辛亥革命的历史意义

答：辛亥革命是近代中国第一次比较完全意义上的资产阶级民主革命。它在政治上、思想上给中国人民带来了不可低估的解放作用。革命使民主共和的观点深入人心。中国人民长期进行的反帝反封建斗争，以辛亥革命为新的起点，更加深入、更加大规模地开展起来。

3. 孙中山先生归葬中山陵的原因

1912 年 4 月，孙中山先生同胡汉民等人在紫金山上打猎时说："待我他日辞世后，愿向国民乞一抔土以安置躯壳尔。"表达了归葬钟山的愿望。孙中山先生去世后，根据他的遗愿，葬事筹备委员会在紫金山南麓勘测，最终选定了今天中山陵所在的位置。

4. 中山陵附属建筑介绍

音乐台。建于 1932 年至 1933 年，占地面积约为 4200 平方米，由关颂声、杨廷宝设计，1932 年秋动工兴建，1933 年 8 月建成。音乐台是中山陵的配套工程，主要用作纪念孙中山先生仪式时的音乐表演及集会演讲。音乐台建筑风格为中西合璧，在利用自然环境，以及平面布局和立面造型上，充分吸收古希腊建筑特点，而在照壁、乐坛等建筑物的细部处理上，则采用中国江南古典园林的表现形式，从而创造出既有开阔宏大的空间效果，又有精湛雕饰的艺术风范，达到了自然与建筑的完美和谐统一。

流徽榭。又名水榭，位于中山陵通往灵谷寺的公路南侧，为中山陵附属纪念性建筑。流徽榭由当时的陵园工程师顾文钰设计，三面临水，一面傍陆，以石阶与陆地相连，顶为卷棚式，覆以乳白色的琉璃瓦，红色立柱。

1932 年，中央陆军军官学校捐款 2 万元在中山陵园区建纪念性建筑，林森审批后，以 1.1 万元建流徽榭，以 0.9 万元建永慕社。中央陆军军官学校的前身就是黄埔军校，徐向前元帅为黄埔军校的第一期毕业生，徐向前元帅为流徽榭题写了匾额。

孙中山纪念馆。原名藏经楼，位于中山陵与灵谷寺之间的密林中，是一座仿清代喇嘛寺的古典建筑。主楼高 20.8 米，顶上盖绿色琉璃瓦，屋脊为黄色琉璃瓦，正脊中央饰有紫铜回轮华盖，梁、柱、额枋均饰以彩绘。楼内珍藏孙中山先生的经典著作和奉安大典照片等珍贵史料。藏经楼包括主楼、僧房和碑廊三大部分。面积达 3000 多平方米，主楼为宫殿式建筑，外观又像一座寺院楼，藏经楼以及碑廊、碑刻是中山陵一处重要的纪念性建筑。在三楼屋檐正中悬有一方直额，上书"藏经楼"三字，黑底金字，由当代著名书法家武中奇题写。1987 年 5 月 7 日经南京市人民政府批准，将藏经楼辟为孙中山纪念馆。民革中央名誉主席屈武亲笔题的"孙中山纪念馆"楷书阴刻六个鎏金大字横匾，悬挂在主楼底屋正门上方。楼前广场正中的花台上竖有一尊高2.6米的孙中山先生全身铜像，这尊铜像是孙中山先生生前的日本好友梅屋庄吉先生赠送的。大厅四壁镶嵌着孙中山先生手书的《建国大纲》全文巨匾，正面壁上镌刻胡汉民手书《总理遗嘱》，两侧是孙中山手书"人类进化，世界大同"对联。主楼后面长达125米的大型碑廊上，刻有孙中山先生所著、长达15.5万字的《三民主义》全文。

行健亭。位于中山陵陵园大道与明陵路相接处，以便前来谒陵的游人驻足休憩。"行健"二字，出自《易经》"天行健，君子以自强不息；地势坤，君子以厚德载物"。1931年4月，广州市政府捐款一万元修建行健亭，由著名建筑师赵深设计。

光化亭。光化亭位于中山陵东面小山阜上，建于1931—1934年，由刘敦桢建筑师设计、福建省蒋源成石厂承包建筑，用孙中山先生奉安大典时华侨的赠款建造。光化亭的屋脊、屋面、斗拱、梁柱藻井等全用大理石雕成，花纹至细，刻工至巨，是陵园亭中最精美的工程。

5. 中国植树节

中国的植树节由凌道扬和韩安、裴义理等林学家于1915年倡议设立，最初将时间确定在每年清明节。1928年，国民政府为纪念孙中山逝世三周年，将植树节改为3月12日。1979年，在邓小平提议下，第五届全国人大常委会第六次会议决定将每年的3月12日定为植树节。2020年7月1日起，施行新修订的《中华人民共和国森林法》，明确每年3月12日为植树节。

【课后实践】

收集资料，整理孙中山先生坐像下六块浮雕的导游词，并练习讲解。

整理中山陵附属建筑正气亭的导游词，并练习讲解。

根据提纲，练习中山陵导游讲解。

序号	名称	景点内容要点	讲解时长
1	景区概况	1. 地理位置、景区地位 2. 孙中山生平（主要功绩） 3. 陵墓选址 4. 陵墓设计者及设计特点 5. 奉安大典	2分30秒

序号	名称	景点内容要点	讲解时长
2	陵前 部分	1. 孝经鼎概况 2. 博爱坊的建筑特色及"博爱"题字 3. 墓道简介	2分钟
3	陵门、碑亭	1. 陵门建筑特点，"天下为公"匾额题字及出处 2. 陵门广场概况 3. 碑亭建筑特点，碑的建筑特色及题字 4. 台阶特点及平台上纪念物简介	2分30秒
4	祭堂、墓室	1. 祭堂前平台简介 2. 祭堂的建筑特点及题字 3. 祭堂内的布局 4. 坐像简介及基座六幅石雕的方位和名称 5. 墓室门简介、墓室内部的建筑特色、圆形石圹的直径和深度，孙中山卧像简介 6. 墓穴简介	3分钟
累计时长			10分钟

第二节　总统府

【解　读】

南京总统府位于南京市长江路 292 号，是中国近代建筑遗存中规模最大、保存最完整的建筑群，也是南京民国建筑的主要代表之一，是中国近代历史的重要遗址。

南京总统府至今已有 600 多年的历史，可追溯到明初的归德侯府和汉王府；清代被辟为江宁织造署、两江总督署等，康熙、乾隆南巡均以此为行宫；太平天国定都天京后，在此兴建规模宏大的天王府；1912 年 1 月 1 日，孙中山在此宣誓就职中华民国临时大总统，辟为大总统府，后为南京国民政府总统府。

1982 年 2 月，总统府内"太平天国天王府遗址"被国务院公布为全国重点文物保护单位；1998 年，辟为中国近代史遗址博物馆；2001 年，总统府内"孙中山临时大总统府及南京国民政府建筑遗存"被国务院公布为全国重点文物保护单位；2004 年，被列为国家 4A 级旅游景区；2016 年 9 月入选"首批中国 20 世纪建筑遗产"名录。

南京总统府建筑群占地面积约 9 万平方米，既有中国古代传统的江南园林，也有近代西风东渐的建筑遗存，分三个区域：中区主要有当时的国民政府、总统府及所属机构；西区有孙中山临时大总统办公室、秘书处、西花园、孙中山起居室及参谋本部等；东区主要有当时的行政院、陶林二公祠、马厩和东花园等。其中分布着总统府文物史料、孙中山与南京临时政府、太平天国、清两江总督署等十多个文物史料和复原陈列。

考试过程中三个区域分成两条线路：中区和东区是线路 A，中区和西区是线路 B。实际带团过程中，导游讲解的重点是西线和中线，讲解时长约为一个半小时。

【考证示范讲解】

总统府A线：

一、景区概况

　　1.地理位置、景区地位　　2.历史沿革　　3 景区布局

　　总统府景区占地约9万平方米，既有中国古代传统的江南园林，也有近代西风东渐时期的建筑遗存。这里是民国时期中西合璧的建筑艺术的缩影，现已辟为中国近代史遗址博物馆。它位于南京市长江路292号，是国家4A级旅游景区，也是全国重点文物保护单位、江苏省十佳旅游景区。

　　明初，这里曾是陈理的归德侯府和朱高煦的汉王府。清代为两江总督署、江宁织造署。太平天国时期这里成为洪秀全的天王府。1912年孙中山先生在此就职中华民国临时大总统。1948年5月，蒋介石当选为总统，此处为"总统府"。除了全面抗战的八年外，这座大院一直是国民党政权的政治中心。

　　南京总统府建筑群占地面积约9万平方米，分为东、中、西三个区域：中区主要有曾经的国民政府、总统府及所属机构；西区有孙中山临时大总统办公室、西花园、孙中山起居室等；东区主要有民国时期行政院、陶林二公祠等。

二、大门

　　1.门楼的历史沿革　　　　2.建筑特点及"总统府"题字

　　现在我们看到的是总统府的门楼。总统府大门原址，是太平天国天朝宫殿的真神荣光门、清两江总督署及旧督军署大门。1928年10月，时任国民政府主席的蒋介石，接受外交部长王正廷"将旧督军署大门拆除，重建新门以壮观瞻"的建议，新建了这座西洋古典式大门。马头墙正中"总统府"三个字为原国民政府考试院副院长周钟岳手书。

门楼

　　门楼两侧有四组八根爱奥尼克柱，宏伟气派，是典型的西方古典门廊式建筑。广外的一对石狮为当年两江总督署辕门的旧物。门楼顶部为阶梯型女儿墙，这是中国徽派建筑最突出的外部特征。

正中为一旗杆。门楼为两层半建筑。一层为传达室、卫士室，二层为参军处宿舍和升旗官预备室，顶部为升旗平台。门洞外圆内方，含"天圆地方"之意，"外圆"，表示对外治国和谐协调，审时度势；"内方"，表示对内管理规矩方正，严肃法纪。整座大门厚实坚固，宏伟气派。

1949年4月23日，中国人民解放军将胜利的红旗插上总统府的门楼，标志着中国近代史的结束。

三、中轴线

1. 大堂的历史沿革及功能　2. 大堂的内部陈设

进入大门，前面这座中式建筑为原两江总督署大堂，也曾是太平天国时期洪秀全上朝议政的荣光大殿所在地。1912年元旦，孙中山在此就任中华民国临时大总统，大堂正中有孙中山先生手书"天下为公"四个大字。大堂墙壁上挂有六幅反映总统府变迁的油画，分别是：《天国风云》《敕治两江》《共和肇始》《煦园曙光》《国共和谈》《国府西迁》，展示了300多年来发生在这个建筑群中的历史风云。

四、清两江总督署史料展馆

1. 两江及总督简介　2. 复原之总督大堂　3. 史料厅、花厅等

两江总督始设于康熙四年（1665年），到宣统三年（1911年）为止，有影响的总督86人、98任，历时247年。两江指江南省和江西省，后来江南分为上江（安徽）和下江（江苏），故又称三江。

两江总督大堂

在近代名督厅，展出了总督的服饰和象征各级官员身份的"补子"。还以鸦片战争、洋务运动、仿制西学和辛亥风雨四个部分，介绍了1842年以来近代史上12位有影响的总督，如曾国藩、李鸿章、左宗棠、张之洞等。

"督署巡踪"展厅，分四部分内容，即定制两江、宫府旧址、兵火劫掠和同光重修。从顺治四年（1647年）起，清廷先后任命了马国柱、马鸣佩等人为江南、江西、河南等省的总督。但全国总督的设置和管辖的区域，时有变化，分合无常，直到康熙四年（1665年），才基本确定设立两江等八个总督。第一任两江总督是师廷佐，驻江宁。两江中督署兵火频仍，屡遭焚毁。其中孙玉庭任两江总督时，督署大堂不慎发生火灾，大堂及左右房屋焚毁严重；洪秀全扩建天王府（原督署）时，也曾发生火灾；同治三年（1894年）曾国藩率湘军攻入天王府，将珍宝财物抢劫一空后，放火将府内房室悉数焚毁；民国六年（1917年）冯国璋任副总统时，因电灯线老化失火，熙园建筑被烧毁大半。同治年间，两江总督曾国藩上奏清廷，要求将督署（被毁的天王府）"拨款鸠工，依照原式建筑俾复旧观"。两年内，新造大小房屋1189间。光绪年间，两江总督端方出洋归来，受欧风美雨影响，在署内新建了西花厅、宝华庵等许多欧式建筑。

大堂是总督授传圣旨、与下属商讨军政大事的地方，也是拜祀之日举行礼仪活动的场所。"惠洽两江"是乾隆皇帝赐给时任两江总督尹继善的，表彰其治理两江的功绩。"惠"是恩泽，"洽"是遍及，是说尹继善为官两江，造福一方。对联"齿牙吐慧艳如雪，肝胆照人清若秋"是夸赞或寄望官员清正廉明、德行无亏。"齿牙吐慧"指言辞、"肝胆照人"指德行，"艳于雪""清若秋"都是比喻清白明净的意思。"秉钺三江"，是指用严正的法律治理三江地区。秉，手握。钺，武器，在仪仗中使用，象征权力。

公案后屏风为朝阳、仙鹤和海潮图案。朝阳代表皇帝，仙鹤代表总督，表示了总督对皇帝的赤胆忠心。"两江保障""三省均衡"都是皇帝赏赐给两江总督的。两侧放置虎头牌、职衔牌是封疆大臣出行的仪仗。

这是模拟的总督花厅，"清风是式"是乾隆皇帝给康熙年间的两江总府于成龙的，赞扬他为官清廉。花厅是总督休息、读书、会客的地方。

"高行清粹"是康熙为于成龙陵墓匾额所赐的四个字。对于成龙的官品进行了高度评价，成为清朝为官的最高追求。两柱楹联是："惠洽两江流芜月，清风是式娇去尘。"

五、天朝宫殿历史文物陈列馆

1. 展厅布局　　2. 洪秀全及太平天国

洪秀全与天朝宫殿历史文物陈列，馆名由胡绛题写。洪秀全1851年发动金田起义，建太平天国，自称天王。1853年以南京作为首都，改名天京，1864年在天京病逝。陈列馆分为东中西三个院落。西院南房陈列了天王府的模型，以再现天朝宫殿的辉煌。当年的天王宫殿周长十余里，重楼叠宇，气势恢弘，可惜在 1864 年毁于兵火。清人何绍基诗云：十年壮丽天王府，化作荒庄野鸽飞。

走到中院，南房为天王机密事，上悬"人间天国"的匾额，是洪秀全批阅军机文件和商讨机密大事的地方。中间为天王宫殿，是洪秀全召见群臣、颁布诏书、议政及举行重大庆典活动的地方。上方的"太平一统"四个大字，是太平天国的政治纲领。复制的天王宝座，陈列于弧形飞罩之下，殿中还陈列有雕龙屏风，殿中大柱子上有精美的贴金盘龙雕刻，显得气势恢宏。

洪秀全的书房上方挂着"博学知明"的横匾，还有一张雕刻精细的龙椅，尽显皇家气息。大书案上（笔墨纸砚）文房四宝一应俱全。

东院是仿制天王后宫修建的内宫及展示太平天国起义和征战历史的陈列馆。

六、礼堂、二堂等

1. 礼堂的用途　　2. 沿途经过之所（点到即可）

总统府的礼堂是国民政府举行礼仪活动的场所。1948 年 5 月在此举行了蒋介石、李宗仁正、副总统的就职典礼。礼堂原为清朝两江总督署大堂西暖阁的一部分，民国期间进行过数次改建，今天的礼堂基本是 20 世纪 40 年代后期的格局。

向前我们来到了二堂。两江总督时期，此厅称为"二堂"，太平天国时期是洪秀全处理军国大事的地方。

八字台阶是当年国民政府政要合影的地方，留下了不少珍贵的历史瞬间。

前方左侧就是总统府会客室。国民政府和总统府时期，在举行正式仪式前，林森、蒋介石、李宗仁等均在此短暂休息，同时也兼作内宾接待室。内有一套间作为蒋介石的临时办公室，有时蒋介石不到总统办公楼而在此办公。1946 年国共谈判也曾在这里举行。1949 年 2 月 27 日，"代总统"李宗仁曾在此会见由北平归来的"上海和平代表团"颜惠庆、邵力子、章士钊等一行。西边一间是外宾接待室。外宾接待室建于 1917 年北洋政府的江苏督军冯国璋任上，在江苏督军署和国民政府时期一直

八字台阶

作为会客的场所。1946 年后的国民政府和总统府时期辟为外宾接待室。各国使节递交国书、举行仪式及摄影后，即迎至室内与主席或总统晤谈。其他重要宾客也在此接待。蒋介石曾在此会见许多外国客人，如马歇尔、司徒雷登、魏德迈等。国民政府先后在这里同美、日等国签订了数个不平等条约，如《中美友好通商航海条约》等。

穿过麒麟门，是原政务局大楼，现为"总统府文物史料陈列馆"。该陈列以 1911 年至 1949 年总统府中的政权、主官更替为主线，客观记载 38 年间与总统府有关的重要人物和各种活动。以历史图片、档案、文物为主，其中有许多内容在国内是首次展出，如中华民国之玺、周恩来致国民政府的信件、蒋介石的手令、签名铜章、宋美龄的书信等。门口悬挂原全国人大副委员长程思远为展览题写的匾额。

七、子超楼

1. 子超楼名称由来及楼的建筑特色　　2. 子超楼内部布局

前方为总统府办公大楼，楼前有两株雪松，非常珍贵。树苗从印度进口，由原国民政府主席林森亲手种植。该楼建于林森任上，林森字子超，故名"子超楼"，1934 年动工，1936 年 1 月 1 日正式启用。全楼钢筋混凝土结构，主体五层，局部六层。整幢建筑简洁明快。

一楼是文书局（第一局），管六科一室。它由政府文官处管辖，后由总统府秘书长领导，主要管理中枢文告、政令和玺印、文印。

二楼朝北两间为秘书长办公室。秘书长管文书局、政务局、印铸局、日常事务、重要文稿等。紧挨秘书长办公室的是副总统办公室——李宗仁办公室。李与蒋政见相左，派系不合，故此办公室形同虚设，李一直在傅厚岗官邸办公。

朝南这三间套房组成的办公室，最初是林森的办公室，当蒋介石"还都"南京后，理所当然地成为国民政府主席、中华民国总统蒋介石的办公室。墙上有蒋介石巨幅戎装彩照，是他最喜欢的一张照片。办公室内临窗一张巨型的写字台斜放着，西间为书房和接待室。东一间是休息室和卫生间，内有浴盆和抽水马桶。

蒋介石办公桌上的原物在新中国成立后藏于革命历史博物馆。现在桌上摆设均为复制件。两部电话，一部需通过人工转接，还有一部可直通拨出，但别人打不进来。蒋介石十分敬佩曾国藩，不但用他的《爱民歌》来训导黄埔军校的学生，并且在抗战期间还多次电令要"就地驻军保护先贤曾文正公故宅"，

蒋介石办公桌

其案头放有《曾文正公全集》，经常翻阅。提倡新生活运动的蒋介石不喝酒和茶，只喝白开水，这个白色玻璃杯正是反映出他的这个习惯。办公桌上台历显示的日期是：中华民国卅八年4月23日。

这部电梯是由美国奥的斯公司生产，是当时最先进的电梯。林森、蒋介石、李宗仁等都曾乘坐过这部电梯，但是蒋介石却不太喜欢它，因为这部电梯上下楼大概要一分钟左右，蒋介石嫌其太慢。

三楼是复原的国务会议室，横额上有孙中山肖像和"中华民国"国旗。室内清一色长桌配高靠背皮椅，座位摆放呈山字形，正中朝南是蒋介石专席。汉白玉条石上有林森手书的"忠孝仁爱信义和平"，是孙中山提倡国民必须具备的"八德"。

国务会议室

墙上悬挂的时钟定格在11：05，是当年国民政府西迁的时间。顶部玻璃大吊灯与总统办公室的一样，均从法国定制。国务会议组成人员一般为：正副总统、五院院长、当然委员和另设委员。每两周开会一次，主要讨论制定立法原则、施政方针、军政大计、财政计划预算、任免官员和总统交议之事等内容。

八、东线：行政院、复园

1. 行政院简介及题字   2. 北楼和南楼陈列   3. 复园

现在您看到的是行政院北楼。"行政院"三个楷体金字，是谭延闿亲自书写的。行政院成立于1928年，为国民政府最高行政机构。现楼内设"五院文物史料陈列"，五院即行政、立法、司法、监察、考试五院。行政院南楼建于1934年，是行政院正、副院长日常办公的场所。现在里面的布置都是依照当年的形制复原的。1928年10月25日，行政院正式成立，第一任院长是谭延闿。行政院是南京国民政府最高行政机关，也是五院中地位最重要、组织最庞大、职权最广泛的一个部门。正、副院长都是赫赫有名的人物，如：谭延闿、蒋介石、孙科、冯玉祥、汪精卫、孔祥熙、宋子文、何应钦等。国民党逃往台湾时的院长是阎锡山。

出行政院即为复园，原为清两江总督署东花园，太平天国后毁于战火。2002年根据史料复建，所以叫复园。园中小桥流水，亭台楼阁，错落有致，是典型的江南园林风格。园子的西部有一条长长的游廊，蜿蜒曲折，通达北部尽头，将园内的景致串联起来。在这里我们可以稍稍休息片刻。

九、太平天国起义百年纪念碑、陶林二公祠、复制马厩、南侧院落

1. 太平天国起义百年纪念碑　　2. 陶林二公祠
3. 半亭簃、镜漪池、国色天香照壁

这块碑是1951年郭沫若题写的"太平天国起义百年纪念碑"。在1951年太平天国起义100周年之际，南京"百年纪念筹备会"决定勒石立碑，建议中共中央主要领导人为纪念碑写碑文。毛泽东提议由时任政务院副院长的郭沫若书丹。郭老欣然命笔，"太平天国起义百年纪念碑"11个字一气呵成。碑阴落款题为1951年1月11日，但碑是在1951年8月题写，至1952年1月11日太平天国起义101周年之际，"太平天国起义百年纪念碑"才在南京总统府照壁前揭幕。碑于2006年迁于总统府景区东苑内。

太平天国起义百年纪念碑

太平天国起义百年纪念碑为汉白玉质，通高3.85米，宽0.92米，厚0.29米，正面为郭沫若题写的"太平天国起义百年纪念碑"。其中"天国"两字特别采用了太平天国时期的字样："国"字中间没有点，"天"字的两横上长下短。碑身装饰传统的"卍"字回纹，碑额为云纹，碑座是波涛图案，富意农民运动风起云涌、波澜壮阔。碑阴为罗尔纲撰写并经"太平天国起义百年纪念筹备会"审议通过的《太平天国起义百年

纪念碑记》。碑文 12 行，满行 40 字，集太平天国印玺、文告、印刷品上广泛使用的字体真迹刻制。

陶林二公祠

旁边的小院落是陶林二公祠，清两江总督左宗棠为纪念陶澍、林则徐早年的知遇之恩，奏请光绪皇帝之后修建的，南京乡绅出资，为功臣专祠。现今的陶林二公祠并不是原址，原址在现今江苏省美术馆的范围内，是在 2007 年移建于总统府东苑内，但保持了原有样貌。方寸之地，记录了一段硝烟过后、尘土之下不能忘却的历史。

"勋高柱石"碑为曾国藩六十大寿时，同治皇帝赐给他的。清同治九年（1870年）十月，曾国藩由直隶总督赴南京，第三次就任两江总督。临行前入京，适值曾六十岁生日，同治帝亲笔赐"勋高柱石"四字赏寿。曾国藩抵达南京后，择吉日刻立石碑于两江总督署"御书楼"内。

马厩原来共有十排，现在只保留了六排，最北的一排房屋复原成当年的马厩。掩映在花木之间的是半亭籇，半个亭子附属园墙，风格独特。东花园最南端的大型水池水体清澈，犹如明镜，故名镜漪池；池边垂柳依依。水池西侧的照壁因为上有砖雕牡丹图案，名为"国色天香"，这里是东花园的出口。

马厩

总统府 B 线导游词

一、景区概况

1. 地理位置、景区地位　2. 历史沿革　3. 景区布局

总统府景区占地约 9 万平方米，既有中国古代传统的江南园林，也有近代西风东渐时期的建筑遗存，是民国时期中西合璧的建筑艺术的缩影。现已辟为中国近代史遗址博物馆。它位于南京市长江路 292 号，是国家 4A 级旅游景区，

又为江苏省十佳旅游景区、全国重点文物保护单位。明初，这里曾是陈理的归德侯府和朱高煦的汉王府。清代为两江总督署、江宁织造署。太平天国时期这里成为洪秀全的天王府。1912 年孙中山先生在此就职中华民国临时大总统。1948 年 5 月，蒋介石当选为总统，此处为"总统府"。除了全面抗战八年外，这座大院一直是国民党政权的政治中心。

二、大门

1. 门楼的历史沿革   2. 建筑特点及"总统府"题字

现在我们看到的是总统府的门楼。蒋介石任国民政府主席后，为了"以壮观瞻"，1929 年新建了这座西洋古典式大门。马头墙正中"总统府"三个字为原国民政府考试院副院长周钟岳手书。

门楼两侧有四组八根爱奥尼克柱，宏伟气派，是典型的西方古典门廊式建筑。门外的一对石狮为当年两江总督署辕门的旧物。门楼顶部为阶梯型女儿墙，这是中国徽派建筑最突出的外部特征。正中为一旗杆。门楼为两层半建筑。一层为传达室、卫士室，二层为参军处宿舍和升旗官预备室，顶部为升旗平台。门洞外圆内方，含"天圆地方"之意。整座大门厚实坚固，宏伟气派。

三、中轴线

1. 大堂的历史沿革及功能   2. 大堂的内部陈设

进入大门，东、西朝房依旧保持清代建筑的风格，东朝房曾为督署的吏、户、礼三科，西朝房曾为兵、刑、工三科。民国时期是卫士室。

前面这座中式建筑为原两江总督署大堂，也曾是太平天国时期洪秀全上朝议政的荣光大殿所在地。1912 年元旦孙中山在此就任中华民国临时大总统，大堂正中有孙中山先生手书"天下为公"四个大字。大堂墙壁上挂有六幅反映总统府变迁的油画，分别是：《天国风云》《敕治两江》《共和肇始》《煦园曙光》《国共和谈》《国府西迁》，展示了 300 多年来发生在这个建筑群中的历史风云。

大堂东、西侧边门上端依然刻有民国初年刻成的，"清峙""琼树""飞黄""璇蠹"的四组匾额。

四、礼堂、二堂等

1. 礼堂的用途   2. 沿途经过之所

总统府的礼堂是国民政府举行礼仪活动的场所。1948 年 5 月在此举行了蒋介石、李宗仁正、副总统的就职典礼。

向前我们来到了二堂。两江总督时期，此厅称为"二堂"，太平天国时期是洪秀全处理军国大事的地方。

八字台阶是当年蒋介石等政要会见宾客时的摄影处，留下了不少珍贵的历史瞬间。

前方就是总统府会客室，系1917年冯国璋任副总统后所建。原建筑被一场火灾烧毁。东边会客室和休息室，蒋介石常在此接见内宾或休息。西边一间是外宾接待室。国民政府先后在这里同美、日等国签订了不平等条约，如《中美友好通商航海条约》等。蒋介石曾在这里会见过马歇尔、司徒雷登等人。

前方门前两侧分踞石兽一只，貌似麒麟，故名"麒麟门"。

五、子超楼

1.子超楼名称由来及楼的建筑特色　2.子超楼内部布局

穿过麒麟门，前方为总统府办公大楼，楼前有两株雪松，非常珍贵。树苗从印度进口，由原国民政府主席林森亲手种植。该楼建于林森任上，林森字子超，故名"子超楼"，1934年动工，1936年1月1日正式启用。全楼钢筋混凝土结构，主体五层，局部六层。整幢建筑简洁明快。

一楼先为国民政府文官处，后成为总统府文书局的办公室。

二楼为国民政府枢要所在。朝南的这间是蒋介石办公室。墙上有蒋介石巨幅戎装彩照，是他最喜欢的一张照片。办公室内临窗一张巨型的写字台斜放着，西间为书房和接待室。东一间是休息室和卫生间，内有浴盆和抽水马桶。朝北两间为秘书长办公室，主要负责综理总统府日常事务，指挥监督府内所属职员，负责拟撰重要文稿、承办特别事项等。紧挨着的是副总统李宗仁办公室。当年李宗仁主要在鼓楼傅厚岗官邸办公，一般不来总统府。

三楼是复原的国务会议室，墙上悬挂的时钟定格在11：05，是当年国民政府西迁的时间。顶部玻璃大吊灯与总统办公室的一样，均从法国定制。横额上有孙中山肖像和"中华民国"国旗。汉白玉条石上有林森手书的"忠孝仁爱信义和平"，是孙中山提倡国民必须具备的"八德"。室内会议桌成"山"字形摆放，桌子北面正中是蒋介石的专座。

六、西线：煦园

1.煦园名称、由来及园林特色　2.东部花园的特色及院中主要景点
3.西部花园的特色及两组对景　4.三段碑、乾隆之御碑亭等碑刻

各位游客，现在我们来到的是西花园，又称煦园。明朝时，这里曾是明成祖朱棣次子朱高煦的汉王府，因此得名煦园。

现在看到的是南假山，这是"开门见山"。侵山石由太湖石构筑而成，山顶还设有一座精巧的亭子，是眺望全园景色的佳处。古人崇拜山，所谓"仁者乐山"，是说人要有山的胸襟。

"桐音馆"，馆名由当代著名草圣林散之题写。典出《后汉书·蔡邕传》，以"桐音"借喻"知音"，是主人款待好友的地方。

方胜亭

移步向南，便是方胜亭，一亭双顶，形似古代妇女头饰方胜，故而得名。又因两个亭顶一个厅底，远看像一对比翼双飞的鸳鸯，又称"鸳鸯亭"。

湖边有一巨型叠石，依稀像一个繁体的"寿"字，这种叠石称作相形假山。据说从"寿"字石下面走过，可以增福添寿。

这座草棚名棕榈亭，它的柱子都是用树木原干做的，棕榈叶为顶，本色本样，没有油漆，看上去十分古拙。1853年太平天国定都天京后，由于将士中以广西人居多，为解思乡之苦，就在天王府中建立一座广西风情的木亭，顶部全用广西产棕榈丝覆盖。原为两层，曾国藩在重建督署时砍去上面一层。现在的亭子为20世纪70年代初复建。亭内太湖石上有一圆形大洞，形如镜子，故称"一鉴石"。从镜中取景，别有一番天地。

棕榈亭东侧是一座大型太湖石假山。这座假山的堆砌颇具匠心，高处石梁架空，好像古栈道；低处有幽径回旋，好像进入幽谷。

棕榈亭

"印心石屋"是道光皇帝为时任两江总督陶澍写的题词，以褒奖他治理黄、淮的突出功勋。陶澍生于今湖南省安化县小淹镇。小淹镇处于雪峰山脉的资江河畔，周边有虾蚣山、蜈蚣山、鸡公山，江中有一块巨石，形似官印，当地人称之为"印心石"，陶澍幼时便把自己的书房取名"印心石屋"。陶澍的清正廉洁被世人所称道，是当时经世派的重要代表人物，官至两江总督。道光皇帝格外倚重陶澍，据传曾两次亲笔书写"印心石屋"赐于他，先是写了一幅小一点的，让他挂在自己的书房。陶澍说想刻于他治学、理政足迹所到的名山大川，以彰显皇恩。于是几天后，道光复赐擘窠大字"印心石屋"。所以，这"印心石屋"巨碑很多地方有，除南京外，扬州、苏州、岳麓山等地都有。

对面的回廊上，有《枫桥夜泊》诗碑，是汪伪时期考试院院长江亢虎命人按苏州寒山寺碑刻复制的。日本人特别喜欢这首诗，曾被编入日本小学课本。

眼前的这处水面称为"太平湖"，形如花瓶，"瓶者，平也"，意为平安、太平。

这座三面临水的建筑是喜上眉梢榭，因屋顶戗脊上有喜鹊登枝的木雕而得名。这里是赏晨曦的佳处。

喜上眉梢榭

池的南边建有一座石舫，它是清两江总督尹继善为迎接乾隆皇帝建造的，寓意大清江山稳如磐石，原由乾隆皇帝亲自题名"不系舟"，现在的舫名系著名书法家费新我题写。在石舫上还雕刻有蝙蝠、梅花鹿、山猫等精美图案，分别寓意福、禄、寿。其他还有牡丹、万年青、仙鹤等，都有长寿富贵之意。

位于池西的夕佳楼，双层檐顶，三面临水。取名夕佳，意为黄昏赏景佳地。

与不系舟遥遥相对的是漪澜阁。它建于池中露台之上，四面环水，是赏月听曲的好地方。南部的露台，可作拜月及听曲之用。

夕佳楼后廊壁上嵌有"天发神谶碑"，是东吴末帝孙皓所刻。因发现时

不系舟

断为三截，故又名"三段碑"。碑文是以篆书的笔法写隶书，是罕见的书法珍品。"天发神谶碑"原碑已毁，现存的是清代两江总督端方请名手复制而成，嵌在龙墙上，可惜只有两段，另一段至今下落不明。

紧邻三段碑的是御碑亭，内有乾隆赐萨载和弓麟两位两江总督的诗碑。碑已断裂，但字迹清晰可见。在这两首诗中，乾隆都提到了廉洁自律、勤俭尽职的为官之道，认为这是一个王朝统治是否能持久的问题，是一个关系到国家生死存亡的问题。

七、孙中山临时大总统办公处

　　1. 西花厅由来及建筑风格　　　2. 内部布局

这尊孙中山先生的青铜塑像，是在纪念辛亥革命100周年时所立。

孙中山临时大总统办公室，是由清朝两江总督端方出访欧洲后建造，落成于两江总督张人俊任上，因位于总督署西侧的西花园，又名西花厅。孙中山从1912年元旦就职后，就在这里办公，中华民国临时政府第一次内阁会议也在此举行。自1912年元旦任职，至4月辞去临时大总统职务，孙中山先生在这里度过了极其不平凡的91天。花厅七开间，从东边依次走过，第一间是孙先生的临时休息室；第二间为书房，墙上悬挂的"奋斗"二字为孙先生手书。这是《中华民国大总统孙文宣言书》；第三间是小会议室；第四间为衣帽间；西边的三间为总长会议室，孙先生在这里主持了临时政府的第一次内阁会议。墙上挂着"五色旗"，代表汉、满、蒙、回、藏五民族共和。

1928年11月，国民政府参谋本部成立。卢沟桥事变后隶属于军事委员会，国府还都后回归行政院军政部，1946年6月改为国防部参谋本部。1935年，参谋本部办公楼建成，这两幢二层1200多平方米的青砖小楼，现辟为"孙中山与南京临时政府史料展"。展览以百件图片、实物和文字相结合，展现了以孙中山先生为代表的仁人志士百年前的奋斗历程，呈现了他们为国家独立、民族解放而英勇奋斗的精神。

【景点问答】

1. 总统府范围内的这些建筑曾历经哪几个历史时期？

答：主要历经明、清、太平天国和中华民国。

2. 总统府的前身是汉王府，这里的"汉王"是谁的封号？

答：最早汉王指的是陈友谅之子陈理的封号，后来陈被遣送去了高丽。永乐二年（1404年），明成祖朱棣封次子朱高煦为汉王，也居于此。

3. 现在总统府门楼上悬挂的"总统府"三个字出自何人手笔？

答：1948年，由曾任考试院副院长的周钟岳所写。

4. 总统府的大堂有几幅大型油画？分别描绘了什么场景？

答：六幅，分别是：《天国风云》《敕治两江》《共和肇始》《煦园曙光》《国共和谈》《国府西迁》。

5. "桐音馆"的命名从何而来？"桐音"到底指什么？

答："桐音馆"的命名出典于《后汉书·蔡邕传》："吴人有烧桐木者，邕闻火烈之声，知其良木。因请而裁为琴，果有美音。而其尾犹焦，故时人名曰'焦尾琴'。"所以，"桐音"即琴音。另外桐音者，知音也。俞伯牙抚琴，惟钟子期闻而知雅意，有高山流水之想，伯牙遂以子期为知音。钟子期死后，伯牙不再抚琴。因此琴音又引申为知音，桐音馆是主人用来款待知心好友，寓"知音雅集"之意。

6. 方胜亭之"方胜"作何解释？

答：方胜又称双菱，指两菱形相叠。方胜亭是指两个亭顶一个亭身，亭身的图案形如方胜。

7. 不系舟上的雕刻相当精美，请问制作者是以哪几种动植物来表达"长寿富贵"之意的？

答：蝙蝠、梅花鹿、山猫（兽），以及牡丹、万年青、仙鹤等。

8. 不系舟的名字是乾隆皇帝命名的，他为何这样命名？

答：乾隆皇帝称其为不系舟，是说自己的江山社稷稳如磐石。这可以从唐太宗告诫太子李治的话中找到答案："是以庶黎比作水，君王比作舟。水能载舟，亦能覆舟。"

9. 太平池砌成花瓶形状是何用意？太平池东西、南北各有什么对景？

答：意为平静、平安、平和、太平。东西对景为忘飞阁和夕佳楼，南北对景为不系舟和漪澜阁。

10. 孙中山任临时大总统时的办公室在何处？

答：在夕佳楼西面的院落内，是清末两江总督端方建造的花厅。

11. 棕榈亭中的巨石为何称作"一鉴石"？

答：因巨石扁平，形如屏幛，且中间有一圆形大窟窿，仿佛嵌入一镜。

12. "一鉴石"出于唐朝哪个典故？

答：魏徵是唐朝一位敢于直谏的大臣。他死后，唐太宗李世民说："以铜为鉴可以正衣冠，以史为鉴可以知兴替，以人为鉴可以知得失。魏徵死后，我就少了一鉴了。"

13. "印心石屋"碑是哪位皇帝题写的？"印心石屋"碑因何而立？

答：道光皇帝。道光皇帝褒奖陶澍治理黄河和淮河的功勋，有感其幼时苦读诗书、潜心钻研的精神，赐"印心石屋"四字，以勉励后人奋发读书。

14. 清朝"两江总督"的管辖范围包括哪些地方？

答：包括江南省和江西省，江南省辖今天的江苏、安徽南部和上海市。

15. 两江总督署大堂正中上方悬挂的"惠洽两江"的匾额，是清朝的哪个皇帝赐给哪个两江总督的？有什么含义？

答："惠洽两江"是由乾隆皇帝御赐当时的两江总督尹继善的。"惠"是恩泽，"洽"是遍及的意思，表示尹继善为官两江，造福一方，泽被百姓。乾隆数次南巡，每次到这儿，尹继善总是调度得宜、安排周到，所以乾隆御赐"惠洽两江"四个字，来表彰尹继善的种种业绩。

16. "清风是式"横匾是哪位皇帝题写的？给谁题的？

答：这块"清风是式"的横匾是乾隆皇帝亲笔题写，褒扬康熙年间两江总督于成龙的。据说，于成龙生活很俭朴，康熙称他是"天下廉吏第一"。几十年后，乾隆皇帝来到这里，想起了于成龙，就亲笔题写"清风是式"四个字，以褒扬于成龙的清廉。"清风"，就是两袖清风，比喻为官廉洁。"是式"意思是榜样、式样。"清风是式"意思就是要为官清廉，以于成龙为所有官吏学习的榜样。

17. "陶林二公祠"是哪两位两江总督的祠堂？

答：陶澍、林则徐。

18. "勋高柱石"碑是哪位皇帝赐给哪位大臣的？

答：是同治皇帝赐给曾国藩的。

19. 太平天国运动由谁领导？何时爆发？何时结束？其纲领性文件是什么？最初是以创立什么组织笼络人心、聚集力量的？

答：洪秀全。1851年至1864年。《天朝田亩制度》。拜上帝教。

20.太平天国时期的天朝宫殿有哪些主体建筑?

答：大照壁、牌坊、御河桥、荣光门、真神殿、基督殿、金龙殿以及东、西花园等。

【知识拓展】

1.请简单介绍林森的生平。

答：林森，字子超，号长仁，1867年生，福建闽侯人。1905年加入中国同盟会，辛亥革命时，任九江军政府民政长。1912年中华民国成立，任南京临时参议院议长。二次革命后，加入中国革命党。1917年追随孙中山南下护法。1921年孙中山就任非常大总统，林森代表国会授印致词。1943年8月1日，中国名义上的国家元首、中华民国国民政府主席林森于重庆逝世，享年75岁。

2."秉钺三江""三省均衡"中的"三江"指的是什么？"三省"指的是什么？

江南省分为上江（今安徽）和下江（今江苏），再加上江西，所以两江地区又叫作"三江"。两江、三江只是叫法不同，实际上指的是同一个地方。明清以来，这一区域一直是全国经济最发达的地区和全国赋税重地。

三省指安徽、江苏和江西。

3.总统府历史沿革

（1）明清时期

明朝初年，朱元璋为制约笼络陈友谅旧部，封陈友谅儿子为归德侯，兴建"汉王府"，这也是南京总统府的前身，后又被用为汉王朱高煦的府邸，直至朱高煦谋反，汉王府被荒废。清顺治四年（1647年），在江宁明汉王府旧址设立总督署。康熙二十一年（1682年）正式定制为两江总督署，在康熙、乾隆皇帝下江南时均被用作"行宫"。1853年，太平天国占领南京后，洪秀全将南京改为"天京"，大兴土木，将原两江总督署向南北两个方向扩建，建造规模宏大，并改名为"天朝宫殿"。

1866年，太平天国运动失败，清军攻入天京，天王府被抢劫一空，为掩盖罪行，清军放火焚烧天王府，致使大量主建筑被毁，经研究显示，仅有煦园内的石船和小隍城巷内的牌楼石柱和座子被留存。

1870年，曾国藩以西花园为建筑中心，重建两江总督署，基本奠定了南京总统府的基本格局。林则徐、李鸿章、张之洞等人均在此任职过两江总督。

（2）中华民国临时政府时期

1912年1月1日，孙中山先生在南京总统府宣誓就任中华民国临时大总统，并于当年成立了中华民国临时政府，将1912年定为民国元年。同年3月，孙中山卸任大总统职位，袁世凯当选第二任临时大总统。次月，临时政府结束，建立了南京留守府。

在1913年的"二次革命"中，南京总统府被用作讨袁军总司令部，其间黄兴和何海鸣曾先后担任过该司令部的司令。

（3）北洋政府时期

1913年至1927年，南京总统府相继成为江苏都督府、江苏督军署、江苏将军府、江苏督办公署、副总统府、宣抚使署、五省联军总司令部、直鲁联军联合办事处等机构，期间多位军政主官接管过该府，如程德全、张勋、李纯、齐燮元、卢永祥、冯国璋、孙传芳、杨宇霆、张宗昌等人。

（4）国民政府时期

1927年3月，北伐军攻占南京，南京总统府先后成为国民革命军和北伐军的总司令部以及军事委员会办公处。不久后，国民政府迁至南京并设立行政院和参谋本部。1928年10月，蒋介石决定采用钢筋混泥土结构重建总统府门楼、总统府办公楼、大堂等建筑，在主计处和行政院北楼底层增设防空洞等，整体重建后的建筑融合了西方元素，这一中西合璧的建筑群形成了南京总统府的基本建筑群。1937年11月国民政府迁往重庆，期间，南京总统府曾相继由谭延闿、蒋介石、林森担任过国民政府主席，而行政院长有谭延闿、孙科、汪精卫、蒋介石等人。

（5）日伪统治时期

1937年，抗日战争全面爆发，南京被日军占领，总统府内各个机构均被日军占有。次年，在日本政府支持下，由梁鸿志、温宗尧、陈群等人在南京总统府礼堂成立中华民国维新政府；同年12月，汪精卫响应日本声明，公开叛国。1940年，汪伪国民政府在南京成立，维新政府中相关人员并入其中，南京总统府被汪伪政府立法院、监察院、考试院、伪交通部和铁道部等机构所占用。

（6）国民政府、总统府时期

1945年10月，国民政府修缮南京总统府内的各个建筑机构及西花园。次年5月，国民政府从重庆迁回南京。1948年，国民政府依据《中华民国宪法》选举蒋介石为总统，开始实施总统制，这里改名为总统府。直至1949年，中国人民解放军部队占领总统府，总统府宣布解散。

（7）新中国时期

1949 年新中国成立后，南京总统府曾被江苏省政府、政协等多个机构作为办公地点使用。20 世纪 80 年代后，政府机关陆续搬离南京总统府，并于 1998 年在总统府旧址之上，开始筹建中国近代史遗址博物馆。2001 年，总统府内"孙中山临时大总统府及南京国民政府建筑遗存"被国务院公布为全国重点文物保护单位。2003 年 3 月，中国近代史遗址博物馆建设工作完成，并正式对外开放。2004 年，南京总统府被评为国家 4A 级旅游景区。2016 年 9 月，入选"首批中国 20 世纪建筑遗产"名录。

4. 总统府门楼

总统府门楼原址是清两江总督署头门，太平天国时建天王府"真神荣光门"，又称"皇天门"或"凤门"。1864 年 6 月清兵攻破天京后将此门拆毁，重建两江总督署大门。1929 年由建筑师姚彬设计，新建了这座钢筋混凝土结构的西方古典门廊式建筑。1946 年国民政府还都南京后，上刻"国民政府"四字。1948 年 5 月"行宪"国民大会召开，国民政府主席改称"总统"，将"国民政府"换嵌"总统府"三字。1949 年 4 月 23 日中国人民解放军将红旗插上总统府的门楼，标志着中国近代史的结束。

5. 总统府大堂六幅壁画

总统府大堂里岸上置有《天国风云》《敕治两江》《共和肇始》《国府西迁》《国共和谈》《煦园曙光》六幅油画，贯穿了大院的重大历史。六幅油画均创作于 21 世纪初，作者分别为李建国、王浩辉、陈世宁、时卫平、陈世和、陈坚，均为当时江苏及国内知名中青年画家。

《天国风云》——1853 年，太平天国定都天京，天王洪秀全率诸王与清朝政府形成分庭抗礼之势。

《敕治两江》——两江三省，粮赋重地，东南锁钥。清朝政府先后敕封重臣为两江总督，左起依次为张之洞、李鸿章、左宗棠、曾国藩、刘坤一。

《共和肇始》——1912 年 1 月，孙中山亲手组建了中华民国临时政府，中国第一个共和制的国家政权诞生。左起依次为教育总长蔡元培、陆军总长黄兴、大总统孙中山、参议院长林森、总统府秘书长胡汉民、法制局长宋教仁。

《国府西迁》——1937 年 11 月，日军兵临南京城下。林森率国民政府仓促西迁重庆，左起依次为立法院长孙科、监察院长于右任、行政院长蒋介石、立法院长居正、考试院长戴季陶。

《国共和谈》——1946年5月，国民政府还都南京后，周恩来率中共代表团继续与国民党进行和平谈判，左起依次为董必武、周恩来、陈诚、蒋介石、张群、邵力子。

《煦园曙光》——1949年4月23日，人民解放军占领南京。4月27日，刘伯承、邓小平、陈毅、粟裕步入总统府。

6. 请简介五色旗。

五色旗又称五族共和旗，是北洋政府时期使用的国旗，旗面按顺序为红、黄、蓝、白、黑的五色横条，比例为5∶8。红、黄、蓝、白、黑五色分别表示汉族、满族、蒙古族、回族、藏族，所选用的五色为五个民族传统上所喜爱的颜色，象征着这五族共和。而此五色也是五行学说代表五方的颜色；也有说法称，五色旗取自凤凰五色，同时也代表仁、义、礼、智、信五德；还有人认为，其与传统五行概念对应的五种色彩还涵盖了方位上的东、西、南、北、中。1928年12月29日国民政府形式统一中国后，五色旗彻底被青天白日满地红旗取代。

7. 官服

在中国古代的服饰制度中，最能反映封建等级制度的，要数文武百官的官服了。相传补子起源于武则天时代（对应武则天时期的官吏制度）。武则天上朝时赐给官员们绣了花的官袍。因为十分好看，又是御赐之物，所以其他官员纷纷效仿。补子就从这里而来。补子的源头可以上溯至蒙元时代。内蒙古正蓝旗羊群庙出土的元代石雕上就有花卉纹的补子，同时在一些元代墓葬中也确实发现了不少具有方补形式的元代织物。但这些服饰没有作为补服出现，且这些方补多作花卉状，它们在当时并没有作为官阶的标志。真正代表官位的补服定型于明朝。明代官员在朝服的前胸后背处分别装饰一块方形的图案，叫补子。一般用彩线绣制，亦称"绣补"。也有织造的。文官用禽，武官用兽，以示差别，是区分文武官官职品级的主要标志。透过这些形形色色的花纹图案，我们看到了古代官吏等级制度的缩影。那么，清代官服上的补子又有什么区别呢？

首先，从补子大小上来区分。清朝的补子比明朝补子略小，明朝的补子大者达40厘米，而清朝的补子一般都在30厘米左右。由于清朝补子是缝在对襟褂上的，与明朝织在大襟袍上有所不同，所以明朝补子前后都是整块，而清朝补子的前片都在中间剖开，分成两个半块。王室的圆补有的不仅饰胸，还有的饰于两肩之上。

其次，从色彩和纹样上区分。明代的补子以素色为多，底子大多为红色，上用金线盘成各种规定的图案，五彩绣补比较少见。清代的补子则大多用彩色，底子颜色很深，有绀色、黑色及深红色等。明朝补子的四周，一般不用边饰，而清朝补子的周围，则全部饰有花边。另外，明朝有些文官（如四品、五品、七品和八品）的补子常织绣一对禽鸟，而清朝的补子全部织绣单只。

具体来说，清朝朝服有补，顶戴分为朝冠和吉服冠两种。

文官：

一品仙鹤补，朝冠顶饰东珠一颗、上衔红宝石；吉服冠用珊瑚顶；

二品锦鸡补，朝冠顶饰小宝石一块，上衔镂花珊瑚，吉服冠用镂花珊瑚顶；

三品孔雀补，朝冠顶饰小红宝石，上衔小蓝宝石，吉服冠用蓝宝石顶；

四品云雁补，朝冠顶饰小蓝宝石，上衔青晶石，吉服冠用青金石顶；

五品白鹇补，朝冠顶饰小蓝宝石，上衔水晶石，吉服冠用水晶石顶；

六品鹭鸶补，朝冠顶饰小蓝宝石，上顶砗磲，吉服冠用砗磲顶；

七品鸂鶒补，朝冠顶饰小蓝宝石，上顶素金顶，吉服冠用素金顶；

八品鹌鹑补，朝冠阴文镂花金，顶无饰；吉服冠用镂花素金顶；

九品练雀补，朝冠阳文镂金顶，吉服冠用镂花素金顶。

武官：

一品麒麟补，朝冠顶饰东珠一颗、上衔红宝石；吉服冠用珊瑚顶；

二品狮子补，朝冠顶饰小宝石一块，上衔镂花珊瑚，吉服冠用镂花珊瑚顶；

三品豹子补，朝冠顶饰小红宝石，上衔小蓝宝石，吉服冠用蓝宝石顶；

四品老虎补，朝冠顶饰小蓝宝石，上衔青晶石，吉服冠用青金石顶；

五品熊罴补，朝冠顶饰小蓝宝石，上衔水晶石，吉服冠用水晶石顶；

六品彪补，朝冠顶饰小蓝宝石，上顶砗磲，吉服冠用砗磲顶；

七品犀牛补，朝冠顶饰小蓝宝石，上顶素金顶，吉服冠用素金顶；

八品犀牛补，朝冠阴文镂花金，顶无饰；吉服冠用镂花素金顶；

九品海马补，朝冠阳文镂金顶，吉服冠用镂花素金顶。

【课后实践】

1. 整理总统府大堂内六幅油画的导游词，并练习讲解。
2. 整理西花厅的导游词，并练习讲解。

3. 根据提纲，分线路练习总统府导游讲解。

总统府 A

序号	名称		景点内容要点	讲解时长
1	景区概况		1. 地理位置、景区地位 2. 历史沿革 3. 景区布局	1 分钟
2	大门		1. 门楼的历史沿革 2. 建筑特点及总统府题字	1 分钟
3	中轴线	大堂及北侧展馆	1. 大堂的历史沿革及功能 2. 大堂的内部陈设 3. "人间正道是沧桑"展馆 4. "红旗插上总统府"展馆	1 分 30 秒
4	中轴线	天朝宫殿历史文物陈列馆	1. 洪秀全与太平天国 2. 展厅布局	45 秒
5		礼堂、二堂等	1. 礼堂的用途 2. 沿途经过之所（点到即可）	1 分 15 秒
6		子超楼	1. 子超楼名称的由来以及建筑特色 2. 子超楼内部布局	1 分 30 秒
7	东线	行政院、复园	1. 行政院简介及题字 2. 北楼和南楼陈列 3. 复园	1 分钟
8		清两江总督署史料展馆	1. 两江总督简介 2. 复原的总督大堂及花厅	45 秒
9		碑刻及建筑	1. 太平天国起义百年纪念碑 2. 陶林二公祠 3. 勋高柱石碑 4. 复原马厩	1 分 15 秒
累计时长				10 分钟

总统府 B

序号	名称	景点内容要点	讲解时长
1	景区概况	1. 地理位置、景区地位 2. 历史沿革 3. 景区布局	1 分钟

续表

序号	名称		景点内容要点	讲解时长
2	大门		1. 门楼的历史沿革及建筑特点 2. 总统府题字	1分钟
3	中轴线	大堂及北侧展馆、礼堂、二堂等	1. 大堂简介 2. "人间正道是沧桑"展馆 3. "红旗插上总统府"展馆 4. 礼堂的用途 5. 沿途经过之所（点到即可）	1分30秒
4		子超楼	1. 子超楼名称的由来以及建筑特色 2. 子超楼内部布局	1分30秒
5	西线	孙中山起居室	1. 布局及陈列	30秒
6		孙中山临时大总统办公室	1. 中山广场 2. 西花厅由来及建筑风格 3. 内部布局	1分钟
7		煦园	1. 煦园名称、由来 2. 西部花园的特色及两组对景 3. 三段碑、乾隆御碑亭等碑刻 4. 东部花园的特色及主要景点	3分30秒
累计时长				10分钟

第四章　南京市明文化景点导游讲解

【概　述】

　　600多年前定都于南京的大明王朝，将南京影响力推到了一个新的高度，这里拥有多处明朝历史文化遗存。明文化是南京文化的典型代表，明文化讲解对于旅游者了解十朝都会南京的历史和文化发展脉络有着非常重要的意义。

　　本章包括明孝陵、南京城垣与中华门城堡、灵谷寺三个景点讲解。明孝陵是明太祖朱元璋的陵墓，体现了明朝墓葬、石刻、建筑等文化。南京城垣始建于1366年，经历了600余年的风雨依然固若金汤，体现了明朝先进的筑城技艺。灵谷寺的历史可以追溯到南朝，但迁至现址始于明朝，景区内无梁殿始建于明朝洪武十四年（1381年），是中国历史最悠久、规模最大的砖砌拱券结构殿宇，现在依然保存完好。

第一节　明孝陵

【解　读】

　　明孝陵位于南京市玄武区紫金山南麓独龙阜玩珠峰下，是明太祖朱元璋与其皇后的合葬陵寝。因皇后马氏谥号"孝慈高皇后"，又因明太祖奉行孝治天下，故名"孝陵"。明孝陵始建于明洪武十四年（1381年），至明永乐三年（1405年）建成，先后调用军工10万人，历时达25年。其占地面积达170余万平方米，是中国规模最大的帝王陵寝之一。

明孝陵作为中国明清皇陵之首，代表了明初建筑和石刻艺术的最高成就，直接影响明清两代五百余年20多座帝王陵寝的形制，在中国帝陵发展史上有着特殊的地位，有"明清皇家第一陵"的美誉。

1961年3月，明孝陵被国务院公布为首批全国重点文物保护单位；1982年，被列为国家重点风景名胜区；2003年7月，明孝陵及明功臣墓被列为世界文化遗产；2006年12月，被列为首批国家5A级旅游景区。

考证讲解时长为10分钟。实际带团讲解时长约为一个半小时。

【考证示范讲解】

一、景点概况

1.地理位置、景区地位　2.朱元璋生平　3.建陵时间及陵墓特点

明孝陵有"明清皇家第一陵"的美誉，位于紫金山南麓独龙阜，是明代开国皇帝朱元璋及皇后马氏的合葬墓。因马皇后谥号"孝慈高皇后"，并且朱元璋奉行孝治天下，故名孝陵。1961年3月，明孝陵列为首批全国重点文物保护单位。2003年7月，明孝陵作为"明清皇家陵寝"扩展项目被列入《世界遗产名录》。

朱元璋1328年出生于安徽凤阳一个贫苦农民的家庭，17岁出家皇觉寺，1352年加入元末农民起义军郭子兴的红巾军，1356年攻占南京，1368年登基称帝，建立大明王朝，年号洪武。

陵寝在1376年开始筹建，1381年动工，次年葬入皇后马氏，1398年葬入朱元璋，但整个工程直至1413年才正式完工。清以后改称"明孝陵"，以示朝代区别。明孝陵背依紫金山，从下马坊，至大金门、宝城宝顶，纵深达三千米。神道蜿蜒曲折，以求天地相融，天人合一。其创造的"前朝后寝，宝城宝顶"的陵寝制度，开创了明清500多年帝王陵墓之先河。

二、下马坊

1.下马坊　2.神烈山碑　3.禁约碑

下马坊是明孝陵入口的标志性建筑，为一座两柱冲天式石雕牌坊，坊额上刻"诸司官员下马"六个楷书字，告示进入明孝陵的官员必须下马步行，以示

对开国皇帝朱元璋的尊敬,违者以大不敬论处。明孝陵神道自下马坊起,途中经过大金门、四方城、石象路、翁仲路,最后到达陵宫,全长2.62千米。

神烈山碑是明嘉靖十年(1531年)改钟山为神烈山时而立。明嘉靖十年(1531年)朱厚熜将孝陵所在的钟山,与北京十三陵所在地天寿山并称为二岳,特改钟山为"神烈山",并在下马坊东侧立了一块"神烈山"的标志碑,碑上覆以亭。碑高4米,宽1.46米,厚0.67米。碑文楷书"神烈山"三字,碑额上刻"圣旨"二字,边刻"嘉靖十年岁次辛卯秋九月吉旦"及"南京工部尚书何诏侍郎臣张羽立石"。碑身及碑额为整石凿就。碑下无座,用两条巨石嵌住碑身。现碑存亭无。

禁约碑是明崇祯十四年(1641年)所立,碑文刻有禁止损坏孝陵及谒陵的有关禁约9条。明朝末年,农民起义席卷全国,安徽凤阳的明皇陵(明太祖朱元璋父母之陵)的宫阙殿宇,被李自成放火烧毁。为了保住孝陵"龙脉",朱由检于崇祯十四年(1641年)特立此碑,重申对明孝陵的保护,违旨立即处死。

三、大金门、碑亭

1. 大金门的建筑特点及规模　　2. 碑亭的建筑形式
3. 碑亭的俗称　4. 功德碑

大明孝陵神功圣德碑

大金门是明孝陵的第一道大门,又称大红门。现仅存三券拱门,石须弥座。束腰上有浮雕椀花,为明初石雕的精品。门两侧原有周长22.5千米的红墙,将孝陵围起,现早已荡然无存。

走过木栈道,我们便到了碑亭。碑亭建在石台之上,基座为石须弥座,南向设团龙斗陛石。现在的亭顶是2012年重新修复的,黄色琉璃瓦,重檐歇山顶。原来碑亭的亭顶毁于清咸丰年间的战火,当时只留下了四面边长约27米的墙壁和四个门券,所以又称"四方城"。

碑亭内立有"大明孝陵神功圣德

碑"，通高 8.78 米，为南京地区存留的最大明碑。大明孝陵神功圣德碑落成于 1413 年，是明孝陵工程结束的标志。碑额高 1.9 米，九龙盘绕，每面均为双龙戏珠，南面火焰珠下竖刻小篆碑名"大明孝陵神功圣德碑"。碑座高 2.08 米，形似龟，名为赑屃，是传说中龙九子之一，好负重，为碑座中的最高等级。碑身高 6.7 米，正面是朱棣撰写的碑文，对朱元璋的一生进行高度评价。全文共计 2746 字，分 7 部分：叙述身世，出生句容大族；为民请命，发迹定远；登基称帝，立皇太子；废中书，升六部；重人才，建国学；生活简朴；皇族子女 57 人名号及 144 句四言颂词一篇。

因"靖难之变"登上皇位的朱棣，为彰显自己对朱元璋的孝心和忠诚、宣示自己的皇位正统，特下令征集工匠前往东郊阳山采石场，为已建成的明孝陵建造天下第一的"神功圣德碑"，所采即为今天所称的阳山碑材。阳山碑材利用该处山体中完整性好又十分巨大的山石开凿出，由碑座、碑额、碑身三部分构成。上述三部分按碑式垒起，总高度达 78 米，总重 31167 吨，堪称绝世碑材。然而，这一碑材最终却因体积太大、无法拖运而弃之不用。2005 年，阳山碑材被上海大世界吉尼斯总部认定为"世界最大的碑材"。2013 年，阳山碑材被列为全国重点文物保护单位。

四、神道、梅花山

1. 石象路的六种神兽名称、数量及排列顺序　2. 望柱　3. 石翁仲路上文臣、武将的名称、数量及排列顺序　4. 棂星门　5. 孙权墓和赏梅胜地

石象路长 618 米，在路两侧自东向西依次排列着 6 种 12 对石兽，每种 4 只，两立两蹲，体现了皇家陵寝的礼仪要求，又各有寓意。狮子，是百兽之王，它既是皇权的象征，又起到镇妖辟邪的作用；獬豸，是传说中能辨是非的护法神兽，表明皇帝是圣明天子，同时起到辟除邪秽的作用；骆驼，象征着边疆，表明明代国力强盛、疆域辽阔，皇帝威震四方，在神道上摆放石骆驼还是明孝陵的首创；大象，四腿粗壮有力，坚如磐石，表明大明江山稳固；麒麟，是祥瑞之兽，据说只有在政治清明时才会出现，象征逝者生前是仁义之君和有作为的帝王；最后是马，是供人驱使的动物，在日常生活中与人关系密切。石兽整整 80 吨，据说当时还是用了"拉旱船"的办法才把它运到这里来的。所谓"拉旱船"，就是在寒冬腊月里，用井水泼地，建成冰道，用"旱船"装载雕好的石兽，然后靠人力和畜力拽拉"旱船"。

望柱

石象路两边还种着乌桕、枫香、银杏、红榉之类的彩叶树木，每当秋天来临，这里色彩斑斓，被称为"南京最美六百米"。

望柱是明孝陵神道第二段的起点，顶端为双层圆柱形冠，改变了唐宋以来莲花式的风格。柱身成六面状，每面雕满云纹。云和雨决定耕作的收成，云在人们心中得到升华和抽象，古代人们对之产生崇拜和敬畏之情，云常用作建筑物上的吉祥纹样。

翁仲路全长250米，路上竖立两对武将，身披甲胄，手执钺，高大魁梧；两对文臣，身穿大袖朝服，手捧笏板，庄严肃穆。说到"翁仲"，历史上确有其人。他原是秦始皇时的一名大力士，名叫阮翁仲。相传他身高一丈三尺，英勇异常，因此秦始皇令他带兵驻守临洮，从而威震匈奴。翁仲死后，秦始皇便把他的形象塑成铜像，立在咸阳宫司马门外。据说匈奴人来咸阳朝贡，远远见到了铜像，还以为是真的阮翁仲便不敢靠近。就这样，后来的统治者沿袭秦始皇的做法，把立于宫阙庙堂和陵墓前的铜人或石人称为"翁仲"了。

文臣武将分别是一对青年、一对壮年，预示着大明江山后继有人。文臣手持笏板，武将手执胍肫。胍肫，指骨朵，古代的一种兵器，其形制为一蒜形或蒺藜形的头缀于长棒顶端，用铁或硬木制成。后来用为仪仗，俗名"金瓜"。

神道的尽头，是棂星门，原门毁于清咸丰年间的战火，现在的这座是2007年修复的。棂星门，又称龙凤门，是孝陵神道上一处重要的礼仪性建筑，结构为三间两垣六柱，2007年按照原门基、残柱、柱头进行修复，门基座的6块柱础石和9块抱鼓石是明代原物，柱础石侧面浮雕花草纹。

梅花山占地1500多亩，植梅花300多种、3万多株，有"中华第一梅山"的美誉。原名孙陵岗，也叫吴王坟，因三国时吴帝孙权与步夫人葬在这里而得名。明初朱元璋建孝陵时，主持建陵工程的李新，曾向朱元璋建议把孙权墓移开，朱元璋说："孙权也是一条好汉，留着给我守门吧！"于是修建陵墓神道时便绕过了梅花山，呈 S 形。有说法称明孝陵的主体建筑大致按"北斗七星"的位置布局的，寓意是"魂归北斗"，而北斗则号称"天帝之车"，是帝王威权的象征。其中，"勺头"是从东到西到北、环绕梅花山的石象生神道部分，"勺柄"是北部从南到北直线排列的陵寝建筑部分，"勺头"和"勺柄"上的"七星"依次是：四方城、神道望柱、棂星门、金水桥、文武方门、享殿、宝城。

1944 年，汪精卫病死日本后归葬于梅花山。汪精卫墓的整体建筑构建仿照中山陵设计，墓区包含墓室、祭堂和牌坊等纪念设施，但隔年日本投降，汪墓最终只有墓室和祭堂完工。1946 年，国民政府迁回南京之前，何应钦下令将汪墓炸毁，汪氏尸骸在清凉山火葬场火化扬灰。汪墓原址上建起一座廊亭，北面横额上有孙科手书的"放鹤"二字，现在此处又名"观梅轩"。山顶观梅轩北侧的博爱阁为 1993 年海峡两岸商务协调会会长张平沼发起捐建。

梅花山以及山下的"万株梅园"占地 400 余亩，有 230 个品种、13000 余株梅树，以品种奇特著称，为中国四大梅园之一。1996 年起，这里每年举办"中国南京国际梅花节"，将踏青赏梅的风俗与新时代的旅游文化活动相结合，吸引了八方游客。

五、金水桥、陵门、碑殿

1. 金水桥　2. 陵门建筑特点　3. "特别告示"碑及六国文字　4. 碑殿内五块石碑的名称及内容

金水桥，又名御河桥，桥面栏杆是后来配制的，桥基和两岸石堤仍为明代原物。

文武方门为陵宫正门。从前看守孝陵的陵户分作文孝卫、武孝卫，左右两侧门恰是"方门"之制，"文武方门"是后人对礼仪之制和方门之制的统称。原大门清末被毁，现在看到的是根据史料在 1998 年按原貌复建的。

在中门东侧，有一块"特别告示碑"，立于宣统元年，上面用日、德、意、英、法、俄 6 国文字书写。碑文的内容是强调保

文武方门

护孝陵，大概意思是："鉴于明孝陵内御碑及附近古迹历年破坏、毁损情况严重，

端方总督大人下令竖立围栏对其加以保护。有人越栏参观或者可能对前述御碑及陵区古迹造成损坏之行为，一律禁绝。"

碑殿

碑殿原为享殿前的中门，清中期改为碑殿，陈列有五块碑刻。正中一块是康熙皇帝 1699 年第三次南巡拜谒明孝陵时手书，上刻"治隆唐宋"四个字，意思是赞扬朱元璋治国功绩超过了唐太宗李世民与宋太祖赵匡胤，表达了他对朱元璋的尊重和钦佩之意。康熙南巡，六次遣官拜祭南京明孝陵，五次亲往谒陵。乾隆六次南巡，更是次次至明孝陵"沽香奠酒"。且二人祭拜时均行三跪九叩之大参礼。康乾二帝此举，不仅包含对前朝的评价，也包含有笼络广大汉族地主阶级和知识分子人心的目的。

左右两侧是乾隆皇帝南巡拜谒明孝陵时所题的诗碑。其中有两句诗"常禁里民阑采木，还教卫户谨巡陵"体现了清政府对明孝陵的保护。乾隆六次南巡留下五首谒陵诗，第三次南巡时所作《谒明太祖陵》："嬗谢都关天运乘，攘除非自本朝兴。代为翦逆当方革，岂是因危致允升。常禁里民阑采木，还教卫户谨巡陵。省方近抚前王迹，殷鉴惟怀惕倍增。"

后面两块卧碑是记事碑，记述康熙皇帝第一次、第三次南巡谒陵的经过。上面还留有两江总督陶岱和江南织造郎中曹寅的记录。

六、享殿

1. 享殿过去和现在的用途　　2. 原来的规模及现在可见的景观

享殿

享殿前东西两庑原有配殿各十五间，进深三间。1999—2000 年南京市文物研究所对东配殿考古发掘，实测南北宽 66.84 米，进深 7.3 米。东配殿南面有宰牲亭五间，西配殿南面有具服殿五间。具服殿是专供皇帝谒陵时更衣的地方，皇帝在这里脱下朝服，换上素服。宰牲亭是宰杀牺牲（也就是祭品牲畜）

的地方。

两侧黄绿琉璃砖相间的袖珍阁式殿宇为"神帛炉"，是祭祀典礼结束后用来焚烧祝版、神帛的。琉璃砖砌阁式殿宇早就在明末清初或晚清的战火中损毁了，现在看到的是 2007 年重新建成的，工字形须弥座为遗存原物。文武方门内东西两侧的井亭也是 2007 年恢复重建的，但井亭罩着的水井却是明代遗存。

享殿，又称孝陵殿，为明孝陵的主要建筑，是祭祀和拜谒朱元璋及其皇后马氏的殿堂，后毁于清代咸丰年间的战火，我们眼前的这座为清同治年间重建。据传，同治初年曾国藩曾经奉诏祭扫明孝陵，于是就想修复被战火摧毁的明孝陵地面建筑。当时他派人勘察估算了一下，如果要全面修复，需要花费 20 万两白银，但朝廷财政拮据，拿不出这个钱来，结果曾国藩就只用了 740 两白银，整修成我们现在看到的样子。

殿宇下方的三层石须弥座台基，是明初的原物。台基通高 3.03 米，三层石栏杆，四角装饰石雕螭首，前后正中有踏跺三道，中设丹陛石，上陛"二龙戏珠"，中陛"日照山河"，下陛"天马行空"。

台基之上，便是享殿。当初的享殿重檐庑殿，面阔九间，进深五间，是所有明朝皇陵中规模最大的，极其雄伟壮观。地上遗留下来的这些柱础，每一个直径约 0.91 米，共有 56 个。当年的享殿就是由立于这些柱础上的金丝楠木支撑起来的，斗拱挑檐，高大森严，不难想象是多么壮观。目前享殿为三开间，单檐歇山顶，规模已大不如前，但充满了沧桑感和残缺美。殿内供奉有朱元璋的画像。

穿过享殿是内红门。孝陵采取了"前朝后寝"的陵宫格局，也就是从正门、碑殿、享殿到内红门，是"前朝"的部分，过了内红门，即为陵寝部分。

七、方城明楼、宝城宝顶

1. 方城明楼的布局　2. 建筑特色　3. 宝城、宝顶的规模、形状和建造特点

前方升仙桥，意为逝者升仙，过了这座御桥便是朱元璋长眠之地。

呈现在我们面前的这座大型建筑便是方城、明楼。方城是宝顶前面的一座方形城台，外部用大条石砌成，底为石须弥座，方城东西两侧各有八字墙一堵，墙面四角饰有砖雕花纹，有石榴、万年青、牡丹等，象征子孙繁衍、江山永固、幸福美满。这些砖雕都是明代初年的艺术精品。

方城明楼

穿过方城正中的 54 级甬道，迎面是 13 层条石垒筑的宝城，墙上有民国初年所刻的"此山明太祖之墓"7 个大字。宝城围绕宝顶，周长约 1 千米。方城后面就是宝顶，它是一个直径约 400 米的圆形大土丘，下面就是朱元璋与马皇后的地宫。坟丘上面加筑了卵石层，既可以防止雨水冲刷，也可以防盗。宝顶外侧开挖有排水用的沟渠。明代朱元璋首创了宝城宝顶、前朝后寝的陵墓形式，影响着明清 500 多年的二十多座皇陵。

民间传说朱元璋下葬时曾有 13 个城门同时出殡，葬于南京朝天宫、北京万岁山等，因此朱元璋是否真的葬在明孝陵，成为数百年来人们心中挥之不去的谜团。为了弄清历史真相，考古专家探测后认为朱元璋就葬在独龙阜下数十米处，而且这座地下宫殿保存完好，排除了过去流传的地宫被盗之说。

明楼重檐歇山，黄瓦红墙，这里原先放置着朱元璋的墓碑，后毁于战火，仅存四壁。2009 年 7 月重新修复，现在里面展出了明代分布在全国的 19 座帝王陵墓的图片资料。

【景点问答】

1. 明孝陵是在哪一年作为哪个项目的拓展项目入围世界文化遗产的？

答：2003 年，作为"明清皇家陵寝"的拓展项目。

2. 明孝陵修建的起止时间？以什么项目的建成作为完工标志？

答：1381 年至 1413 年。大明孝陵神功圣德碑。

3. 明孝陵的形制有什么特点？

答：一是它的陵宫布局呈现出"前方后圆"的形式，这种建筑布局体现了古人"事死如事生"的思想，通过模仿皇宫的"前朝后寝"的格局实现皇权在另一个世界的延续；二是在地宫上方封土的正南方建有方城明楼，两边延伸出砖墙围砌在封土之外，形成"宝城宝顶"。

4. 明代明孝陵的范围如何？

答：明孝陵的范围，东起孝陵卫，西抵城墙边，南至卫岗下马坊，北达钟山半山腰，规模十分宏大。

5. 明孝陵可以分成哪两个部分？

答：一是从下马坊到棂星门的导引区；二是从文武方门到宝城宝顶的陵宫区。

6. "下马坊"在哪里？有何功能？

答：位于中山门外宁杭公路北侧，是明孝陵入口处的标志性建筑。

7. 明孝陵博物馆由哪些部分组成？

答：博物馆由大明孝陵主题展厅、观朴明式家具艺术馆、360度环幕影院、文化书吧、文化产品超市、临时展厅、大明生活馆（含明代织锦馆、明代贡茶茶艺馆）等部分组成。

8. 简述朱元璋的生平。

答：朱元璋原名朱重八，1328年出生于安徽濠洲（今凤阳县）一个贫苦农民家庭。7岁时曾做过牧童，17岁时父母及兄弟均死于瘟疫，出家在皇觉寺做和尚；1352年参加了元末农民起义军郭子兴部的红巾军；1356年带兵攻下南京；1364年自封为"吴王"；1368年平定了天下，在南京登基称帝，国号明，年号洪武；1398年驾崩，在位31年，终年71岁。

9. "大明孝陵神功圣德碑"的碑文有多少字？主要内容是什么？

答：碑文共2746字，赞扬朱元璋的功绩。主要内容包括：朱元璋相貌"龙髯长郁，然项上奇骨隐起至顶，威仪天表，望之如神"；天下大乱后，"为民请命，发迹定远"；东征西讨后，"岁戊申春正月乙亥，告祀天地，即皇帝位于南郊，定有天下之号曰大明，纪元洪武"；天下归一后，"每四鼓而兴，昧爽临朝，日晏忘餐，睛复听政"；改革制度，"罢中书省，内升六部，分理庶务"；重视教育，"乃建国学，亲祀孔子，数视学讲经"。最后有皇族子女57人名号与144句四言颂词一篇。

10. 明孝陵神道上的神兽依次是哪几种？神道布局有什么特点？

答：狮子、獬豸、骆驼、大象、麒麟、马。

明孝陵神道围绕梅花山西部转了个弯，保留了梅花山作为"案山"。

11. 棂星门的主要功能是什么？

答：棂星门这种建筑形式广泛运用于宫室、坛庙之前，是礼制意义极强的标志性建筑。帝后入葬陵寝地宫时，此门为必经之门，所以棂星门又称龙凤门，是孝陵神道上的一处重要的礼仪建筑。

12. "文武方门"的名称如何得来？

答："文武方门"是孝陵主体建筑陵宫区的正门，从前看守孝陵的陵户，分作文孝卫、武孝卫，文东武西，各住厢房供职。陵宫门左右两侧门恰是"方门"之制，"文武方门"的称谓，是后人对礼仪之制和方门之制的统称。

13. "特别告示碑"用哪几国文字刊刻了什么内容？

答："特别告示碑"用英、法、德、俄、日、意六国文字刊刻了保护明孝陵的告示。

14. "治隆唐宋"碑是何人于何时题写的？表达了什么意思？

答：是康熙皇帝于1699年第三次南巡谒陵时题写的，颂扬明太祖朱元璋的治国功绩超过了唐太宗李世民和宋太祖赵匡胤。

15. 明代享殿是什么样的规模？现在的享殿是何时重修的？

答：明代的享殿是面阔九间、进深五间，建在三层石须弥座台基上的巨大建筑。现在的享殿是清代同治年间重修的。

16. 方城明楼与宝城宝顶之间是什么关系？修建方城和明楼起到什么样的作用？

答：方城明楼是宝城宝顶的大门和门楼。在宝城宝顶前建造这样一座高大的方城和明楼，再加上一条深邃的隧道式券门，增添了明孝陵庄严神秘的气氛，显示出帝王的无比威严和至高无上。

17. 明代"孝陵卫"有多少人？最高长官品级如何？

答：明代"孝陵卫"有士兵5600人，最高长官卫指挥使为武官正三品。

18. 明东陵有什么特点？

答：东陵总体布局与明孝陵相似，但规模较小，陵寝前部的墙垣平面前尖后方，呈龟背形，布局特殊，在全国帝陵中是独一无二的。东陵经考古调查没有发现单独的神道石刻和御河桥，这说明东陵和明孝陵共用一条主神道。

19. 描述"阳山碑材"的概况。

答：位于南京中山门外25千米的汤山镇，于采于永乐三年（1405年），后由于过于巨大、无法运送而被迫放弃。阳山碑材分碑座、碑身、碑额三块石材，如果将三块石材叠加竖立起来，其高度将达到78米，总重量达到3万吨。

20. 同被列入世界文化遗产的明孝陵功臣墓有哪些？

答：中山王徐达墓、开平王常遇春墓、岐阳王李文忠墓、江国公吴良墓、海国公吴祯墓、皖国公仇成墓等。

【知识拓展】

1."废中书、升六部"

"废中书"指的是朱元璋在胡惟庸案后废除了丞相制;"升六部"是指设吏、户、礼、兵、刑、工六部,尚书直接对皇帝负责。防止权力集中,便于加强皇权。

2."靖难之役"

朱元璋太子朱标在洪武二十五年就病死了,朱元璋死后,16岁的皇太孙朱允炆继位,即建文帝。其时身在燕京的朱元璋第四子燕王朱棣,以"清君侧"为名义,发兵南下,历时四年,最后攻下南京,夺取政权。史称"靖难之役"。

3.明代19座帝王陵墓简介

（1）朱元璋的明孝陵

南京明孝陵,明太祖朱元璋与马皇后的合葬陵寝,号称"明清皇家第一陵"。

孝陵坐落于紫金山南麓独龙阜玩珠峰下,为后世500多年明清两代皇帝陵墓奠定了基础形制,后世的皇帝均按照此陵规格建造。

（2）十三位皇帝的十三陵

十三陵,坐落于北京昌平天寿山麓。因为永乐帝朱棣登上皇位后,迁都北京,故后世的明帝大部分葬于北京。在230多年间,天寿山麓先后修建了十三座皇帝陵墓、七座妃子墓、一座太监墓。这里埋葬了明朝第三位到第六位、第八位到第十六位共十三位皇帝。

十三陵中目前已经开放的是长陵、昭陵、定陵和神路。长陵是朱棣和皇后徐氏的合葬墓;昭陵是明朝第十二位皇帝穆宗朱载坖及三位皇后的合葬陵寝。历史上的昭陵屡遭破坏,修复后开放。定陵是第十三帝朱翊钧,即万历帝的陵墓。合葬的还有他的两个皇后:孝端显皇后和孝靖皇后。定陵也是目前十三陵中唯一一座被发掘的陵墓。

（3）明代宗朱祁钰的景泰陵

明朝一共十六位皇帝,明孝陵加上十三陵一共葬有十四位皇帝,陵墓位置比较特殊的是两位皇帝:一位是第二位皇帝朱允炆,在永乐帝朱棣攻入南京城后,下落不明;另一位是第七位皇帝明代宗朱祁钰,葬于北京海淀区玉泉山北麓的景泰陵。

朱祁钰是明宣宗朱瞻基的次子,原本朱瞻基将皇位传给了长子朱祁镇,即明宣宗。朱祁镇御驾亲征,攻打蒙古瓦剌部,结果发生土木堡之变,兵败被俘。

国不可一日无君，孙太后联合兵部侍郎于谦，扶持朱祁镇的二弟郕王朱祁钰登基称帝，赢得北京保卫战胜利。后来朱祁镇被释放回京，居于南宫发动夺门之变，又把皇位夺了回来，废朱祁钰为郕王。朱祁钰病死后，朱祁镇不承认他的皇位，故不让他葬在十三陵（当时没有"十三陵"这个名字），而是让他葬在王爷陵寝，即景泰陵。

（4）朱元璋长辈的明祖陵、明皇陵

明朝还有几位特殊的皇帝，是被追封的，其陵墓后来升格为皇陵。

一是明祖陵。朱元璋登基后，追封自己的高祖朱百六、曾祖朱四九、祖父朱初一为帝。这三位皇帝，葬于江苏淮安盱眙县洪泽湖西岸的明祖陵，其中朱百六、朱四九的是衣冠冢，朱初一是实际葬地。

二是明皇陵。朱元璋的父亲朱五四，葬于安徽省凤阳县城南7千米的明皇陵。

（5）朱元璋长子朱标的明东陵

朱元璋之所以将皇位传于自己的长孙，是因为皇太子（也是长子）朱标的英年早逝。朱标为人宽厚，饱读诗书，对弟弟们极为爱护，在朱元璋诸子中颇有威信。朱标去世后，朱元璋将其葬在明东陵，即明孝陵的东侧。后来建文帝登基后，追封自己父亲朱标为明兴宗。明东陵已升格为皇陵。

（6）嘉靖父亲的明显陵

明武宗朱厚照，在位时整天沉浸在声色犬马中，很快就去世了。因为没有儿子，所以他将皇位传给了自己的弟弟朱厚熜，即嘉靖皇帝。嘉靖皇帝上位后，追封父亲朱祐杬为恭睿献皇帝，并将原来的王陵升为皇陵明显陵。

综上所述，明朝真正在位有十六位皇帝。再加上朱元璋追封的四位皇帝（他的高祖、曾祖、祖父和父亲）、建文帝朱允炆追封的一位（他的父亲）、嘉靖帝朱祐杬追封的一位（他的父亲），明朝名义上一共二十二位皇帝。除了建文帝朱允炆下落不明外，其他二十一位皇帝，葬于明孝陵、十三陵、景泰陵、明祖陵、明皇陵、明东陵和明显陵，共十九座陵墓内。

4. 中国古代帝王陵墓格局的变迁

中国古代帝王陵墓包括陵墓及其附属建筑两部分，合称为陵寝。历代帝王对陵寝都十分重视，3000余年来逐渐发展出一套严格的陵寝制度。陵寝制度的形成和发展，与古人的死后观念、社会制度、风水理论、建筑技术等因素有关。

古人认为人死后有灵魂，需要在阴间继续享受生前的地位和财富，因此帝王陵寝要尽可能地模仿生前的宫殿生活。同时，帝王陵寝也是体现帝王权威和荣耀的象征，要符合礼制和等级的规定，要选取风水宝地，要防止盗墓毁坏。根据不同的历史时期，中国古代帝王陵寝的形式和风格也有所变化。大致可以分为以下几个阶段。

不树不封（西周）：这一时期的墓葬比较简单，没有坟丘和树木，只是在平地埋葬尸体和随葬品。

方上（秦汉）：这一时期的墓葬开始用夯土筑成方形或覆斗形的坟丘，高大雄伟，有时还有地宫或墓道等地下建筑。同时，在陵园内设立了祭享殿堂，称为上宫；在陵园外设立了斋戒、驻跸用的下宫。这就初步形成了陵与寝、陵园与宗庙结合起来的陵寝制度。

因山为陵（唐）：这一时期的墓葬利用自然山势修建，不再用夯土封丘，而是在山顶或山坡开凿墓穴，并在山前或山后建造祭祀建筑。这样既能节省人力物力，又能防止盗墓和风雨侵蚀。

方上（北宋）：这一时期的墓葬又恢复了秦汉时期的方上形式，但规模较小，建筑较简单。

宝城宝顶（明清）：这一时期的墓葬是中国陵寝建筑史上的一个高潮，形成了一套完整而复杂的制度。明代除太祖孝陵在南京外，其余各帝陵在北京昌平天寿山，总称明十三陵；清代除顺治帝福陵在沈阳外，其余各帝陵分别在北京昌平泰山（清东陵）和河北易县燕山（清西陵）。这些陵寝都是在山前建造方形的宝城，内有祭祀建筑，然后在山后建造圆形的宝顶，内有墓穴。这样既体现了方圆相配的天人合一的思想，又展现了雄伟壮观的气势。

5. 明功臣墓

朱元璋将自己的陵寝明孝陵选择在紫金山，而将自己的开国功臣葬在山的北面，以便让这些臣子像生前一样守护着自己的江山。但是，究竟有多少功臣被葬在了紫金山，却成了一个悬念，史料记载葬有12位，实际数量至今依然是一个谜。

明朝初年，朱元璋曾在南京鸡笼山建了十座功臣庙，将明朝的开国功臣祭祀于庙中，死者塑像，生者虚其位，共计309人。据史料记载，这些功臣中葬在钟山之阴的共有12人，即中山王徐达、开平王常遇春、岐阳王李文忠、东瓯王汤和、江国公吴良、海国公吴祯、滕国公顾时、许国公王志、芮国公杨景、燕山侯孙兴祖、安陆侯吴复、汝南侯梅思祖。但是让人迷惑不解的是，其中东瓯王汤和墓近年来已在安徽凤阳县发现，这就证明史料记载有误。那么其余的

11座功臣墓是否都在紫金山呢？据查，现存并能确定墓主的只有5座，即徐达墓、常遇春墓、李文忠墓、吴良墓、吴祯墓。

徐达墓在太平门外板仓村，是保存最完整的一座明代功臣墓。徐达是朱元璋同乡，死后被追封为中山王，赐葬钟山之阴，位列功臣庙第一。徐达墓的碑文是明太祖撰写，记载了徐达一生的主要活动和功绩。此碑奇特之处在于碑文中竟然有标点符号。在古代，不但碑文，连一般的书面文字，也从不加标点，由读者自行断句，谓之句读。然而此碑文却是断了句的，碑文中每一句话后面都加上了断句的圆圈，符号虽然单一，却十分罕见。这也是一个难解之谜。其原因可能是碑文由大臣代笔，怕文化水平低的皇帝读不通，特意加了圆圈形的标点断句。后来交付雕凿，工匠害怕获罪，只好连标点一并刻上。

常遇春墓在太平门外白马公园附近、紫金山天文台下山麓处。常遇春死后配享太庙，并在功臣庙中塑像，排位列第二。为表彰他的功绩，明太祖还在杨公井附近为他造了一座花牌楼。杨公井附近的常府街，也因常遇春的府邸在此得名。

此外，还有李文忠墓在太平门外蒋王庙附近。在李文忠墓的石刻之中，有一匹已经雕出轮廓但却没有雕成的石马，置于神道旁，像一匹残疾马。为什么这匹石马只凿了个坯就不再凿了呢？据说这可能因为朱元璋对李文忠敢于直言忤旨有所不满，所以他的丧事才办得比较草率，以至于一匹石马未能刻完就弃置一旁。

吴良墓和吴祯墓都在钟山北麓板仓街南京电影机械厂厂内。仇成墓也是一处明初开国功臣墓，位于常遇春墓北侧100米左右。

6. 须弥座

中国古代建筑从原始穴居发展到地面上的房子后，为了防止潮湿和增加房屋的坚固性，往往把建筑造在台子上，这种台子或选择自然高地和坡地，或者人工堆筑成台。后来，除了殿、堂、宫、室设有台基外，牌楼、影壁的下面也有一层台基，称为基座，连狮子、华表、旗杆等一些小建筑也有了这样的基座。

须弥座形式的产生则和佛教有关。在印度古代传说中，须弥山是世界的中心。另一说是喜马拉雅山（又名大雪山）。用须弥山做底，以显示佛祖的神圣伟大。

我国最早的须弥座见于云冈北魏石窟，是一种上下出涩、中为束腰的形式。迨至唐、宋，上下涩加多，且有莲瓣之类为饰，束腰部分显著加高，并有束腰柱子（蜀柱）将之分割成若干段落，这类形制在宋代叫作"隔身版柱造"。但宋代时南方有的须弥座不用束腰柱子，而用鼓凸出的曲线。唐塔上出现两层用须弥座作承托的佛像、塔幢、坛台、神龛、家具甚至古玩与假山。须弥座已从神圣尊贵之物，发展成为由土衬、圭角、下枋、下枭、束腰、上枭和上枋等部分组成的一种叠涩（线脚）很多的建筑基座的装饰形式，通常用于尊贵的建筑物基座。后来一些家具，如屏风之类的底座也经常采用这种形式。

须弥座是中国古典建筑不可或缺的一部分，是中国古代匠人集体智慧的结晶。它不仅是建筑装饰的元素，同时又成为表现建筑物等级与气势的重要组成部分。

7. 笏板

笏，又称手板、玉板、朝笏或朝板，是古代臣下上殿面君时的工具。古时候文武大臣朝见君王时，双手执笏以记录君命或旨意，也可以将要对君王上奏的话记在笏板上，以防止遗忘。

笏板最早出现的年代应在春秋以前，史学家认为可能在商朝就开始使用了，是中国古代官员使用时间最长的一种办公用品。

唐代的张九龄为相时，因为年老体弱，开始使用随从背笏囊，没想到后来竟成时尚，官员纷纷仿效，以显示公务繁忙。而背笏囊的随从，就有些像后世的秘书了。

唐武德四年以后，使用笏竟开始有了等级之分。五品官以上才能用象笏，六品以下用竹笏。笏的形状也有规定，三品以上的笏，前拙后直；五品以上，前拙后屈，后又改为上圆下方。明代则规定五品以上的官员用象笏，五品以下的官员就没有资格用它了。笏废弃使用从清朝开始。

8. 明孝陵排水系统

南京地区雨量充沛，孝陵陵区内设有外御河、内御河和宝城御河三条排水系统。这三条御河在规划和设计上可谓独具匠心，它将陵域划分成导引区、神道区、前朝区和后寝区，同时通过三组御河桥，将这四个区连成一个和谐的整体，并且使整个陵域更为完美，更富有生机。

第一组御河桥介于碑亭和神道石刻之间，为砖构单曲拱桥，霹雳之水由桥下西流。御桥旧址犹存，桥非原貌，今称"虹桥"。

第二组御桥位于神道尽头,是直通陵宫的桥梁,一字排列5座,又称"五龙桥"。它与陵宫处于同一南北中轴线上,桥身作石构单曲拱桥样式,5座石桥与正北方200米处的5孔陵宫门一一对应。现仅存中间3座,桥身起券,两侧有散水螭首和护栏望柱。这组御河桥的桥基和两岸石堤为明代原物,护栏是1995年重新修复的。桥下御河河道已实施清理改造工程,流经御桥的河水清澈不绝。

第三组御桥处于方城之前,石造单券拱桥,长57.5米,宽26.6米,两侧石栏、螭首多残毁,但桥身体量宏大,结构牢固,做工细腻,是明初桥梁建筑中的杰作。过了这座御桥便是朱元璋长眠之地,因此称其"升仙桥"。

除三条御河外,陵宫地下还建有巨大的涵道,以增加雨季的泄洪量。陵宫内则建有地下排水管道,地面建筑周围均以砖铺设散水和明沟,享殿台基四周有数十个精美的向外悬挑的散水螭首。陵宫宫墙外也以砖铺设散水,并以砖石砌建挡土墙。

明孝陵的整个排水体系和细部设施,既具有实用性,又具有较高的审美价值;既充分利用原有河道,又将其艺术地融入陵区的布局之中,高度体现了南方多水地区建筑规划上的科学性和艺术性。

【课后实践】

1. 收集资料,整理中国帝王陵墓格局变迁的导游词,并练习讲解。
2. 整理明朝十九座帝王陵寝简介的导游词,并练习讲解。
3. 赏析梅花山的导游词,并录制讲解视频。

各位游客:

大家好!欢迎大家来到明孝陵参观,现在呈现在大家面前的是梅花山。

"春为一岁首,梅占百花魁。"全国有八大赏梅圣地,南京的梅花山不仅以奇特的梅花品种傲立于世,更以悠久的历史背景、独特的文化内涵而独树一帜,因此拥有"天下第一梅山"之称。

梅花山处于明孝陵神道环抱中,原名孙陵岗,因三国时吴帝孙权与步夫人葬在这里而得名。明初朱元璋建孝陵时,主持建陵工程的金事李新,曾向朱元璋建议把孙权墓移开,朱元璋却回答:"这孙权也是一条好汉,留着给我镇守大门吧！"于是修建陵墓神道时便绕过了梅花山。这一绕，不仅保留了这块风水宝地，更成就了如今香雪似海、游人如织的梅花山。

在1500多年前南朝宋时期，南京就已盛行植梅赏梅。传说南宋武帝的爱女寿阳公主，一日卧于含章殿下，梅花落在她的额上，成五出花，拂之不去，号"梅花妆"，宫女一时都在效仿。自此以后，南京人植梅赏梅之风便历代相沿。今天的梅花山，梅园总面积已经达到1533亩，植梅3万多株，品种更是多达330多种。自1996年起，南京市政府举办中国国际梅花节，将踏青赏梅的风俗与新时代的旅游文化活动相结合，吸引了八方游客，高潮时节每天多达十几万人。

游客朋友们，现在我们看到的是梅花山的镇山之宝——"别角晚水"。别角晚水是"梅花院士"陈俊愉先生在20世纪90年代在梅花山调查时发现并命名的，被称为"华夏第一梅"，是因为全国乃至全世界仅在南京梅花山发现一棵，弥足珍贵。它的名字也大有来历，"别角"，是说开放时常有花瓣开的不完全周正，花瓣边缘常有凹陷；"晚"是指它属于晚梅，在2月下旬或3月上旬才会绽放；"水"是因为它是水红色的。

游客朋友们，我们现在看到的这组建筑叫"观梅轩"，它落成于1947年，最早是汉奸汪精卫的墓址所在，抗战胜利后被炸毁。汪精卫梦想着能够像中山先生一样永垂不朽，可历史是公平的，想名垂青史的未必都能流芳百世。汪精卫注定只能和这些水泥块一样被人忽略，被永远钉在耻辱柱上成为历史的笑柄。

各位游客，我们面前的博爱阁，是1993年由台胞张平沼先生捐资10万美元建造的。博爱阁内外两层共有16根大红立柱，飞檐翘角，高大壮观。正面横匾上的"博爱阁"三字为孙中山手迹。东侧内立柱上楹联幅由张平沼先生所书："博大精深中外古今齐翘首，爱民救国圣贤尧舜证天心"，寓意深厚、发人深思。两层屋檐的四角悬有八只风铃，在清风吹拂下发出清脆的铃声，为游人增添了无穷的游兴和畅想。

一座梅花山就是一座南京城的缩影，开落了千年的梅花，任凭岁月荏苒、风吹雨打，始终傲立于枝头，南京城虽极尽千年繁华也遍历多重风雨，任凭时代变迁却始终散发着六朝古都的无穷魅力。

各位游客，今天梅花山的讲解就到这里，希望大家能够踏着历史的足迹，去尽情地享受梅花带给我们的芬芳与美丽。

4. 根据提纲，练习明孝陵的导游讲解。

序号	名称	景点内容要点	讲解时长
1	景区概况	1. 地理位置、景区地位 2. 朱元璋生平 3. 建陵时间及陵墓特点	1分30秒
2	大金门、碑亭	1. 大金门的建筑特点及规模 2. 碑亭的建筑形式及四方城的得名 3. 功德碑简介	2分钟
3	神道、梅花山	1. 石象路的六种神兽名称、数量及排列顺序 2. 望柱 3. 石翁仲路上文臣、武将的名称、数量及排列顺序 4. 棂星门 5. 孙权墓和梅花山简介	2分钟
4	金水桥、文武方门、碑殿	1. 金水桥 2. 文武方门 3. "特别告示"碑 4. 碑殿内五块石碑的名称及内容	1分30秒
5	享殿遗址	1. 享殿的功能 2. 享殿原来的规模和现在的景观 3. 东西配殿	1分30秒
6	方城、明楼、宝城、宝顶	1. 方城明楼的功能 2. 方城明楼的布局及建筑特色 3. 宝城、宝顶的规模、形状和建造特点	1分30秒
	累计时长		10分钟

第二节　南京城垣与中华门城堡

【解读】

　　南京明城墙包括明朝京师应天府（南京）的宫城、皇城、京城和外郭城四重城墙。现在的南京明城墙多指保存完好的京城城墙，是世界最长、规模最大、保存原真性最好的古代城垣。

　　南京明城墙的营造一改以往取方形或矩形的旧制，在六朝建康城和南唐金陵城的基础上，依山脉、水系的走向筑城。南有外秦淮河为天然护城河，东有钟山为依，北有后湖为屏，西纳石城入内，形成独具防御特色的立体军事要塞。

　　南京明城墙 1956 年 10 月被列为江苏省文物保护单位，1988 年 1 月被列为全国重点文物保护单位，2012 年 11 月作为"中国明清城墙"项目的牵头者被列入中国世界文化遗产预备名单。

　　考证主题讲解内容包括两个部分：城墙总体介绍和中华门城堡介绍，时长10 分钟。实际带团单独游览中华门城堡，时长约 40 分钟。

【考证示范讲解】

一、景点概况

　　1. 南京城池的历史沿革

　　2. 明城墙的历史背景

　　3. 明城墙的形制和特点

　　城墙是古代城市的象征，是不可或缺的军事防御设施。对于南京来说，城墙更是历史文化名城的重要标志。南京建城史可追溯至公元前 472 年，越王勾践在古长干里地区建立越城，是南京建城史的开端。楚威王在石头山建金陵邑，自此，南京有了金陵的古称。东吴时期，孙权在此建立了石头城。至东晋孝武帝时，建康城的规划与建设得到了进一步发展与完善，奠定了六朝都城、三重城垣的基本规模。而南唐都城的建设，则奠定了明朝南京城的基础。明朝时的南京城在城西、城南都基本上沿袭了南唐时期的格局。

1356年，朱元璋在攻下元"集庆路"，也就是今天的南京后，改名"应天"。他听取了皖南谋士朱升"高筑墙，广积粮，缓称王"的建议，其中"高筑墙"成就了这座雄伟的明城垣。南京明城墙营造时，一改以往都城墙取方形或矩形的旧制，根据南京山脉、水系的走向筑城，呈不规则的多边形，民间也被称为"宝葫芦"形。1988年，南京城墙被列为全国重点文物保护单位。

南京明城墙共有城门13座，水关2座。城墙上还有垛口13616个，窝铺200座，以供军事防守之用。在城的中央还建有钟楼和鼓楼。南京的城墙，为中国古代军事防御设施、城垣建造技术集大成之作，蜿蜒盘桓达35.267千米，入选世界纪录协会世界第一大城墙。历经数百年的沧桑，除城门等木构建筑不复存在，城墙依然屹立，基本上保持明代以来的格局，是目前世界保存最大最完整的都城城垣。1988年，南京城墙被列为全国重点文物保护单位。

二、明建都城

1. 明城墙的建造时间、规模、特点

2. 建城资金、工匠和城砖的来源和特色

3. 明京城的形状、规模和特点

4. 排水系统

南京城垣自1366年兴建，到1393年完工，前后历时28年。当年朱元璋为了修筑这座城墙，共使用黄金600万两。但由于战事频繁、开支浩大，国库没有足够资金，相当一部分费用是向浙江等省的富户摊派而得。其中，江南首富沈万三一人就赞助了将近三分之一的建城费用。

修筑城墙需要大量的人力。朱元璋征用湖南、湖北、江西、江苏、安徽这五个省、28府州、152县的20多万民工和卫所军人参与建城。这五省均处于长江流域，往来比较经济和方便。

南京城垣共使用城砖3.5亿块。为了保证城砖的质量，每块砖的侧面都刻有烧砖工匠、制砖地点、监制官员和烧制时间等字样。这是最早的责任制，为南京明城墙的质量提供坚实的后盾，使其历经600年的风雨依旧屹立不倒。细看城砖，上面的字数不等，真（楷）、草、篆、隶各种字体均可见到，在雕刻手法上阴刻阳雕兼具，风格多样。城砖的规格大致为长40厘米、宽20厘米、厚10厘米，重约20千克。在部分城墙段，还发现了六朝、南唐等时期的古城砖。

据传城砖与城砖之间是用糯米汁、石灰、桐油、蓼草等熬成的黏浆作为黏合剂。研究表明，在石灰中加入3%的糯米浆后，其抗压强度提高了30倍，表面硬度提高了2.5倍。糯米灰浆至少在南北朝时期就已经出现，因其具有耐久性、黏结强度高、韧性强、防渗性好等特点，在我国古代作为建筑黏合材料被广泛使用。以糯米灰浆为代表的传统灰浆，是中国乃至世界古代石灰基建筑胶黏材料史上的杰作。它的出现，使古代建筑物的牢固程度和持久性有了历史性突破，称得上是中国古代的重大发明之一。

南京的京城，在形状上没有墨守中国传统都城四方对称的"棋盘式"格局，而是从军事作战需要出发和南京地势走向结合，采取沿"岗垄之脊"筑城的方式，负山绕水，因地制宜，把覆舟山、鸡笼山等制高点，以及外秦淮河、金川河等天然河道囊括其中，使山川河流成为城市防御体系的一部分。南京城南北相距10千米，东西5.67千米，呈不规则葫芦形。城墙下部用巨型条石为基础，砖与砖之间采用夹浆黏合。

为了防止雨水对城墙的侵蚀破坏，南京城垣采取了周密的排水措施。城墙顶部用砖砌成外高内低的斜坡，能使雨水尽快排出。城墙内壁女儿墙外面，每隔60米砌入出挑70厘米的石质水槽，使抛泻的雨水恰好淌入城根的石质明沟内，通过一排水洞排出城外；另外，在打墙基前便将铜、铁涵管与砖砌洞预先埋入城墙底部，与武庙闸相连接，这样既可控制城内河流水位，以利抗旱洪，又可确保城墙不受湖水冲击，并可防止压碎地下涵管，避免损坏城墙。雨水渗入历史悠久的明城墙墙体内，经由其排水系统喷吐而出，形成了独特的"龙吐水"景观。

三、明城墙的现状

1. 明城墙的修复
2. 明城墙的保护与旅游活动

经修复，现在明城墙的完好总长度已经达到23.743千米。城墙是国家城市文明的载体，是中华文明的重要记录。为了更好地保护这些珍贵的历史遗产，2006年，江苏南京、陕西西安、湖北荆州、辽宁兴城4座城市城墙组成的"中国明清城墙"联合申遗项目，列入《中国世界文化遗产预备名单》。这些城墙遗存，迄今已有600年以上的历史，尤其以南京城墙建制等级最高、实体规模最大，集中反映了明代都城规划营造思想和筑城技术工艺，它是中国历代筑城技术的结晶，具有独特而丰富的历史文化价值、科学技术价值。

2015 年 4 月 1 日起正式施行《南京城墙保护条例》，将现存的 20 多千米明城墙纳入保护范围。

明城墙的过去是辉煌的，现在依然焕发着迷人的魅力。2014 年 8 月，电动黄包车载客开始在东水关到西水关之间的城墙上运营，这段城墙宽度在 14—21 米，顶面平坦开阔。黄包车的载客运营给游客带来全新的体验。游客们也可以通过沿线的通道登上城墙，饱览南京山水城林、虎踞龙盘的独特风貌。

四、中华门城堡

1. 聚宝门和中华门的得名　2. 重要的地理位置
3. 一城三瓮的格局及城堡的形状、规模

中华门

我们今天参观的中华门便是南京城墙十三座城门中规模最大、保存最完整的一座。中华门位于南京城南，城门原名叫"聚宝门"，因为正对着聚宝山而得名。民国时期更名为"中华门"，门内道路为中华路。

中华门是内外秦淮河距离最近的地方，它南接长干桥，以外秦淮河为护城河，北引镇淮桥，以内秦淮河为内堑。城堡由一座主城门、三道瓮城、两条登城马道、27 个藏兵洞组成，南北长 128 米，东西宽 118.5 米，占地 15168 平方米。城内高大的内城墙将城堡内三座瓮城相连，形成"目"字形封闭格局。中华门地势极为险要，易守难攻，能起到一夫当关、万夫莫开的作用。

五、城门瓮城

1. 瓮城的构造　　2. 千斤闸简介　　　3. 藏兵洞简介

"中华门"三字由蒋介石手书。中华门为南京三座瓮城之一，结构精妙。现在我们进入城堡内，大家可以亲身感受瓮城的精妙结构。"瓮"就是坛子，一种盛水或酒的陶器，肚大口小。中华门城堡就借鉴了它的构造。这里共有三道瓮城，27个藏兵洞。在古代一旦发生战争，敌军攻破城门、涌入城内，守城的士兵就立即放下瓮城城门的千斤闸，迅速切断敌人的退路，将敌军困在瓮城之中。藏兵洞中伏兵四出，居高临下，或万箭齐发，或礌石滚木齐下，令进入瓮城之中的敌人措手不及，无处逃生，这样的打法在军事上叫作"瓮中捉鳖"，老百姓形象地称其为"关门打狗"。中华门内瓮城这种藏军设施，在古代冷兵器战争中具有十分重要的作用。

主体建筑东西两侧的马道直通主楼顶部，因为明清两代将军可以骑马直登城头，所以称为"马道"。马道，指建于城台内侧的漫坡道，一般为左右对称。坡道表面为陡砖砌法，利用砖的棱面形成涩脚，俗称"礓"，便于马匹、车辆上下。主要功能是运兵、粮草和武器。

中华门城堡共有三道瓮城，每道瓮城都有一门一闸。门为双扇铁皮包裹的木制大门，非常坚固。城门的门洞内设有可以上下启动的千斤闸，闸虽已不存，但通过门洞两侧的闸槽可以想象到当年千斤闸的规模。如此沉重的门闸是如何控制的呢？每道瓮城上正中原先都设有绞关车楼，楼内有升降千斤闸的绞盘，利用绞关车可以轻松地控制闸的升降。中华门的绞关车楼已毁，但在第一道城门二层正中间的藏兵洞内，还保存着一对千斤闸绞关石柱，从这里可以窥知千斤闸的机关原理。

中华门瓮城共有27个藏兵洞，这些藏兵洞是如何分布的呢？步入城堡，我们就可以看到在第一道城门的门洞两侧，各排列着三个较小的藏兵洞，城门中层有七个较大的藏兵洞，坐南朝北一字排开，中洞最大，面积大约300平方米，可以容纳千人。在东西两侧的马道下，还各有七个较小的藏兵洞，这些大大小小的藏兵洞平时可供士兵休息和存放军用物资，战时可用于藏兵，总共能藏兵3000人。现在城门中层的藏兵洞内辟有城墙的建造展和明城砖的部分实物陈列。

六、其他

1. 中华门城堡经历的战争 2. 中华门城堡的意义

南京明城墙，是我国第一个在江南定都的统一王朝的首都象征，在中国古代建都史上具有开创意义。在冷兵器时代，中华门为守卫南京城作出过巨大贡献，为兵家必争之地。

中华门城堡对守护南京起着重要作用，为兵家必争之地。历史上的中华门见证了太平天国惨烈的天京保卫战、辛亥革命时期的中华门激战，以及抗日战争中的中华门保卫战等：1853 年，洪秀全率 50 万太平军抵临城墙，在聚宝山炮轰城门，攻克南京；辛亥革命期间，江浙联军司令徐绍桢指挥部队在中华门与以张勋为首的清军殊死搏斗，最后击溃清军，光复南京，扭转了武昌起义后的革命形势；抗日战争期间，国民党军队与日军展开南京保卫战，最终不敌日军，南京沦陷。城墙壁上的累累弹痕像一部无字文书，昭示后人居安思危，莫忘国耻。

【景点问答】

1. 何人为朱元璋提出"高筑墙，广积粮，缓称王"的建议？如何理解这个建议的内涵？

答：皖南休宁谋士朱升。意为：修筑高大坚固的城墙，巩固根据地防守，储备充足的粮草，不先出头，避开群雄的矛头，蓄积力量，后发制人，争霸天下。

2. 建筑南京城墙的起止时间？

答：1366 年至 1393 年。

3. 明初建筑城墙用的城砖都是在应天府及附近地区制作的吗？

答：不是。是从长江中下游五省（江苏、安徽、江西、湖南、湖北）的各州府县以及军队卫、所和工部营缮司等共计近 200 个单位承担并组织人力烧制、调运的。

4. 为什么明城墙历经几百年都异常坚固，城砖也未见有严重风化？

答：制作城砖实行"物勒工名"，也就是一种生产责任制。每一块砖上均有铭文记载着出产的提调官、司吏、总甲、甲首、小甲、窑匠及造砖人夫的姓名，遇有质量问题就要追查。因此，城砖制作者和监管者是以身家性命来担保砖的质量的。

5. 明城墙勾缝所用的黏合剂为何物？

答：据传是糯米汁、石灰、桐油、蓼草等熬成的黏浆。

6. 明代筑城是如何分步骤进行的？

答：先东拓旧城，建设宫城，再向北扩建城垣，环湖带江。

7. 作为明都城的南京城，为何摒弃了传统的棋盘格局，呈现出不规则形状？

答：南京城在旧城的基础上进行拓建，依山环水，据山脊筑城，把作为制高点的十几个山头用作城基，既居高临下、增加险固，又减少了工程量，并连接河湖作为城壕。这样南京城就自然形成了一个不规则形状。

8. 明代的南京城从内至外共有哪几道城墙？

答：从内至外由宫城、皇城、京城、外郭四道城墙组成。

9. 明朝南京有哪十三个城门？

答：简称为"三山聚宝临通济，正阳朝阳定太平，神策金川近钟阜，仪凤定淮清石城"。分别为三山门、聚宝门、通济门、正阳门、朝阳门、太平门、神策门、金川门、钟阜门、仪凤门、定淮门、清凉门、石城门。

10. 简要介绍"外十八"的由来。

答：为消除紫金山居高临下对皇宫造成的威胁、加强京师的防御功能，朱元璋又在京城外围兴造了长达 180 里的外郭，负山带江，以土筑城，仅在城门及重点地段砌筑砖石，号称土城。至明中期，共设有 18 个门关，这就是"外十八"的由来。外十八包括麒麟门、仙鹤门、姚坊门、观音门、佛宁门、上元门、外金川门、沧波门、高桥门、上坊门、夹岗门、双桥门、凤台门、大安德门、小安德门、驯象门、江东门、石城关。

11. 何为瓮城？

答：瓮城又叫"月城"，是城门的辅助建筑，可大大增强城池的防御性。当敌人攻进门内，先将城门口用铁皮包着的木质千斤闸放下，将敌人围在"瓮城"中，再用滚木礌石消灭敌人，恰似瓮中捉鳖一般。

12. 十三座城门中，"一城三瓮"是哪几座城门？

答：是三山门、聚宝门、通济门这三座城门。这里是城南要塞之地，周围无险可依，必须以高大坚固的城墙、易守难攻的瓮城作为堡垒，才能加强京师防卫。

13. 中华门原名叫什么门？何时改名为"中华门"？"中华门"是谁的手迹？

答：中华门原名聚宝门；1928 年改现名；"中华门"三个字由蒋介石手题。

14. 介绍一下中华门藏兵洞的情况。

答：中华门瓮城上下两层共分布有 13 个藏兵洞，加上东西两侧马道下方的 14 个藏兵洞，共计 27 个，可藏兵三千，藏粮万石。

15. 外秦淮河因何而得名？

答：南唐时，朝廷下令扩大金陵城，把秦淮河圈入城内，在城外另挖护城河，分秦淮水流，人称外秦淮河。

16. 中华门以南外秦淮河上长干桥的桥名是由谁题字的？

答：南京解放后第一任市长刘伯承元帅。

17. "青梅竹马""两小无猜"的成语故事出自何人何诗？原句是哪几句？

答：出自李白的《长干行》。原句为："郎骑竹马来，绕床弄青梅。同居长干里，两小无嫌猜。"

18. 南京建城采用了哪些先进的筑城方法？

答：包括沿岗陇之脊筑城，高质量的黏合剂，重视排水，使用架桥转移法打造坚固的城基，有拱券巷道以供人员或水流通行，使用质量上乘的城砖等。

19. 为什么说南京是"十朝都会"？中华门北边的中华路曾是其中哪个朝代皇宫前的御道？

答：自公元 229 年起，先后有东吴、东晋、南朝宋、齐、梁、陈、南唐、明、太平天国、中华民国先后在南京定都，故有"十朝都会"之称。中华门北边的中华路曾是南唐皇宫前的御道。

【知识拓展】

1. 请简略介绍沈万三其人，以相传他富甲天下的原因。

沈万三（生卒年不详），本名沈富或者沈秀，字仲荣，号万山，浙江乌程县南浔镇（今浙江省湖州市南浔区）人。元末明初富豪，商人沈佑的儿子。元朝末年，随父迁徙到周庄，以躬耕起家。帮助商人陆道源理财，取得巨资。全力开展贸易活动，迅速成为资产巨万的富豪。

传说他富甲天下是由于拥有聚宝盆。

元末是一个动荡严重的社会，破产成为乡村的普遍现象，不少土地失去业主或佃户沦为荒芜。沈家父子正是靠捡别人不要的荒地耕种为生。农耕与高利贷积累的资本，让沈万三有了进入商场的实力和资本。

之后，沈万三把水路交通发达的周庄作为商品贸易和流通的基地，把内地的丝绸、瓷器、粮食和手工艺品等运往海外，又将海外的珠宝、象牙、犀角、香料和药材运到国内，开始了"竞以求富为务"的出海通番。

著名历史学家吴晗说："苏州沈万三之所以发财，正是由于做海外贸易。"关于沈万三有很多神秘的民间传说，传说他有一个"聚宝盆"可以长出摇钱树，而他正是依靠海外贸易这个"聚宝盆"发家的。

中华门在明代初年之所以被朝廷命名为聚宝门，和明太祖朱元璋还有一段恩怨。明太祖对沈万三家有万贯财产非常嫉妒和害怕，当时明代应天朝廷根基还不是很稳固，国库空虚，明太祖害怕沈万三会突然起兵造反，所以想尽办法要找理由除掉沈万三。

明代洪武年间建造聚宝门城门楼的时候，意外发生，城门楼建造到一半的时候突然地基下陷，以致整个城门楼倒塌，工匠又从头修起，可修到一半地基仍然下陷，城门楼依然倒塌，反复建造依然建筑不成。明太祖朱元璋知道了这件事，于是令谋士算卦，说城墙基有怪兽专门吃土吃城墙砖，需要在城下埋一个聚宝盆镇压，使怪兽吃土时候立即生出新土补充，以保证城墙基不下陷。至此明太祖朱元璋终于找到了除掉沈万三的理由，立刻下旨征收沈万三的宝物聚宝盆。

明太祖还假惺惺承诺沈万三说"三更借，五更还"。征收来聚宝盆后，将聚宝盆埋压在城门基础的土层下面。然后奇迹出现了，城墙基础没有再次下陷，城墙没有再倒塌。明太祖本就是以各种理由强征的聚宝盆，没打算归还，便命令五更不敲钟，沈万三也无计可施。

疑心病很重的明太祖朱元璋，后来想到原来红巾军时期在吴县跟他对抗的势力首领张士诚，怕富可敌国的沈万三真的会依仗万贯家财起兵造反，所以陆陆续续以各种理由给沈万三添加了几条罪名，发配沈万三到云南边疆充军，解除了京师东边的武装威胁；最后，沈万三直到病死，才被运回吴县。

2. 南京民间俗语中的"城门闩子朝外插"指的是什么？

南京人应该都听说过这一句谚语："里十三，外十八，一根门闩朝外插。""里十三"意思是说南京明城墙的内城一共开有十三座城门，"外十八"意思是说南京的明城墙不仅有内城，还有外城。朱元璋花了二十多年建成了内城，1390年又以土筑城建造外郭。外城共设有十八座城门，分别是麒麟门、仙鹤门、姚坊门、观音门、佛宁门、上元门、外金川门、栅栏门、江东门、驯象门、双桥门、小安德门、大安德门、凤台门、夹岗门、上坊门、高桥门和沧波门。

"一根门闩朝外插"意思是说神策门与其他十二座城门不一样，它的城门是朝外开的，它的瓮城是在城外的。中国传统瓮城的制式是将其设于主城门外，圆者似瓮，故称瓮城，是古代城市主要防御设施之一。当敌人攻入瓮城时，如将主城门和瓮城门关闭，守军即可对敌形成"瓮中捉鳖"之势。南京明城墙一反旧制，将瓮城设于城门内，并增设了"瓮洞"可做藏兵洞。然而在十三座城门里，唯独神策门例外。

为什么神策门例外呢？据说在建神策门时，军师刘基考虑到与陈友谅势必有一场恶战，特意布置神策门的城门朝外开，为的是糊弄敌人。后来陈友谅的精锐之师果然来犯，朱元璋避其锐气、诱敌深入，陈友谅的军队攻到神策门，久攻不下。直杀到天黑，陈友谅部队无心恋战，夺路而逃。朱元璋的军队佯追不上，实是在神策门聚结重兵，占领有利地形，以逸待劳。果然陈友谅部队从神策门出城外后又狐疑起来：怎么跑了半天，没出城，又进城了呢？于是掉头进入了朱元璋军队的包围圈，结果被歼。这时夜黑天高，陈友谅部队慌乱出城和"门闩朝外插"所致，不然陈友谅的军队是可以跑掉的。

3. 请简略介绍古长干里。

长干里位于江苏省南京市秦淮区内秦淮河以南至雨花台以北，是中国古代著名的地名，是江南佛教圣地，素有"佛陀里"之美誉。早在春秋战国时代，长干里一带已经是南京人口最密集地区，也是本地区经济命脉之所在。有众多描写长干里生活、爱情、风土的诗词歌赋如"青梅竹马，两小无猜"的典故即来源于此。

4. 城墙修建用了哪些先进的方法？

修建南京城墙时，运用了许多先进的技术。一是采取沿岗垅之脊筑城；二是构筑牢固的墙基；三是墙体取梯形堆砌；四是用架桥转移法处理地基松软地段；五是建拱券巷道保护墙体；六是使用坚韧的黏合剂，是由石灰、蓼草、细沙、桐油拌合而成，明城墙之所以 600 年屹立不倒，正是因为使用了这种黏合剂。

5. 列举中国近代史上发生在中华门城堡的几次著名战斗。

1853 年洪秀全率 50 万太平军抵临城墙，在聚宝山炮轰城门，攻克南京；辛亥革命期间，江浙联军司令徐绍桢指挥部队在中华门与以张勋为首的清军殊死搏斗，最后击溃清军，光复南京，扭转了武昌起义后的革命形势；抗日战争期间，国民党军队与如今与日军展开南京保卫战，最终不敌日军，南京沦陷。1937 年，在南京保卫战期间，中国军队第 74 军负责守卫这里，面对的是日军第 9 师团、第 114 师团和第 6 师团。12 月 10 日至 11 日，中日双方军队围绕着雨花台和中华门展开了激烈的攻防。中国守军在没有城内部队增援、弹尽粮绝的情况下一直战斗到了最后。在战斗中，以第 262 旅旅长朱赤、第 264 旅旅长高致嵩及韩宪元、李杰、华品章三位团长为首的许多指挥官壮烈牺牲。12 月 12 日，雨花台落入日军之手。随后日军开始集中火力攻击中华门、光华门等城墙。日军通过炮击在中华门西侧城墙炸开了数个缺口，有 200 多名日本士兵从这里爬上了城墙，造成王耀武的第 51 师在防御中极为被动。日军攻城部队以坦克为先导，在炮火的支援下向中华门发动了猛烈进攻，最终日军于 12 月 12 日傍晚攻陷中华门。攻陷中华门后的日军第6师团先头部队用绳梯攀城而入，当即便在南京城内展开了惨无人道的屠杀。

6. 水关

水关是在河流进出及泄水口处设置的水门、水闸或涵洞。南京城墙利用秦淮河和玄武湖等水系作为护城河，为了控制城内河道的水位、避免水患，在秦淮河、玄武湖、金川河及其他河流、湖泊出入水口处设置涵闸。闸一般为铜或铁质，正方形，五孔，边长约125厘米，内接铜或铁质涵管，直径约95厘米，闸口还设有铜或铁质栅棂。南京城墙设置了水关、涵闸、涵洞20多处，其中绝大部分至今仍在使用，其中最为著名的有武庙闸以及东水关、西水关。

7. 简介南京明城墙的独特建筑工艺有哪些。

在历代风雨的洗礼和战火的摧残下，明城墙依然能够屹立不倒，可见南京城墙的建造工艺独特。

因地制宜。南京明城墙的建造摒弃了传统的方正格局，因地制宜，被形容为"人穷其谋、地尽其险、天造地设"，体现了"天人合一""皇权天授"等思想。由代表朝廷的紫微垣、太微垣以及天市垣规划内城部局，内外城墙又与天体赤道、黄道二十八宿作对应，有朝有廷有市，并非较简单的前朝后市布局。民间传说南京城墙是"宝葫芦"形，有专家研究认为是"非方、非圆的不规则的多角不等边的粽子形""呈宫扇形"。有说法，南京城墙是依照天上南斗星与北斗星的星宿聚合而建。南京的民间有这样的一句谚语"南京十大怪，城墙弯曲随便盖"，就是说南京的明城墙突破古制，不是方方正正的。有人将明城墙连了起来，竟发现了一个"惊天大秘密"：形状原来是民间流传的朱元璋"地包天"的侧面像。其实只是巧合，体现了建城时的因地制宜。

排水科学。南京明城墙的防、排水系统科学实用，功能包括城墙本体的防、排水和对城区城池的防、排水两部分。在城墙设置隔水层和排水设施，利用城墙底部设置的水关、涵闸进行防、排水。此外，还设有金川河闸、玄武湖的武庙闸、燕雀湖的半山园闸与琵琶湖的琵琶闸等多处涵闸。这些涵闸，设有铜、铁管和铜水闸，只能进水不可进人，设计巧妙、结构合理。

防灾先进。南京城充分利用了秦淮河作为城市水系的骨干河道，又融合了六朝至杨吴时所开凿的旧河道，组成一个四通八达的城市水系网络。通过这些水利枢纽系统的配合作用，南京城在明代276年间仅有8次水灾记录，平均34.5年一次。可见当时南京城的防洪给水、排水、排洪和调蓄体系非常完善，防洪功能明显。

城砖工艺精湛。南京明城砖制作工艺精湛。选择黏而不散、粉而不沙的黏土，由于黏土产地遍布长江中下游地区，各地黏土成分不同，城砖因此呈现出多种质地和色彩。经熟土、过清、暖水等工序，再经练泥玉泥、制坯晒干、入窑烧制等，经火历练出坚固的城砖。

《凤凰台记事》中写道："筑京城用石灰、秫粥锢其外，上时出阅视。监掌者以丈尺分治。上任意指一处击视，皆纯白色，或稍杂泥壤，即筑筑者于垣中，斯金汤之固也。"

【课后实践】

1. 整理外城门导游词。
2. 根据提纲，练习南京城垣与中华门城堡导游讲解。

序号	名称	景点内容要点	讲解时长
1	景点概况	1. 南京城池的历史沿革 2. 明城墙的历史背景 3. 明城墙的形制和特点	1分钟30秒
2	营建明都	1. 明城墙的建造时间、规模、特点 2. 建城资金、工匠和城砖的来源与特色 3. 明京城城墙的形状、规模和特点	3分钟
3	修缮保护	1. 明城墙的修复 2. 明城墙的保护与活化利用	1分钟
4	中华门	1. 从聚宝门到中华门的名称变迁 2. 重要的地理位置 3. 一城三瓮的格局、形状、规模 4. 千斤闸 5. 藏兵洞	4分钟
5	其他	中华门经历过的战争及意义	30秒
累计时长			10分钟

第三节　灵谷寺

【解　读】

灵谷寺位于南京市紫金山下，始建于南梁天监十四年（515 年），是南朝梁武帝为纪念著名僧人宝志禅师而兴建的"开善精舍"，初名开善寺。明朝时朱元璋亲自赐名"灵谷禅寺"，并封其为"天下第一禅林"，为明代佛教三大寺院之一。《金陵梵刹志》将其与大报恩寺、天界寺并列为大刹。1982 年，灵谷寺无梁殿被列为江苏省文物保护单位；2006 年，被国务院列为全国重点文物保护单位。

灵谷寺内中轴线上有放生池、红山门、无量殿（又称无梁殿）、律堂、灵谷塔等建筑；东侧有小灵谷寺、谭延闿墓、廖仲恺墓；西侧有志公殿、志公塔、三绝碑等。

考证讲解时按照先中轴线、后东线和西线的顺序，时长 10 分钟。实际带团过程中以中轴线和小灵谷寺为主，时间约 60 分钟。

【考证示范讲解】

一、景点概况

1.灵谷寺的地理位置、景区地位

2.灵谷寺的历史沿革

灵谷寺原坐落在紫金山第三峰天堡山的独龙阜，也就是现在明孝陵的所在地。灵谷寺始建于南梁天监十四年（515 年），是梁武帝为纪念宝志禅师而兴建的"开善精舍"，初名开善寺。明朝初年朱元璋选中该地为陵址，于是迁寺于此，改名灵谷寺，意为"山有灵气，谷有合水"之意。重建后的寺庙规模宏大，朱元璋赐名灵谷禅寺，并亲笔题写"天下第一禅林"的匾额。明清时期，"灵谷深松"一直是金陵胜境之一，但几经战火毁坏，早已面目全非。

1928 年北伐胜利后，国民政府为纪念北伐牺牲的将士，选定灵谷旧址为阵亡将士公墓。1949 年后，改为灵谷寺公园。这里山林幽静，以深松桂海著名，现已成为一处集寺庙、陵墓、公园于一体的风景区。

二、万工池、红山门、大仁大义坊

1. "万工池"的由来
2. 文武方门的建筑特点、门匾和题者以及门前石狮的由来
3. 大仁大义坊的建筑特点、正面和背面的匾额

前方是迎驾桥，据说乾隆皇帝下江南游览灵谷寺时，寺僧曾在此迎接圣驾，故称"迎驾桥"。

走过迎驾桥，这个水池叫万工池，是寺庙供香客行善放生之用。相传朱元璋当年建寺时，看到这里有山景无水景，下令一万军工在此筑池，故而又名"万工池"。放生池是现在寺庙前的固定格局，历史上最早的放生池见于南北朝时期建康（今南京）报恩寺。《大智度论》云：诸余罪中，杀业最重；诸功德中，不杀第一。因此，为体现佛教"慈悲为怀，体念众生"的心怀，让信徒将各种水生动物如鱼、龟等放养在放生池里。

这座大门是灵谷寺的正门——红山门。这里原为明代灵谷寺的金刚殿，毁于清初战火，光绪年间重建，成为灵谷寺大门，俗称"红山门"。造墓时改建为公墓大门。门的正面开三拱，单檐歇山顶，原门上有蒋介石手书的"国民革命军阵亡将士公墓"，现改为著名书画家钱松嵒题写的"灵谷胜境"。瓦当和滴水均为特制，饰有国民党党徽图案。门前的这对石狮，是建公墓时由北平军分会赠送的，是从北京运来的肃顺墓遗物。

进入红山门，穿青石甬道，有42层台阶，原为天王殿，现有一座六柱五门十一脊的大牌坊，高10米，仿照北京十三陵入口牌楼的形式而建。

大仁大义坊

牌坊上镶嵌有瓷质国民党党徽，坊额上还刻有梅花图案，正中南向横额上有"大仁大义"匾额，背面题"救国救民"，均由中国国民党元老张静江题写。牌坊前的石台上有一对汉白玉雕刻的貔貅。这是传说中黄帝的阵前猛兽，冲锋陷阵，一往无前。这对貔貅是原陆军十七军赠送，用以象征国民革命军的能征惯战，并纪念北伐。牌坊仿造中国传统木结

构建筑形式，斗拱三级，四角起翘，十分壮观。

三、无梁殿

1. 建造时间、规模和特色
2. 内部陈设：中拱佛台、四壁所嵌 110 块青石碑及辛亥革命名人蜡像

无量殿建于明代，是我国最古老、规模最大的一座拱券结构建筑。因大殿用砖石结构代替了中国古代建筑中常见的木梁，故称无梁殿。又因当年用来供奉无量寿佛，又称无量殿。无梁殿是重檐歇山顶，正脊上有三座琉璃制的喇嘛塔。民国时期，改为国民革命军阵亡将士的祭堂。"辛亥革命蜡像馆"由陈立夫题写。殿顶有一八角形采光孔，可以形成佛光的效果。

无梁殿于 1928 年改成北伐阵亡将士公墓的祭堂，内有三排筒子券，中券三个壁龛，中龛为"国民革命烈士之灵位"，西侧为中华民国"国歌"，东侧为中华民国"国父遗嘱"。正中的石碑上原刻张静江题写的"国民革命军阵亡将士之灵位"，西侧石碑上原刻蒋介石书写的北伐誓师词，东侧石碑上原刻陈果夫书写的中国国民党中央执行委员会祭文。1949 年之后，这三块石碑上的碑文题刻都被磨平，1981 年整修至现状。

在无梁殿四周的墙壁上，镶嵌有 110 块太湖青石碑，按照民国时期的阵亡将士牺牲的战役地点、军队编制、军阶职务排列，刻有 33224 位阵亡将士的名字，以示纪念。其中第 1 至第 61 块石碑上刻有 1926 年至 1930 年北伐期间阵亡的北伐军将士名单，第 61 至第 67 块石碑上刻有 1932 年"一·二八"事变中阵亡的第十九路军将士名单，第 67 至第 110 块石碑上刻有 1931 年至 1933 年华北抗战中阵亡的各部将士名单。石碑共刻阵亡将士 33224 名，全文 16 万 5 千余字，是中国历史上规模最大的阵亡者名录碑刻。

无量殿距今已经有 600 多年历史，其独特的工艺是我国同类建筑中的佼佼者。

四、一号公墓、松风阁

1. 一号公墓的位置　　　　2. 公墓的主人
3. 墓地的建造特点及周边绿化　4. 松风阁的建筑特点及名称演变

出无梁殿，后方是一个大草坪，这里是原灵谷寺五方殿的旧址，供奉五方五智大佛。"五方佛"，又称"五智佛""五方如来""五智如来"，源自密宗金刚界思想，东南西北中五方，各有一佛主持。分别是中央的毗卢遮那佛（大

日如来）、东方阿閦佛（不动如来）、西方阿弥陀佛、南方宝生佛、北方不空成就佛。

民国时期这里改建为阵亡将士公墓的一号公墓，主要安葬北伐战争及 1932 年参加上海淞沪抗战的第十九路军和第五军的阵亡将士，按编制、军阶抽签实行"代表葬"，共有墓穴 1624 个。其中有淞沪抗战中牺牲的 128 位烈士：第十九路军 78 名，第五军及宪兵团 50 名，以示不忘"一·二八"事变。在墓墙前东西两侧立有两块纪念碑，分别为第十九路军淞沪抗战阵亡将士纪念碑、第五军淞沪抗战阵亡将士纪念碑。

墓园中心花坛有一棵高大茂盛的桂花树，高 6.3 米，树干地围 1.52 米，树冠阔 7.8 米，树龄达百年以上，被称为金陵桂花王。灵谷寺种植桂树近 2 万株，是全国最大的桂花专类园，每年金秋 9 月至 10 月这里会举办灵谷桂花节活动，波叶金桂、金球桂、大花金桂、浅橙丹桂等多个品种桂花将陆续绽放，香气扑鼻，更有桂花酒、桂花糕、桂花红茶等桂花特色美食。这里是每年秋天灵谷桂花节的主会场。

公墓由美国建筑师茂菲设计，形状类似中国的太师椅，又似随风飘扬的旗帜。

松风阁建于灵谷寺律堂的旧址之上，民国时期这里是"阵亡将士革命纪念馆"，由蒋介石亲题馆名。纪念馆于 1931 年起建造，由美国建筑师茂菲按中国传统的民族建筑形式设计，1933 年完工后正式定名"革命纪念馆"。这幢二层建筑，东西长 41.7 米，南北宽 19.7 米，为钢筋水泥仿木结构。外有回廊，楼下为 9 间房，中为穿堂，上面是走马楼式的楼罩。上下遍设架柜，供陈列阵亡将士遗物或举办展览。

现在这里布展的是"南京市民主党派之家"，是学习统战知识的重要课堂，也是统一战线对外宣传的重要窗口，展示了南京各民主党派与中国共产党同舟共济、患难与共的真挚友情。

阁后有"铭鼎垂勋"鼎，是民国时安徽省主席刘振华赠送给公墓，象征烈士功绩千古流芳。

五、灵谷塔

1. 原塔和现塔的用途
2. 现塔的建筑时间、层数、高度等
3. 塔基座简介
4. 塔内二至九层石碑及内容

灵谷塔，也称"阵亡将士纪念塔"，位于原灵谷寺宝公塔旧址，现塔建成于1933年，九层八面，塔基为八角形平台，丹陛石雕有"日照山河"图案，象征着阵亡将士的革命精神气壮山河。塔高有61米，是目前南京地区最高的塔，塔身有绿色琉璃瓦楼檐，每层回廊有仿古石栏杆。

在塔的外墙壁上有蒋介石手书"精忠报国"四个大字。门楣上有"灵谷塔"三个字，由新中国成立后中山陵园管理处第一任处长高艺林所书。后门有原中山陵园林组主任傅焕光（倡导植树节，将法桐作行道树、将碧根果引入中国）所题"有志竟成"，侧门是"成功""成

灵谷塔

仁"。灵谷塔为可以登临的楼阁式塔，塔外林木葱茏，塔中有螺旋形转梯直通塔顶，共252级。塔内二至八层，每层有石碑四块。其中二至四层的12块碑上，镌刻着孙中山先生的《北上告别辞》，由国民党元老、时称"一代草圣"的于右任先生手书。五至八层刻的是孙中山先生的《黄埔军校开学训词》，刚劲的小篆由吴稚晖先生手书。登临九层塔顶，可以远眺山峦，有"高瞻远瞩"之意。当我们站在塔顶，极目远眺，可以将巍巍钟山尽收眼底。

六、其他（东线）

1. 灵谷寺及玄奘顶骨舍利、八功德水
2. 邓演达墓
3. 谭延闿墓

横额上"灵谷寺"三个字由于右任所书。门前照壁上书写有"普济圣师应化真身道场"。元代文宗帝封宝志为"普济圣师"，说明该寺原是一座祀奉宝志的佛寺。今天的灵谷寺是曾国藩在原明灵谷寺的龙王殿旧址上主持重建的，规模较小。

天王殿内供奉弥勒、韦陀和四大天王。前庭中立有万年宝鼎，正面主体是

近年重建的大雄宝殿，供奉着释迦牟尼和四大观音等。

玄奘院原为 1973 年设立的玄奘法师纪念堂，2006 年扩建为玄奘院。殿后

大雄宝殿

院为大遍觉堂，因唐中宗谥玄奘"大遍觉"，意指玄奘大师遍历各国学法、遍布佛法和大觉大悟的事迹。堂内右前方为木质鎏金的佛牙塔，塔内玻璃圆瓶中曾珍藏着玄奘法师顶骨舍利，这是中国佛教界的至宝。2016 年 1 月 8 日，灵谷寺玄奘院地宫举行落成仪式，镇寺之宝——玄奘的顶骨从玄奘院大殿移驾地宫内保存。堂内有一尊玄奘法师的半身铜像，四周的铜、汉白玉、柚木等浮雕

反映了玄奘法师一生的经历，包括出生、出家、参学、西行求法、回国译经等。

八功德水，又名龙池，是钟山风景区又一处胜景。据说此泉水有"一清、二冷、三香、四柔、五甘，六净、七不噎、八除病"八种功效，古人到此，往往争相饮用。明清时，盛传"水随寺迁"。传说八功德水随着"神僧"宝志从钟山南麓一同迁到了灵谷寺。此水味如甘露，人饮用后可驱除百病，延年益寿。

邓演达墓位于原第二公墓旧址上。邓演达是中国农工民主党的创始人，1931 年在南京麒麟门外被蒋介石秘密杀害。邓演达牺牲后，当地群众冒着风险将其遗体掩埋在西村附近。1957 年冬，中国农工民主党将其迁葬到这里。前方的墓碑上刻有何香凝女士题写的"邓演达烈士之墓"。中国农工民主党中央委员会还撰写了邓演达烈士的革命简历，镌刻在墓碑的背面。

正北是谭延闿墓，1930 年他去世后，国民政府为其举行了国葬。蒋介石亲选墓地，墓园由关颂声、朱彬、杨廷宝等人设计，占地 300 余亩，1932 年 12 月建成。该墓沿用古制，有墓碑、墓坊、墓道、广场、祭堂等。另外，为了有别于中山陵的严谨对称的格局，设计者们利用原有山水地势，因地制宜运用园林设计手法，将谭墓构筑成曲折幽深、具有江南园林特色的墓园。墓室坐落于水泥平台中央，直径 9.5 米，高 3.5 米，原内部是钢筋混凝土结构，外覆花岗石。原墓在"文化大革命"中被毁。1981 年国家拨款按历史原貌将其重新修葺。墓内葬有谭延闿的骨灰罐。墓包前的汉白玉石祭桌，也是当年谭墓的原物。

七、其他（西线）

1. 宝志简介   2. 三绝碑

宝志禅师俗姓朱，7岁出家，是南朝齐、梁时的高僧，能预吉凶。经常长发赤足，手执锡杖，上挂剪刀、尺子、拂尘、镜子等物，游行于街头巷尾间。志公惩恶扬善，为世人所敬重，是传说中"济公"的原型。

志公殿是造公墓时为保存宝志遗迹特地建造的，现在陈列着历次迁葬的碑记。殿内正中设神龛，供奉着宝公结伽趺坐的雕像，两侧雕刻有侍奉的金童玉女。殿内后墙上，左右各镶嵌着一块石碑，左碑是1941年汪伪时期重修灵谷寺的宝公塔碑记，由吴廷燮撰文、段松年书写；右碑是明洪武十五年（1382年）礼部尚书刘仲质撰写的迁葬记。志公殿经过多次维修，古风犹存。

志公殿前有铸铁飞来剪，甘熙在《白下琐言》中提到当时民间关于"飞来剪"用途的两种说法：一说是铁塔寺米仓经常被窃，以此物作镇仓防窃之宝，"岁必祭之"；另一说是灵谷寺老僧称蛟性畏铁，故以其为镇蛟之物。不过，甘熙对这两种说法并不认同。由于当时南京的三件"飞来剪"均位于古代塔寺附近，他据此推测"飞来剪"是古代建造宝塔时，在桔槔（相当于吊车）上压重的坠

飞来剪

子，将其压在一头，再把建筑构件举到高处。飞来剪约重500千克，在铁交汇处的两侧，我们可以看到直径10厘米左右的圆形孔洞，它完全符合起重器具的基本特征。因技术条件比较落后，古人没有吊车，他们采用的是桔槔。在桔槔上我们可以看到一个坠子，将其压在一头，就可以将要吊起来的东西举到高处。中山陵景区的文保专家刘维才则认为，"飞来剪就是吊车，当年用铁棍穿在剪上的洞中，将它竖起来，两边挂上建筑材料，上下运送"。

前方石头上刻有双龙相缠的图案，民间传说其为古人镇锁蛟龙的"盘龙石"。专家研究后发现，这块石头其实是一个巨大的碑额。

这座单层覆钵式墓塔即为宝公塔，原为七级，砖木结构，明初建在灵谷塔的位置，民国改建公墓时迁建于此。塔前嵌有一块石碑，碑上刻有唐代画圣吴

宝公塔

道子所画的宝志像，有诗仙李白所作、颜真卿所书的画像赞词，三位唐代圣手的画、赞、书合一，故称"三绝碑"。原碑为1912年寺僧复制，由于屡遭劫难，现在碑文已难以辨认。目前，"三绝碑"文字内容并不止这些。分列于宝志像左右两边还有元代书法家赵孟頫题写的《宝公菩萨十二时歌》；而碑最上面的"净土指南"四字，则是乾隆帝第二次下江南时书写。

"三绝碑"历经历史上数次毁刻。最初刻有唐代三大家真迹的原碑保存时间是最长的，一直到宋末元初才因战火毁坏。元代重刻时又增赵孟頫书写的《十二时歌》，此后明人笔记中就称之为"四绝碑"了。可是"四绝"的名字很快就随着碑的被毁而被淡忘了。当清初再次重刻时，人们都习惯用它最早的名字"三绝碑"。如此反复，"三绝"之名就一直延续下来。南京灵谷寺内现存的这块"三绝碑"是20世纪30年代由汪伪南京市市长蔡培依照一件宋代的原石拓本命人仿刻而成的，年代并不久远，但除了最上方的"净土指南"以及"李赞颜书"还算清晰完好外，其他文字已模糊不清，宝志像更是踪迹全无。据说，"文化大革命"初期，一班人把碑推倒后，见其正面比较干净，便抬到一处公共自来水龙头下，当作搓衣板。十多年间位于碑正中的文字画像搓得踪迹全无，而上方的文字却因少遭搓洗而残留下来。

【景点问答】

1.灵谷寺最早建于何时何地？

答：灵谷寺的前身是南朝梁代的宝公院。梁天监十五年（516年），高僧宝志和尚圆寂后，梁武帝萧衍之女永定公主为他在宝公院设五层舍利塔，上置琉璃宝珠。当时的寺址位于钟山南麓独龙阜玩珠峰下，即今天明孝陵所处的位置。

2.南朝时期"灵谷寺"的主人是谁？请简单地介绍其生平。

答：南朝时期"灵谷寺"的主人是宝志和尚。宝志生于436年，俗姓朱，栖霞东阳人，七岁出家，成年得道，行为灵异。所作预言，皆有应验。

3. 天王殿旧址上大牌坊的高度是多少？几柱几门？

答：10米，六柱五门。

4. 位于松风阁后的石鼎为何人赠送？上刻何字？

答：是由当时安徽省主席刘镇华赠送，鼎壁四周刻有"铭鼎垂勋"四字。

5. 无梁殿建筑采用的是什么建筑形式和建造方法？

答：通体为砖石拱券结构，顶部为重檐歇山式。施工中采用明初流行的"桥涵式"建造方法，即木架成型法。此法先用木头搭成圆弧形木模架券，再沿着木架砌砖，等圆拱合缝凝固后再拆除木架，这样就形成了拱券结构的殿顶。

6. 中国有四大无梁殿，分别是哪几座？最大的一座是哪个？

答：南京灵谷寺、苏州开元寺、峨眉山万年寺、宝华山隆昌寺均有无梁殿。最大的一座是南京灵谷寺无梁殿。

7. 无梁殿内有多少块青石碑？上面刻写的是什么内容？

答：110块。刻有按战役地点、军阶职务分类的阵亡将士姓名，33224人，共计16万5千字。

8. 灵谷塔原名叫什么？由谁设计？

答：灵谷塔原名国民革命军阵亡将士纪念塔。由茂菲和中国建筑师董大酉设计。

9. 无梁殿后的五方殿遗址供奉的是什么佛？

答：五方五智大佛。

10. 阵亡将士公墓一共有几座？其中一号公墓共葬有多少烈士？

答：阵亡将士公墓一共有3座，称为一号公墓、二号公墓、三号公墓。一号公墓主要安葬北伐战争及淞沪抗战的阵亡将士，按编制、军阶抽签进行代表葬，共有大小墓穴1624个。

11. 参加淞沪抗战的部队主要是哪两支？第一公墓葬有淞沪抗战烈士128人，有何寓意？

答：参加淞沪抗战的部队主要是第十九路军和第五军。第一公墓共葬有淞沪抗战烈士有128人，其中十九路军选78名，第五军及宪兵团选50名，共128名，表示不忘""一·二八""事变。

12. 松风阁是什么样规格的建筑？

答：松风阁是重檐庑殿顶，面阔连廊共11开间。阁有两重，外有回廊，内为走马楼式建筑。

13. 灵谷塔内有哪些石刻？

答：塔内第一层到第四层墙壁有 12 块石碑，上刻于右任草书的孙中山《北上告别辞》。第五层到第八层的墙壁上有 16 块石碑，上刻吴稚晖篆字的孙中山《黄埔军校开学训词》。

14. 宝公塔前的"三绝碑"上有哪三位唐代顶级大师的作品？

答：唐朝吴道子所画的宝志像，李白所作的画像赞词，颜真卿所书的赞词。

15. 志公殿前的叉形铸铁件是什么？

答：殿前的叉形铸铁件是"飞来剪"，传说是用来剪蟒镇妖的，实际上是明代造寺用的起重机械的部件。

16. 位于第一公墓东侧的"灵谷寺"建于何时？

答：民国时，把无梁殿中佛像归并龙王庙，将其改名为"灵谷寺"，新中国成立后重建。规模与明代的灵谷寺不可同日而语。

17. 一号公墓的设计者谁？建筑特色是什么？

答：美国建筑师茂菲。公墓采用了西式的背向数百米长的半圆形围墙，弧形起伏，类似中国的太师椅状，颇有中西合璧的风格，是为追求古典庄重的效果而设计的。

18. 简述邓演达生平。

答：邓演达生于 1895 年，广东惠阳人，中国农工民主党创始人。早年加入中国同盟会，在第一次国共合作期间拥护孙中山的三大政策，是著名的国民党左派。历任黄埔军校教育长、国民革命军总政治部主任等职。"四·一二"反革命政变后，他力主讨蒋。1930 年中华革命党改组为中国国民党临时行动委员会，任中央总干事，主张在中国建立以农工为中心的平民政权，宣传反帝反封建反蒋。1931 由于叛徒出卖被捕，11 月 29 日被蒋介石秘密杀害于南京麒麟门外沙子岗。中华人民共和国成立后被追认为革命烈士。

19. 简述谭延闿生平。

答：谭延闿生于 1880 年，湖南茶陵人。早年为光绪年间进士，宣统年间湖南咨议局长。辛亥革命爆发后趋附革命，担任湖南都督。后追随孙中山和蒋介石，成为国民党元老，历任内政部长、国民党中执委主席、党部主席、国民政府主席、行政院院长。1930 年病逝，国民政府为其举行了国葬。

20.“流徽榭”楷书匾额是由谁题写的？

答：流徽榭位于中山陵通往灵谷寺路边的一片湖水之畔，是1932年由当时的中央陆军军官学校捐款修建的中山陵附属建筑之一。1986年，为庆祝建校62周年，原黄埔军校第一期学员、我国著名将领徐向前元帅题写了“流徽榭”楷书匾额。

【知识拓展】

1. 无梁殿的建造方法

施工中采用明初流行的“桥涵式”建造方法，即木架成型法。此法先用木头搭成圆弧形木模架券，再沿着木架砌砖，等圆拱合缝凝固后再拆除木架，这样就形成了拱券结构的殿顶。

2. 淞沪抗战及其历史背景和意义

“一·二八”事变，又称“一·二八”淞沪抗战，日本称“上海事变”“第一次上海事变”“淞沪战争”。在“九·一八”事变之后，日本为了转移国际视线，并图谋侵占中国东部沿海富庶区域，在1932年1月28日蓄意发动侵略。1932年1月28日夜，日本发动了对上海的进攻。驻沪的第十九路军和驰援的第五军与日本侵略者进行了英勇的斗争，在工人、市民的支持下，抵抗持续了一个多月，造成日军死伤万余人。

1932年5月5日，双方在上海签订了《上海停战协定》（又称《淞沪停战协定》）。协定规定上海为“非武装区”，中国不得在上海至安亭、昆山、苏州一带地区驻军，而日本可进驻“若干”军队。国民政府一味地依赖外交手段和依靠西方大国来解决争端，坚持“一面抵抗、一面交涉”的政策，导致了最终局面。而英美等大国没有及时遏制日本的侵略野心，最终引火烧身、自食其果。

“一·二八”淞沪抗战激起了全国人民的爱国热情。第十九路军的英勇抗战显示了中国人民不畏侵略的精神。

3. 桂林石屋

石屋于1931年4月动工，由陵园工程师杨光煦设计，于1933年6月竣工，当时耗资2万元，由广州市政府捐建。建筑的所有墙壁、地基，都是用青石建造。建筑的周围遍植桂花树，每到桂花盛开时节，方圆一千米有余的范围都是桂花飘香。正因如此，这个建筑被称为“桂林石屋”。石屋的主人是当时的国民政府主席林森。

1937年秋，侵华日军疯狂向南京进攻，在飞机轰炸过程中，日军飞行员在东郊上空看到这个与众不同的青灰色建筑，判定是国民政府高官住宅，即投弹轰炸，别墅顿时毁于火海。抗日战争时期石屋被日军炸毁，只存半壁框架。新中国成立后，由于桂林石屋成了一片废墟，地处偏僻，一直少有人关注，这段桂林石屋的秘密也被掩埋了大半个世纪。如今桂林石屋被划入灵谷寺公园景区，景区修筑了通往石屋的道路，使得游人能方便地游览石屋。为了让后人能深刻了解这段历史，石屋暂不修复，以历史原貌示人。

如今的遗址四周苍翠葱郁，布满青石沙砾。从坍塌的轮廓中隐约可见石屋上层为客厅、餐厅、卧室、卫生间、客舍，下层为半地下室，建有厨房和仆人居室，而屋基外侧及廊栏上则盘龙附鼋，雕刻得精美绝伦。2012年，桂林石屋遗迹被列入南京市第四批文保单位。

4. 斗拱

斗拱是中华古代建筑中特有的形制，是较大建筑物的柱与屋顶间的过渡部分。其功用在于承受上部支出的屋檐，将其重量或直接集中到柱上，或间接先纳至额枋上再转到柱上。一般而言，凡是非常重要或带纪念性的建筑物，才有斗拱的安置。斗拱给人一种神秘莫测的感觉。斗拱在唐代发展成熟后便规定民间不得使用。

斗拱在中国古建筑中起着十分重要的作用，主要有四个方面：（1）它位于柱与梁之间，由屋面和上层构架传下来的荷载，要通过斗拱传给柱子，再由柱传到基础，因此，它起着承上启下、传递荷载的作用。（2）它向外出挑，可把最外层的桁檩挑出一定距离，使建筑物出檐更加深远，造形更加优美、壮观。在它成型之后很长一段时间内，被作为构件大小的基本尺度（模数制）。后来的斗拱逐渐变为装饰（后来采用砖墙使出檐变近许多），也是区别建筑等级的标志。越高贵的建筑斗拱越复杂、繁华。（3）它构造精巧，造形美观，如盆景，似花兰，又是很好的装饰性构件。（4）榫卯结合是抗震的关键。这种结构和现代梁柱框架结构极为类似。构架的节点不是刚接，这就保证了建筑物的刚度协调。遇有强烈地震时，采用榫卯结合的空间结构虽会"松动"却不致"散架"，消耗地震传来的能量，使整个房屋的地震荷载大为降低，起到抗震的作用。

【课后实践】

学习线上示范讲解视频后，根据下列提纲练习灵谷寺讲解。

序号	名称	景点内容要点	讲解时长
1	景区概况	1. 灵谷景区的地理位置、景区地位 2. 灵谷景区的历史沿革	1分钟
2	万工池、红山门、国民革命军阵亡将士纪念牌坊	1. "万工池"名称及其由来 2. 红山门的建筑特点、门匾和题者，以及门前石狮的由来 3. 阵亡将士公墓牌坊的建筑特点、匾额、题字及牌坊前纪念物	2分钟
3	无梁殿	1. 建造时间、规模和特色 2. 内部陈设：中拱佛台、四壁所嵌青石碑简介	1分钟
4	一号公墓、松风阁	1. 一号公墓的地理位置及建筑特色 2. 公墓安葬的将士及纪念碑 3. 公墓植物特点 4. 松风阁的建筑特点及演变	2分钟
5	灵谷塔	1. 灵谷塔原名及用途 2. 灵谷塔的建筑时间、层数、高度等 3. 灵谷塔一层外壁题字 4. 塔内二至八层石碑及内容	1分30秒
6	其他（东线）	1. 灵谷寺及玄奘顶骨舍利、八功德水 2. 邓演达墓 3. 谭延闿墓	1分30秒
7	其他（西线）	1. 宝志生平 2. 三绝碑	1分钟
累计时长			10分钟

第五章　南京市科举文化景点导游讲解

【概　述】

　　科举制度"公平公正""唯才是举""奋斗进取"的精神要义超越了国界，影响了世界历史。科举是中华文化重要的组成部分，是绝大多数国外汉学家研究中绕不开的内容，在当代也具有重要的意义。

　　本章包括夫子庙和科举博物馆两个任务。夫子庙包括祭祀孔子的庙宇大成殿和学宫等主要建筑；科举博物馆建在曾经的科举考场江南贡院的旧址之上，是系统展示科举文化的场所。

第一节　夫子庙

【解　读】

　　南京夫子庙地处夫子庙秦淮风光带核心区，主要由孔庙、学宫、贡院三大建筑群组成。作为供奉祭祀孔子之地，是中国第一所国家最高学府、中国四大文庙之一，是中国古代文化枢纽之地、金陵历史人文荟萃之地，不仅是明清时期南京的文教中心，同时也是居东南各省之冠的文教建筑群。

　　夫子庙始建于东晋咸康三年（337 年），根据王导提议"治国以培育人才为重"，立太学于秦淮河南岸；北宋景祐元年（1034 年），移东晋学宫于秦淮河北，并在学宫之前建庙祭奉孔夫子；南宋建炎年间遭兵火焚毁，绍兴九年（1139 年）重建，称建康府学；元朝改为集庆路学；明初改为国子学，后改为应天府学；清初原府学改为上元、江宁两县的县学，咸丰年间再次毁于兵火，同治八年（1869年）重建；夫子庙七毁八建，最后一次破坏于1937年侵华日寇的炮火中；1984年后陆续修葺复建，1991年被评为"全国旅游胜地四十佳"。

夫子庙被誉为秦淮名胜而成为古都南京的特色景观区，在六朝至明清时期，世家大族多聚于附近，故有"六朝金粉"之说，是中国最大的传统古街市，与上海城隍庙、苏州玄妙观和北京天桥合称为中国四大闹市，也是中国著名的开放式国家5A级旅游景区和国际旅游胜地。

讲解涉及照壁、泮池、牌坊、聚星亭、魁星阁、棂星门、大成殿、明德堂、尊经阁等建筑。考证讲解时长为10分钟。实际带团时，照壁、泮池、牌坊、聚星亭、魁星阁、棂星门等外部建筑讲解时长约30分钟，大成门、大成殿、明德堂、尊经阁等讲解时长约40分钟。

【考证示范讲解】

一、景点概况

1. 地理位置、景区地位

2. 秦淮河简介

3. 夫子庙的历史沿革

4. 景区特色

夫子庙临秦淮河，人文气息浓厚。整体布局集"庙、市、街、景"合一，将儒家文化、科举文化、民俗文化等融为一体，"夫子庙秦淮河风光带"是国家5A级旅游景区。秦淮河古称龙藏浦、淮水，因秦始皇"断长垅以泄王气"而得名，其全长约110千米。眼前的这段河水，从东水关入城、西水关出城，称内秦淮，因长约十里，故称"十里秦淮"。所谓"六朝金粉地，十里秦淮河"，就是指夫子庙地区的秦淮河风光带。"夜泊秦淮"水上旅游线路成为一颗照亮南京天空的"夜明珠"，使夜晚的南京城更具魅力。秦淮河水上游和沿河景观形成了一个综合旅游区。

整个风光带包括孔庙、学宫、贡院三大建筑群。东晋年间，这里始建学宫；宋代在东晋学宫的旧址上扩建了夫子庙；南宋又开设了科举考场——贡院。历史上的夫子庙曾七毁八建，今天的夫子庙是1984年以后重建的，采用了"前庙后学"的建筑布局，是一座仿明清风格的古建筑群。

二、庙前广场

1. 大照壁的体量及作用
2. 泮池的由来及作用
3. 文德桥及"文德分月"奇景
4. 魁星阁、天下文枢坊、聚星亭及棂星门

我们现在来到了孔庙前的广场，广场纵向为庙，横向为市，庙市合一，独具氛围，是夫子庙的中心地区。

泮池

这堵红墙照壁，建于明万历三年（1575 年），上有二龙戏珠的灯饰。全长 110 米，高 10 米，是中国照壁之最，有"天下第一壁"之称。

这个半圆形的池子为泮池，意即"泮宫之池"，它是官学的标志。明清两代，把考中秀才称为"入泮"。因周礼中有"天子之学为雍，诸侯之学为泮"的规定，而孔子曾受封为文宣王，所以建"泮池"为其规制。南京夫子庙巧妙地利用内秦淮河的天然河道作为泮池。这是南京夫子庙的一大特色。

这座桥叫文德桥，因儒家提倡文章道德而得名。由于桥向与子午线方向相同，每年的农历十一月十五日子时，在桥的两边分别可看到桥影将河中明月分成两个半月，被称为"文德分月"，吴敬梓在《儒林外史》一书中就有记述。相传这里为李白醉酒捞月之地，后世为以示纪念，在桥旁辟建得月台。

文德桥及其四周，在六朝时就很繁华，每逢端午节在此赛龙舟，观赏者万人空巷。文德桥多次出现桥栏折断、桥身倾塌的重大伤亡事故。因此，南京人有"文德桥的栏杆——靠不住"的歇后语。我国桥梁专家茅以升就曾经目睹了一幕桥毁人亡的惨剧。清光绪三十二年（1907 年）端午节，南京举行盛大的赛龙船活动。11 岁的茅以升早就和小朋友们约好，一同去看赛龙船，可是端午那天茅以升生病没去成。结果文德桥被挤塌，几百人掉进秦淮河里，淹死了不少人，其中有几个还是茅以升的同学。自此，茅以升产生了长大了要造桥的念头，决心造出来不塌的桥。他刻苦攻读、认真钻研，终于成了举世闻名的桥梁专家。

泮池北岸石栏则为明正德年间（1514年）所建，历经了沧桑变迁之后，成为夫子庙建筑群中唯一保存最好的古代建筑小品，抗战前曾加以修整。

石栏

这座三层六面的楼阁——魁星阁，供奉着魁星。古有"奎主文章"之说。奎星即魁星，是文运兴旺之兆，是科举时代考试夺魁的象征，因而魁星被历代学子奉为神灵。

泮池北面的这个大牌坊，是"天下文枢"坊，三门四柱，意指孔子为天下文章道德的中枢，是进入孔庙的标志。"天下文枢"四个字选自颜真卿的字帖，它是步入文庙的第一道大门。中间高门坊是皇帝幸临的御道，左右供郡亲王出入，一般的官员臣民不能通行，因而平时都用木栅栏封闭起来。

天下文枢坊

这座六角亭叫聚星亭，取"群星聚集，人才荟萃"之意，是古代读书人聚会切磋心得的地方。从外表看是双重飞檐翘角，貌似两层结构，其实只有一层。

棂星门，这是一座六柱三门的冲天式牌坊，顶部饰有云纹，中门两侧还有牡丹雕壁，十分精美。这里的棂星是指天上的天田星，古代祭天必先祭棂星。在这里寓意尊孔如尊天，显示了孔庙的崇高地位。棂星是古代天文学中的"文星"，取名之由是要表示天下文人学士集学于此的意思。石柱顶端云板，即华表之意，作为一种标志。此乃皇帝祭孔的仪门。

三、孔庙：大成门、露台

1. 大成门及门内的"仁、礼"砖雕　　2. 甬道及孔子门生塑像

3. 露台的用途及陈设　　4. 孔子青铜像

穿过棂星门，横额"南京夫子庙"是赵朴初先生手书，前方便是孔庙的正门：大成门，又称戟门，是夫子庙的正大门。因孔子对中国文化做了集大成的贡献

而得名，竖额"大成门"由姬鹏飞题写。大成门两旁为持敬门。封建时代只有官员可以由大成门出入，一般士子只能从旁门进出。

门内中间有"南京夫子庙"卧碑一块，背面有《重修夫子庙记》碑文。碑文由南京师范大学教授钟振振撰文、南京师范大学教授常国武书写。其内容记载了夫子庙的千年沧桑以及"七毁八建"的过程。

两侧墙壁有"仁""礼"的砖雕。这两个字是孔子思想的核心。门内甬道两边有孔子八位弟子的雕像，均由汉白玉雕刻而成，栩栩如生。孔子打破了教育垄断，开创了私学先驱，弟子多达三千人。

甬道的尽头是丹墀，也称月台，是古代祭祀孔子乐舞的地方。古时，孔庙在每年的春、秋两季都要举办祭孔大典。前方设有铁香炉，上刻有对孔子的尊称——"至圣先师"。露台正中央有一尊孔子青铜像，高4.18米，重2.5吨。这是目前全国最大的孔子青铜像。

院中两厢是碑廊，镶嵌着三十块赵朴初、林散之、沈鹏、武中奇等著名书法家的墨宝碑刻。

四、大成殿

1. 大成殿的规模及建筑特色　　2. 大成殿的用途及内部陈设
3. 仿吴道子孔子像、孔子圣迹图等　4. 玉兔泉及五块古碑等

前方是夫子庙的主题建筑大成殿，正中竖匾上有"大成殿"三个金字，由姬鹏飞题写。大成殿为重檐歇山顶仿古建筑，屋脊饰有双龙戏珠立雕，十分精美，在全国同类建筑中属首创之作。大殿左右两侧悬挂着巨幅楹联"删述六经，垂宪万世；德侔天地，道贯古今"，对孔子的一生做了精辟的概括。

步入殿内，迎面正墙上一幅高6.5米、宽3.15米的孔子像，是目前全国最大的一幅孔子画像。画像两侧是当代著名书法家尉天池题写的乾隆皇帝撰书的楹联"气备四时，与天地鬼神日月合其德；教垂万世，继尧舜禹汤文武作之师"。上联的意思是，孔子具备四时之气，能够与天、地、日、月、鬼、神相配，歌颂了孔子的盖世之德；下联的意思是，孔子的文行忠信教化，可与尧、舜、禹、汤、文、武并列，是继圣君之后又一位大师。

画像上方三块匾额《万世师表》《与天地参》《斯文在兹》，分别是清康熙、乾隆、光绪三位皇帝题写。御匾"万世师表"，是由清康熙皇帝1686年御笔题写。整个匾雕龙贴金，十分有气势。"万世师表"的意思是孔子和他的道

德学问是我们千秋万世的老师和表率。左边的一块御匾"与天地参"是由清乾隆皇帝1738年御笔题写。"与天地参"的意思是孔子创立的儒家思想是"天道""地道""天人合一"的本源。右边一侧的御匾"斯文在兹"是由清光绪皇帝1881年御笔题写。"斯文在兹"的意思是世间所有的文化，来源于儒家思想创始人孔子。大殿上方还悬挂有雍正帝的"生民未有"、嘉庆帝的"圣集大成"、道光帝的"圣协时中"、咸丰帝的"德齐帱载"、同治帝的"圣神天纵"，以及原中华民国总统黎元洪的"洽道大同"等匾额。

画像前供孔子牌位以及祭礼，牛、羊、豕三牲全备，为"太牢"。每逢9月28日的孔子诞辰日，各地孔庙举行祭孔释奠礼。最早的国家祭孔祀典，可追溯至西汉时期。汉高祖十二年（公元前195年），汉高祖刘邦在曲阜用太牢之礼祭祀孔子，封孔子第九代孙孔腾为"奉祀君"，专门主持孔子祀事。

两侧有祭祀孔子所用的编钟、编磬、琴、瑟等乐器。供案两侧还有曾参、颜回、孔伋、孟子的四亚圣汉白玉雕像。东侧为颜回、曾参，西侧为孔伋、孟轲。颜回，是孔子最得意的弟子，被列为孔子弟子中"德行"第一，七十二贤之首。他提出"克己复礼为仁。一日克己复礼，天下归仁焉"的思想，被尊称为"复圣"。曾参，十六岁拜孔子为师，是孔子学说的主要传道人之一，《四书》中的《大学》一书的作者，也是《论语》一书的主要编著者，后被封为"宗圣"；孔伋，孔子的孙子，著有《中庸》一书，后被封为"述圣"的尊号；孟轲，即孟子，提出《仁政》学说，倡导"以德服人"，提出"得道者多助，失道者寡助"的重要思想。后人也把孔子、孟子代表的儒家思想称为孔孟之道，后被封为"亚圣"的尊号。

孔子画像由当代画家王宏喜先生参照唐吴道子所画的孔子像绘制，在大成殿的四周墙壁有《孔子圣迹图》。《孔子圣迹图》是一部反映孔子生平事迹的连环图画，也是我国历史上最早一部具有完整故事情节的连环画。这是由秦淮区政府在1997年耗资580万元人民币制作的，共有38幅，生动描绘了孔子万世师表的光辉一生。

出大成殿，有复原的宋代玉兔泉古井，井畔立有筹措朝考盘费碑，记录了李鸿章、左宗棠捐助考生进京会试费用的历史。李鸿章、左宗棠自掏腰包分别捐出五千两白银设立"助学基金"帮助家境贫寒、出不起钱赴京赶考的学子。但这一万两白银只是杯水车薪。于是他们想出一个办法，多筹集些白银投资于瓷器、茶叶、丝绸等行业，用滚出来的利息扩大捐助范围。碑文上说，一共筹集了"一万四千多金"。李鸿章和左宗棠都担任过江南贡院的考官，碑文上对这批银子是如何分配的、哪些考生该得到捐助，都做了详细记述。碑文最后写着"上江二学宫会同该绅等在于学宫立碑以垂久远"，立于光绪十二年。筹措朝考盘费碑是 1992 年几位市民在白鹭洲公园发现的。

《孔子问礼图碑》记载了孔子为维护奴隶制度向老子请教问礼的故事。石刻制于南朝齐永明二年（484 年），描述了春秋末年，孔子从家乡曲阜去周都洛邑（洛阳）问礼于老子的场景。石刻所表现的是孔子驾车而来，老子等人在大门前迎接的场面。左上端刻有"永明二年，孔在鲁入周问礼周流"的字样。此石刻虽已有 1500 多年的历史，但图文仍清晰可辨，人物形象浑朴敦实。这块六朝时期的孔子问礼图碑，是我国历史上少有的以图案为主的石碑，而它能够完好保存至今，实属不易。

《集庆孔子庙碑》由卢挚撰写碑文，王叔善书写刻石。

《封至圣夫人碑》讲的是元至顺二年（1331 年），文宗皇帝颁旨加封孔子之妻为至圣夫人之事。碑身四周浅刻云纹，碑文有楷书两段 16 行，满行 33 字，记载加封孔子父叔梁纥为"启圣王"，母颜氏为启圣夫人；特封孔子妻为至圣夫人。除有数条裂纹外，碑文尚清晰可读。

《封四氏碑》讲的是文宗皇帝加封颜回、曾参、孔伋、孟轲为四亚圣。封四氏碑为青石质，碑额上浅刻云龙，正书阴刻篆弓"加封敕书"四字，碑身四周亦浅刻云纹，风格与"封至圣夫人碑"相同。碑文楷书 20 行，满行 44 字，分别记载加封颜回为兖国复圣公、曾参为成国宗圣公、孔伋沂国述圣公，孟柯为邹国亚圣公。颜回、曾参为孔子的弟子，孟轲为孔子的再传弟子，孔伋为孔子的孙子。碑身有裂纹，文尚清晰可辨。

孔庙的主题建筑就介绍到这里，接下来我们参观的是学宫。

五、大门、明德堂

1. 大门及匾额　　　　　　2. 仰圣亭和习礼亭
3. 明德堂的名称由来及用途　4. 明德堂内布展

只有通过院试的童生才有资格进入学宫学习。学宫大门匾额上书五个大字"东南第一学"，由清乾隆十七年（1752 年）状元秦大士题写。秦大士为清朝第 43 位状元，集"诗、书、画"三绝于一身。据传，乾隆年间，状元秦涧泉（即秦大士，"涧泉"是他的号）同昔日的诗友游岳王坟。岳王坟前有铁铸的秦桧夫妇跪像，诗友们戏谑新状元也姓秦，要他题对联以记此游。秦涧泉苦苦一笑，挥笔立就。对联是："人从宋后羞名桧，我到坟前愧姓秦。"关于此事还有一段传说。"秦殿撰大士在朝时，一日（皇）上偶问曰：'汝家果秦桧后乎？'秦（大士）无他言，但对曰：'一朝天子一朝臣。'"也可谓回答巧妙。

门内还有一块横额"大明国子学"，由清两江总督曾国潘手书，因为明朝初年，这里曾作为国子监的所在地。

学宫院内还有两座亭子：仰圣亭和习礼亭。仰圣亭内摆放着圣音鼓，是为了纪念孔子诞辰2550周年所造。鼓上刻《论语》中有关教育的语录16条，如"三人行，必有我师焉"等。东侧为习礼亭，摆放着礼运钟，钟的上半部刻画的是孔子周游列国的场景，中间是《礼运篇》中的铭文，下半部是吉祥如意的麒麟图案。钟鼓名字均由孔子第77代嫡孙女孔德懋题写。

习礼亭、礼运钟

现在看到的是学宫的主殿——明德堂，在古代是学生集中上课的礼堂。每月的朔望，也就是农历初一和十五朝圣后，学子在此集会，训导师宣讲圣教和上谕，以培养学子们忠君爱国的思想。全国其他孔庙的学宫都叫明伦堂，为什么这里却叫明德堂呢？这是出自南宋抗元英雄文天祥手笔。文天祥认为德代表的是忠信，也就是忠于国家，"取信于民"，故改伦为德。明德堂的匾额就这样传挂至今。

在学宫院内，有两块学宫碑。左边是明代学宫碑。明代开国皇帝朱元璋为教化天下、稳固政权、激励天下士子学人遵循儒学，于明洪武二年（1369年）命礼部撰文，规定全国学宫、府学、县学、书院学子们的学习内容及行为准则，史称"学宫条规"。右边是清代学宫碑。清代顺治皇帝为规范全国学宫、府学、县学、书院学子们的学习，于清顺治九年（1652年），命礼部立石于全国学宫。清代学宫碑除了规定学子们的学习教材及相关罚则，增加了要求学子们尊敬、爱戴父母和老师，做利国利民之事等内容。两块学宫碑的内容类似现在的大、中学校学生守则。

"金声玉振"四字匾额，为清代乾隆皇帝颁赐，语出《孟子万章》。"孔子之谓集大成。集大成也者，金声而玉振之也。""金声""玉振"表示奏乐的全过程，以击钟（金声）开始，以击磬（玉振）告终，以此象征孔子思想集古圣先贤之大成，赞颂孔子对文化做出的巨大贡献。

明德堂内现为华夏教育展，由夫子庙文旅集团与刘晓先生共同筹建。展陈大纲由刘晓先生亲自撰写，根据其收藏品安排展览内容。分为"庠序千年""润物无声""西学东渐""继往开来"四个专题。本展览以教育类文物作为载体，讲述了教育从何演化而来、如何进步和发展、其间有何趣闻逸事等，让人们在观赏文物的同时，感知、了解、继承中华传统文化、教育思想。教育文物是中华历史遗存的一部分，见证着中华民族数千年教育的变迁，承载着祖先的教育经验与智慧。

六、尊经阁及其周边

1. 尊经阁的建筑特点及用途
2. 尊经阁周围建筑

尊经阁

尊经阁，始建于明朝中期，高三层，重檐歇山顶，匾额由当代书法家萧娴题写。"尊经阁"意思是"以经为尊"，原先这里是摆放书籍、讲授功课的地方，现为中国书院历史陈列馆。陈列馆通过杏坛回眸、规学明德、革故鼎新三个章节来展示中国书院的发展与变迁。南京的书院最早姓于宋代。明清时期先后出现了钟山书院、尊经书院、惜阴书院等众多著名书院。这些书院为南京地区的人才培养做出过重要贡献，见证了南京书院教育的辉煌成就。

尊经阁东还有崇圣祠、青云楼等建筑。崇圣祠原为专供孔子先辈之所，现为梨园；阁后卫山上的亭子为敬一亭，原为国子监、学宫校长的办公地点。"敬一亭"表达了对儒学的专一敬仰之意，反映了汉代董仲舒提出的"罢黜百家，独尊儒术"的主张。敬一亭内安放着明嘉靖皇帝撰写的"敬一箴"御碑。

【知识拓展】

1. 南京夫子庙历史变迁

东晋咸康三年（337年），夫子庙始建。根据王导提议"治国以培育人才为重"，立太学于秦淮河南岸。当年只有学宫，并未建孔庙。

北宋景祐元年（1034年），孔庙就东晋学宫扩建而成，因祭奉孔夫子，故又称"夫子庙"。在学宫的前面建孔庙，目的是在于希望士子遵循先圣先贤之道，接受封建教化。

夫子庙在南宋建炎年间遭兵火焚毁。南宋绍兴九年（1139年）又重建，称建康府学。元朝时期，改为集庆路学。

明初为国子学，将上元、江宁两县学并入，后为应天府学。公元1368年，明太祖朱元璋定都南京后，集乡试、会试于此。公元1421年，明成祖朱棣迁都北京，这里留作乡试考场。后经不断扩建，至清光绪年间已形成一座考生号舍达20644间的中国最大考场。仅清代一朝，通过江南乡试后考中状元者达58名，占全国状元总数的一半以上。

清朝时期，将府学迁至城北明国子监旧址，将夫子庙原府学故地改为江宁、上元两县县学。清朝咸丰年间再次毁于兵火。清朝同治八年（1869年）重建。民国二十六年（1937年），抗日战争时被日军焚毁而严重损毁。

1984年，市、区人民政府为保护古都文化遗产，经有关专家科学论证和规划，几度拨专款，历数年的精心维修和复建。在东起桃叶渡、西抵中华门1.8千米的秦淮河两侧，一批文物古迹和旅游景点得到了恢复和建设，还兴建了高低错落、富有地方传统特色的河厅河房、歌楼舞榭，以及有众多书肆、小吃店、茶馆与酒楼的商业街，并在河上恢复了绝迹多年的"秦淮画舫"。1985年，修复夫子庙古建筑群，周围茶肆、酒楼、店铺等建筑也都改建成明清风格。夫子庙建筑群由孔庙、学宫、江南贡院荟萃而成，是秦淮风光的精华，逐步形成了"庙、市、街、景"合一的局面。秦淮河风光带现为国家5A级景区，也是全国唯一的开放式5A级景区。

2. 秦淮河

秦淮河，中国长江下游右岸支流。古称龙藏浦，汉代起称淮水，唐以后改称秦淮。

秦淮河有南北两个源头，北源句容河发源于句容市宝华山南麓，南源溧水河发源于南京市溧水区东庐山，两河在南京市江宁区方山埭西北村汇合成秦淮河干流，干河到南京通济门外九龙桥分为两支：一支从东水关流入南京城，由东向西横贯南京主城，从西水关流出，通常被称为内秦淮河（即十里秦淮）；另一支由通济门经中华门绕行城外，为外秦淮河。秦淮河全长110千米，流域面积2630平方千米，是南京市最大的地区性河流，其航运、灌溉，孕育了南京文明，被称为南京的母亲河，在历史上极负盛名，被称为"中国第一历史文化名河"。

关于秦淮河的来历，相传秦始皇东巡会稽过秣陵，以此地有"王气"，下令在今南京市区东南的方山、石硊山一带，"凿断连岗，导龙藏浦北入长江以破之"。到唐代，根据这一传说，改称秦淮。

据《建康实录》卷七载，东晋时建于秦淮河上的朱雀桥，"长九十步，宽六丈"，桥长超过100米。正是因为水面宽阔，秦淮河与青溪交汇处的桃叶渡，时常出现大风浪，王献之的小妾桃叶才会有"风波了无常，没命江南渡"的感叹。而六朝时秦淮河面宽逾百米，也已被近年的考古发现所证实。2010年，南京市博物馆考古部在老城南颜料坊地块拆迁后的考古勘测中，发现了秦淮河岸的古码头变迁遗迹——六朝时期，两岸码头之间的距离宽达130米；南唐时的码头显示，两侧河岸各收窄了约5米，地面较六朝稍低；到了宋代，河面大幅度收窄，仅余50米左右；而现存秦淮河的宽度是20米。

3. 秦淮灯会

秦淮灯会是流行于南京的民俗文化活动，又称金陵灯会、夫子庙灯会，是首批国家级非物质文化遗产，有"天下第一灯会"和"秦淮灯彩甲天下"的美誉，是中国唯一一个集灯展、灯会和灯市于一体的大型综合型灯会，也是中国持续时间最长、参与人数最多、规模最大的民俗灯会。

秦淮灯会的历史最早可以追溯到南朝时期，国都建康（今南京）就出现了举办传统元宵灯会的习俗，其盛况为全国之冠，是中国最早的灯会。唐代时得到了迅速发展，明代时达到了鼎盛。南京是六朝古都、十朝都会，秦淮灯会作为一项重要的民俗活动，一直是历代南京民众辞旧迎新、祈求吉祥、喜庆热闹的社会文化空间。秦淮文化是古老的金陵文明的代表，秦淮灯会则是传承秦淮优秀传统文化的重要载体。

南京地区广大民众为了祈求风调雨顺、家庭美满和天下太平，在秦淮灯会时通过扎灯、张灯、赏灯、玩灯、闹灯等诸种形式，不断地营造出"万星烂天衢，广庭翻人潮"的美好意境，寄托自己的良好愿望与生活追求。与此相辉映的其他民间文化艺术门类如南京剪纸、空竹、绳结、雕刻、皮影、兽舞、秧歌、踩高跷等也随之得到迅速发展，进而对中国的民间文化和民俗活动产生积极的影响。

4. 古桃叶渡

桃叶渡是南京古名胜之一，位列金陵四十八景。在原渡口处立有"桃叶渡碑"，并建有"桃叶渡亭"。从六朝到明清，桃叶渡处均为繁华地段，河舫竞立，灯船萧鼓。

今桃叶渡临河有一石牌坊，横书"古桃叶渡"四个苍劲有力的大字，正面两侧楹联为："细柳夹岸生，桃花渡口红。"背面为："楫摇秦代水，枝带晋时风。"

传说东晋书法家王献之有个爱妾叫"桃叶"，她往来于秦淮两岸时，王献之放心不下，常常亲自在渡口迎送，并为之作《桃叶歌》："桃叶复桃叶，渡江不用楫。但渡无所苦，我自迎接汝。（其一）桃叶复桃叶，桃叶连桃根。相怜两乐事，独使我殷勤。（其二）桃叶映红花，无风自婀娜。春花映何限，感郎独采我。（其三）"桃叶顿时惧意全无，回应道："七宝画团扇，灿烂明月光，与郎却暄暑，相忆莫相忘。（其一）青青林中竹，可作白团扇，动摇郎玉手，因风托方便。（其二）团扇复团扇，持许自障面，憔悴无复理，羞与郎相见。（其三）"这就是传之于世的三首《答王团扇歌》。由此可见，桃叶的才华也是非常了得的。

清吴敬梓曾作五律《桃叶渡》："花霏白板桥，昔人送归妾。水照倾城面，柳舒含笑靥。邀笛久沉埋，麈扇空浩劫。世间重美人，古渡存桃叶。"

5. 新亭对泣

"新亭对泣"的典故出自南朝宋的刘义庆《世说新语·言语》，是著名成语。东晋初年，由于北方战乱，大批流民南迁。过江的北方士族官僚每至良辰吉日，必定要到新亭宴集。有一次，官僚周顗北望江水茫茫，风景依旧，而山河易色，不觉百感交集，怅然长叹道："风景不殊，正自有山河之异！"众人闻言，相视流涕。唯有丞相王导正色激愤地说道："当共勤力王室，克复神州，何至作楚囚相对！"大家应该同心协力，辅佐王室，收复中原，而不应该像囚徒那样空自悲切。一番话说得众人心悦诚服。"新亭对泣"由此成为历史典故，千古传颂。"新亭对泣"后变为成语，表示痛心国难而无可奈何的心情。倡导人民要爱国，不可做亡国奴。当国家有危难时，要共同面对，而不是像亡国奴一样哭泣。

"新亭对泣"作为励志成语，1700年来，激励了一代代仁人志士。"新亭对泣"衍生的"新亭堕泪""楚囚泪""新亭泪"早已成为中国文学中的意象符号。新亭（六朝送别之地）、新亭垒（南京西南军事堡垒）以及"新亭对泣"，是南京历史上重要的军事、佛教、文化地标。

6. 王导谢安纪念馆

王导谢安纪念馆坐落在南京夫子庙秦淮河南岸乌衣巷内，是一座展示六朝文化艺术及王、谢两大家族家世的专题性陈列馆。馆内有来燕堂、鉴晋楼等建筑，陈列了珍贵的六朝时期文物。这里曾是东吴都城建邺禁军的营房所在地，因当时士兵身着黑色服装，故以"乌衣"为巷名，巷内还遗有"乌衣井"一眼。东晋时期，乌衣巷是朝廷达官贵人的居住区。巷内华宅高第，鳞次栉比。六朝时期的世家大族王、谢家族的代表人物王导、谢安即居住于此。唐代刘禹锡曾到此寻访，写下了"朱雀桥边野草花，乌衣巷口夕阳斜。旧时王谢堂前燕，飞入寻常百姓家"的千古名篇。

7. 瞻园

瞻园以欧阳修诗"瞻望玉堂，如在天上"而命名，位于夫子庙秦淮风光带核心区，是南京现存历史最久的明代古典园林、"江南四大名园"之一。其历史可追溯至明太祖朱元璋称帝前的吴王府，后被赐予中山王徐达，素以假山著称，明代被称为"南都第一园"。现为全国重点文物保护单位、国家5A级旅游景区。

瞻园是南京地区保存最为完好的明代古典园林建筑群，也是唯一开放的明代王府，曾是明朝开国功臣徐达府邸的一部分，是清朝各任江南布政使办公的地点，太平天国时期为东王杨秀清王府。瞻园历经明、清、太平天国、民国，和江南多数园林一样，沿革复杂，园貌历经变迁。

瞻园面积约2万平方米，共有大小景点二十余处，布局典雅精致。有宏伟壮观的明清古建筑群、陡峭峻拔的假山、闻名遐迩的北宋太湖石、清幽素雅的楼榭亭台，奇峰叠嶂。瞻园中辟有太平天国历史博物馆，是中国唯一的太平天国专史博物馆。1987年版《红楼梦》、赵雅芝版《新白娘子传奇》中的白府等便是在瞻园取景。

8. 老门东

老门东位于中华门以东，因地处南京的京城南门（即中华门）以东，故称"门东"，与老门西相对，是国家5A级景区南京夫子庙秦淮风光带的重要组成部分。老门东历史文化街区北起长乐路，南抵明城墙，东起江宁路，西到中华门城堡段的内秦淮河，总占地面积约70万平方米。

历史上的老城南是南京商业及住宅最发达的地区之一，如今按照传统样式复建了传统中式木质建筑、马头墙，集中展示传统文化，再现了老城南原貌。2013年9月29日，"老城南·门东"历史文化街区正式对外开放。街区在保留大量历史建筑和文物保护建筑的基础上，将老厂房改建成南京书画院、金陵美术馆、老城南记忆馆的"一院两馆"，建设民居式精品酒店和时尚活力街区，引入名人工作室、百年老店、文化娱乐和古玩会所等，成为集历史文化、休闲娱乐、旅游景观于一体的文化街区。

9. 白鹭洲公园

白鹭洲公园在明朝永乐年间是开国元勋中山王徐达家族的别墅，故称为徐太傅园或徐中山园。明朝天顺年间，在园内建有鹫峰寺，香火鼎盛一时。明正德年间，徐达后裔徐天赐将该园扩建成当时南京"最大而雄爽"的园林，取名为东园。该园成为园主与王世贞、吴承恩等许多著名文人诗酒欢会的雅集之所。明武宗南巡时，曾慕名到该园赏景钓鱼。明朝万历年间，当时文坛领袖王世贞对东园曾有"其壮丽遂为诸园甲"的描述。

李白名诗《登金陵凤凰台》中"三山半落青天外，二水中分白鹭洲"，诗句中所指的白鹭洲是南京江东门外长江边的白鹭洲，但东园故址湖中有洲，洲边也多植芦苇，秋日时白鹭翔集，景观与长江边的白鹭洲极为相似，故而借用李白的诗，把这位于南京城区东南端的以园林为主的公园称为"白鹭洲"。白鹭洲公园是国家5A级旅游景区夫子庙秦淮风光带的重要组成部分，"白鹭芳洲"成为新评"金陵四十景"之一。

10. 秦淮八绝

夫子庙秦淮风味小吃是我国四大小吃之一，列四大小吃之首。《"秦淮八绝"小吃地方标准》，是首个由国家质量监督检验检疫总局审批通过的小吃地方标准。《"秦淮八绝"小吃地方标准》规定，"秦淮八绝"的八套小吃品种为：一绝是永和园的黄桥烧饼和开洋干丝；二绝是蒋有记的牛肉汤和牛肉锅贴；三绝是六凤居的豆腐涝和葱油饼；四绝是奇芳阁的鸭油酥烧饼和什锦菜包；五绝是奇芳阁的麻油素干丝和鸡丝浇面；六绝是莲湖糕团店的桂花夹心小元宵和五色小糕；七绝是瞻园面馆的熏鱼银丝面和薄皮包饺；八绝是魁光阁的五香豆和五香蛋。

11. 秦淮八艳

秦淮八艳，又称"金陵八艳"，指明末清初江南地区南京秦淮河畔的八位才艺名伎。最先见于余怀的《板桥杂记》，分别写了顾横波、董小宛、卞玉京、李香君、寇白门、马湘兰六人，后人又加入柳如是、陈圆圆两人。

十里秦淮是南京繁华所在，一水相隔河两岸，分别是南方地区会试的总考场江南贡院（即今中国科举博物馆），另一畔则是南部教坊名伎聚集之地如旧院、珠市。

【课后实践】

1. 整理大成殿内匾额的导游词，并模拟讲解。
2. 学习线上示范讲解视频后，练习讲解夫子庙。

序号	名称	景点内容要点	讲解时长
1	景区概况	1. 地理位置、景区简介 2. 秦淮河 3. 夫子庙的历史沿革 4. 景区特色	1分30秒
2	庙前广场	1. 大照壁的建筑特点及作用 2. 泮池的由来及作用 3. 文德桥及"文德分月"奇景 4. 魁星阁、天下文枢坊、聚星亭及棂星门简介	2分钟

序号	名称		景点内容要点	讲解时长
3	孔庙	大成门、露台	1. 大成门及门内的"仁""礼"砖雕 2. 甬道及孔子门生塑像 3. 露台用途及陈设 4. 孔子青铜像	1分钟
4		大成殿	1. 大成殿的规模及建筑特色 2. 大成殿的用途及内部陈设 3. 仿吴道子孔子像、孔子圣迹图 4. 玉兔泉及五块古碑	2分钟
5	学宫	大门、明德堂	1. 学宫大门及内外匾额 2. 仰圣亭和习礼亭 3. 明、清学宫碑 4. 明德堂的名称由来及用途 5. 明德堂内布展	2分30秒
6		尊经阁、敬一亭	1. 尊经阁简介 2. 中国书院历史陈列展 3. 敬一亭	1分钟
累计时长				10分钟

第二节　江南贡院——中国科举博物馆

【解　读】

中国科举博物馆位于南京市秦淮区夫子庙学宫东侧，地处夫子庙秦淮风光带核心区，是中国科举制度中心、中国科举文化中心和中国科举文物收藏中心。已开放的部分场馆包括博物馆地下三层，地面上的明远楼、至公堂、号舍、碑刻及南苑的魁光阁等，含 11 个展厅，是中国唯一一家地下式博物馆。

中国科举博物馆由江南贡院改扩建而成，江南贡院是中国古代最大的科举考场，鼎盛期可接纳 2 万多名考生同时考试，其规模之大、占地之广居中国各省贡院之冠，创中国古代科举考场之最。博物馆东至平江府路、南至贡院街、西至金陵西路、北至建康路，总占地面积约 6.63 万平方米。2020 年 12 月，中国科举博物馆被公布为"国家一级博物馆"。

中国科举博物馆包含博物馆主馆、江南贡院南苑以及明远楼遗址区三大区域。博物馆主体是科举文化展示、体验的集中区；江南贡院南苑是科举博物馆主体的配套区域；明远楼遗址区主要是明远楼、至公堂、历代碑刻及部分号舍。博物馆主体两侧还建设有秦淮礼物店、游客服务中心等配套设施。考证讲解内容包括以上各区域，时长为 10 分钟，实地带团讲解时间约 90 分钟。

【考证示范讲解】

一、景点概况

1. 夫子庙景区特色及历史沿革
2. 科举博物馆景点特色及分区

南京的中国科举博物馆位于夫子庙—秦淮河风光带。历史上的夫子庙曾五建五毁，今天的夫子庙是 1984 年以后重建的，采用了"前庙后学"的建筑布局，形成了现今的三大建筑群：孔庙、学宫和江南贡院。东晋年间，这里始建学宫；宋代在东晋学宫的旧址上扩建了夫子庙；"江南贡院"的历史可上溯至南宋乾道四年（1168 年），起初仅作县学、府学考试之用。朱元璋定都南京后，这里便成为了乡试、会试的考试场所。朱棣迁都北京后这里变成了江南乡试的考试场所。清朝同治年间达到鼎盛，拥有号舍 20644 间，占地约 30 万平方米，被视为中国历史上规模最大、影响最为深远的科举考场。

中国科举博物馆建在中国古代最大的科举考场江南贡院遗址之上，是在修缮和保护原江南贡院明远楼、飞虹桥等历史遗迹的前提下建设而成的，是目前全国最大的、系统展现中国古代科举制度以及科举文化的专题性博物馆。

经过大规模的改建扩建后，新建成的中国科举博物馆分为南、北两区。北区主要是由地下四层的科举博物馆和地上明远楼、号舍遗址区组成，是中国科举文化体验展示中心、科举文物保护中心、科举制度研究中心。南区主要展示与科举相关的一些特色民俗。

二、南苑祈福区

1. 瓷板画《南闱放榜图》
2. 登科长廊
3. 魁光阁

我们现在所在的是南区，它毗邻秦淮河，是古代考生排队入场之处。穿过青铜屏风，左右两侧的建筑名为官廨，是送考官员们休息的场所。在西边的官廨可以看到武举专题展。

瓷板画《南闱放榜图》，展现古代考生在贡院前观榜的情景。从明仁宗洪熙元年（1425 年）起，南人、北人分榜取中，规定录取名额中，南人占十分之

南闱放榜图

六，北人占十分之四，称为南闱、北闱。宣德、正统年间，又分南、北、中闱，每百人之中，南取五十五名，北取三十五名，中取十名。北京的顺天乡试贡院，亦称北闱；南京的应天乡试贡院，亦称南闱。清朝时也称顺天乡试为北闱，江南乡试为南闱。

登科长廊也叫步步高升廊，门额上有李鸿章所题"唯才是举"。"唯才是举"出自曹操《求贤令》，"唯才是举，吾得而用之"。只要是有才能的人就会被提拔或推荐。登科长廊旁有六位名人塑像，这六位名人都是从这个考场走出的

"科举名人"：列在第一位是风流才子唐寅，随后依次是《西游记》作者吴承恩、"扬州八怪"之一郑板桥、《儒林外史》作者吴敬梓、"虎门禁烟"英雄林则徐、近代实业家状元张謇。古代这是考生点名的地方，考生们在这排着长长的队，被一一点完名后就到后面的江南贡院进行九天六夜的三场考试。

长廊右侧是与科举民俗相关的文物珍品展示。

前方右手处是魁光阁，古代士子赶考前必到这里朝拜魁星，以祈求魁星保佑能一举夺魁、独占鳌头。

三、地下博物馆区

1. 地面展厅至序厅（"江南贡院"牌坊、墨池、迎宾大厅、序厅、"科第世家"石牌坊、水幕墙）

江南贡院牌坊

现在是贡院的第三道大门——龙门所在地。龙门牌坊上的"江南贡院"集字于翁同龢。由清代著名戏曲家李渔所撰写的"十载辛勤变化鱼龙地，一生期许飞翔鸾凤天"说的是试子们漫漫寒窗苦读，通过考取功名来改变自己的人生，实现理想抱负。另外一副对联"圣朝吁俊首斯邦，看志士弹冠而起；天府策名由此地，喜英才发轫而前"意思是，本朝招延俊士，第一个看重的就是这里，总看见决心为国效力的志士踊跃来应试；到朝廷去做官，必须经由贡院考试成功，为英才们一生的事业在这里启程而高兴。

墨池将明远楼的倒影收入其中，面积1300平方米，象征着科举制度在中国历史上绵延了1300年。墨池为正方形，看上去像一方砚台，有汇墨成池之意，墨池里的水也象征着文人墨客的文思泉涌和源源不断的中华文化。

"天地玄黄，宇宙洪荒"这样的千字蒙文是古代读书人从孩童时就学习吟诵的读物，墨池两边的抽象号舍就是以千字文所排列，以便考生对号入座。

走入迎宾大厅，迎面可见弧形电视墙上有四组动画：村童闹学——"儿童放学归来早，忙趁东风放纸鸢"；贡院赴考——当考生通过水路、陆路分赴江南贡院参考；号舍百态——展现出考生在号舍内考试的场景；鱼跃龙门——"春风得意马蹄疾，一日看尽长安花"。

　　整个博物馆的参观过程犹如探宝，我们先由130米的狭长坡道环绕而下前往负四层。您可以看到，在坡道两侧，一边是布满文字的经匣，另一边是瓦砾堆积的立体庭院。"孝悌有闻、德行敦厚、强毅正直、学业优敏……"这些词都是隋朝时科举选才的要求。宝匣四周以经卷为皮。这满墙的经卷既是中国封建时期记载文字、传播知识的重要载体，也象征着古代的莘莘学子在知识的海洋中遨游。

明远楼

　　走入序厅，首先映入眼帘的是一面铅字墙，墙上文字取自四书五经，是古代科举考试必读书目，象征学海无涯。

　　前方"科第世家"石牌坊矗立正中，是明初第一位状元吴伯宗家族之物。吴伯宗科第世家牌坊由著名收藏家吴鸣先生所赠，牌坊上刻有寓意四季长青的忍冬纹、牡丹纹以及状元仪仗等图案。该牌坊保存至今已有650多年历史，与南京明城墙建于同一时期。

科第世家牌坊

　　牌坊后的水幕墙上有欧阳修、唐伯虎、房玄龄等名人的姓名"逆流而上"。水幕墙与石牌坊相结合，隐喻了通过科举考试之人便有机会出类拔萃。

　　2. 第一展区：为国求贤（三个故事场景、三个推举人才的制度、科举制度的发展历程）

　　第一展区：为国求贤。姜太公渭水钓鱼，坐等明君；汉光武帝枉驾出宫，延请同窗布衣严光，与之同吃同睡；刘备为请诸葛亮出山辅佐，诚心邀请，三顾茅庐。这三个故事场景呈现出古代君王求才若渴的殷切之心。

　　西周时期的乡举里选、汉代的察举制都是古代选拔官员的方式。这些制度曾经发挥了积极作用，但逐渐衍生出弄虚作假等弊端。科举的出现是选材制度走向公正、公平的历史选择。

公元605年，隋炀帝创立"进士科"被视为是科举诞生的标志。唐代是科举制的奠基期，明代是科举制度达到鼎盛的关键时期。

武举又称武科，是中国古代专为选拔武职人才而设置的科目。武举始于唐代武则天长安二年（702年）。

总体上，本展区以编年史的方式，透过详述科举制度的发展经过，凸显科举是君王求才、士人求仕的重要渠道，更呈现了科举经隋、唐、宋、元、明、清历代的推动之下，朝向"至公之制"目标迈进的过程。

3.第二展区：鱼龙变化（四级考试程序、魁星堂）

本展区介绍了考生按照童试、乡试、会试、殿试四级程序逐级应试，通过后分别被授予不同等级的科名。

第一级童试，录取称生员，俗称"秀才"。第二级乡试，考中后为"举人"，具备做官的资格。第三级会试为全国性的考试，只在京城举行，录取者称"贡士"。第四级殿试由皇帝亲自主考，录取者称"进士"。一甲前三名就是我们所熟知的状元、榜眼、探花。

魁星堂四周布满书籍，象征"书山有路勤为径，学海无涯苦作舟"。中部电视墙讲述了古代考生从魁星祈愿到衣锦还乡的全过程。顶部设计为星罗密布的夜空，呈现北斗七星的场景。

4.第三展区：金榜题名（传胪大典、大小金榜、观榜大发现、入仕之途、社稷栋梁、科举世家）

殿试后举行由皇帝宣布新科进士名次的典礼，称为"传胪"，是极为隆重的典礼。传胪，在古代时，上传语告下称为胪，传胪即唱名之意。按传胪唱名的制度始于宋代。清初传胪大典一般在殿试后三五天内举行，没有固定日期。直至乾隆二十六年（1761年）定为四月二十一日殿试，二十五日在太和殿举行传胪大典。

公布进士名次的榜单采用金黄色纸张，因此称"金榜"，分大、小两种规制，小金榜仅供皇帝阅览与举行传胪大典时宣布名次之用，御览之后交由大内保存。大金榜是殿试后揭晓进士名次的榜单，供百姓观看。清朝大金榜分别用汉文、满文写成，钤盖"皇帝之宝"之印。文科金榜张贴于东长安门外，武科金榜张贴于西长安门外，以供百姓观看，三天后收归内阁大库保存。

"观榜大发现"模块将明代仇英《观榜图》以现代多媒体互动科技展现出来，通过知识问答、动态展示、科举成语拼接等环节，生动再现古代殿试发榜的场景。

走过"翰林院"的大门，"入仕之途"展厅主要讲述了封建时期考生如何通过"朝考"入仕。明代殿试之后，从新科进士中选拔翰林院庶吉士，称为"馆选"。清初沿袭明制。雍正五年（1727年）改为朝考，即由皇帝主考，从新科进士中考试选拔翰林院庶吉士。明清宰辅多出身于翰林院庶吉士，士子以入翰林院为荣。翰林院庶吉士学习三年后进行散馆，根据散馆等级授予官职。

江南贡院曾产生出800多名状元、十万余名进士、百万名举人，仅清一代，于江南贡院中举后考中状元者多达58人，占了全国状元的一半以上。"社稷栋梁"展厅设置有科举名人栩栩如生的雕像，详细介绍每位科举名人的生平故事与著作，强调科举选拔出的人才在中国历史洪流里扮演着中流砥柱的重要角色。

"科举世家"展厅中有十三块匾额悬于庭院之中，象征着科举世家世代的荣耀。厅堂装饰古朴典雅，家居摆件无处不体现着科举的文化气息。"小登科"的喜庆场景以"洞房花烛"表达传承延续、开枝散叶的意义，体现出科举对民俗文化的影响。

5.第四、第五展区：金陵佳话、源远流长（展厅介绍）

三年一次的科考给夫子庙带来了一派繁荣的景象。本展厅营造出南京明清街市繁华的景象。当进入"东水关"后，您将亲身体验"考生赶考"的场景，了解科举制度对南京人文景观的塑造。江南贡院是中国历史上最大的科举考场，清朝时，承担着江苏、安徽两省的乡试。考生到夫子庙后，可以逛逛书店、添购些文房四宝，准备迎接科举考试的挑战。

科举取士的弊端不断暴露，改革科举的呼声日渐强烈，1905年，清廷被迫下诏停废科举。但是其所提倡的公平竞争以及择优录取的精神仍影响着后来的考试制度。民国的考试院、新中国的高考制度、现代公务员选拔制度，都是科举进一步的延伸。科举对于世界各国也有着深远的影响，日本、朝鲜、越南都相继效仿中国实行科举制度，而欧美各国也借鉴科举制度并结合自身国情制定了文官考试制度。

6.遗址区（明远楼、号舍、至公堂）

明远楼是江南贡院的中心建筑，处于江南贡院建筑群的中轴线上，始建于明朝永乐年间，复建于明朝嘉靖十三年（1534年），虽距今已有五百年历史，但仍保存完好，是中国保留的最古老的一座贡院考场建筑。此楼高三层，底层

号舍

四面为门，楼上两层四面皆窗，站在楼上可以一览贡院，在当时起着号令和指挥全考场的作用。明远楼曾是江南贡院最高的建筑，"明远楼"匾额是清康熙皇帝所题。"明远"二字取自《大学》"慎终追远，明德归厚矣"，是说谨慎地对待父母的丧事，恭敬地祭祀远代祖先，就能使民心归向淳厚了。

两侧复建有 99 间号舍。号舍是中国科举制度的最有代表性的有形标志。9是个位自然数中最大的数字，代表江南贡院曾是中国古代最大的科举考场。考生需要在号舍内住上九天六夜，甚是艰辛。

至公堂曾经是监临、提调、掌卷、受卷等外帘官员的办公之处。在这里，

至公堂

用最公正、公开、公平的科举考试，为国家求得贤能的人才。中间"御制宸翰碑"上是康熙所作《为考试叹》，"人才当义取，王道岂纷更。放利来多怨，徇私有恶声。文宗濂洛理，士仰楷模情。若问生前事，尚怜死后名"，告诫考官要公平公正地为国选拔人才，不能依照个人私利准则行事，留下一个徇私舞弊的坏名声。

【景点问答】

1. 秦淮河的长度是多少？"十里秦淮"的由来是什么？

答：全长约 110 千米。因为内秦淮长约十里。

2. 南京夫子庙始建于何时？现今的夫子庙是什么时候改建的？

答：始建于东晋成帝司马衍咸康三年（337 年），现存的夫子庙是 1984 年前后复建的。

3. 简述孔子的生平。

答："孔子"名孔丘，字仲尼，生于公元前 551 年 9 月 28 日（农历八月二十七），卒于公元前 479 年 4 月 11 日（农历二月十一）。孔子是中国古代伟

大的思想家、教育家，儒家学派创始人，世界最著名的文化名人之一。生前曾编著了我国第一部编年体史书——《春秋》，后又修订了"五经"。其言行思想主要记载于语录体散文集《论语》中。

4.照壁的作用是什么？夫子庙照壁的全长是多少？在全国的地位是什么？

答：照壁起遮蔽、辟邪及装饰作用，在风水上是起"罩"的用意。110米，是全国最大的照壁。

5.文庙前的泮池有什么典故？

答：泮池乃古代学校的水池。"天子之学为雍，诸侯之学为泮。"古时候皇帝讲学的学宫叫辟雍，诸侯讲学的学宫叫泮宫，辟雍有水环绕，泮宫之水只能半之，夫子庙的学宫等级相当于诸侯讲学的地方，所以这池便称"泮池"。

6.文德桥的奇景是什么？

答：每逢农历十一月十五日子时左右，天上明月的倒影便会被桥影分成两个半月，这一奇观被称为"文德分月"。

7.夫子庙大门为何取名为"大成门"？主殿为何取名"大成殿"？

答："大成"的意思指孔子集古圣先贤思想之大成。孔子对中国文化思想做了"集大成"的工作，是中国文化思想的集大成者，所以孔庙的大门、大殿都以"大成"命名。

8.夫子庙玉兔泉旁侧立着五块古碑，分别是什么碑？

答：筹措朝考盘费碑、孔子问礼图碑、集庆孔子庙碑、封四氏碑、封至圣夫人碑。

9.明远楼的作用是什么？

答：是贡院最高的建筑，历届科举考试时期用于警戒和发号施令之所。

10.科举制度创立和废止于什么时间？

答：隋炀帝在大业元年（605年）创立进士科举被视作科举制度诞生的标志；光绪三十一年（1905年），历经1300年的科举制度废止。

11.简述一下明清科举考试的级别。

答：童试，乡试，会试，殿试。

12.请介绍殿试。

答：殿试是科举中最高一级的考试，因在朝廷宫殿内举行，故称"殿试"。制度化的殿试始于北宋开宝六年（973年）。嘉祐二年（1057年）起，殿试没有淘汰，只是对考生进行排名，后世沿用。殿试录取者称"进士"，亦称"天子门生"。

13. "连中三元"指的是哪"三元"？

答：会元、解元、状元。

14. "四书五经"指的是哪几本书？

答："四书"指的是《论语》《孟子》《大学》《中庸》。"五经"指的是《诗经》《尚书》《礼记》《周易》《春秋》，简称"诗、书、礼、易、春秋"。

15. 请解释"外帘"。

答：外帘是试卷处理和维持考场纪律工作人员的场所。明清时期，考生交卷以后，试卷进内帘校阅之前，需要经过外帘的受卷、弥封、誊录和对读处理程序，最终将墨卷存在外帘，经过对读的朱卷交给内帘考官评阅。

16. 请解释"内帘"。

答：内帘是命题、阅卷的场所。为了防止内外帘官员串通舞弊，考试期间双方均不得越过内外帘分界线。内帘包括阅卷、搜落卷、录取、发榜四道程序。

17. 请解释"搜落卷"。

答：凡是没有被同考官录取的试卷都被称为"落卷"。乡会试发榜前，主考官还要在落卷中寻找优秀的试卷，称之为"搜落卷""搜房"。搜落卷既可以防止遗漏真才，又可以监督同考官阅卷，提高阅卷质量。

18. 请解释传胪大典。

答：殿试后举行由皇帝宣布新课进士名称的典礼，称为"传胪"，又称"胪传""胪唱"。传胪是极为隆重的典礼，传胪唱名始于宋代。清初传胪大典一般在殿试后三五天举行，没有固定日期，直至乾隆二十六年（1761年）定为四月二十一日殿试，二十五日在太和殿举行传胪大典。

19. 请解释乌衣巷的由来。

答：乌衣巷曾是三国时期镇守石头城（今南京城）的部队营房所在地。由于当时将士们都身着黑色制服，故以"乌衣"作为巷名。

20. 在秦淮非遗馆中展出的有哪些入选南京首批入选的国家级非遗名录？

答：南京云锦木机妆花手工织造技艺、南京金箔锻制技艺、金陵刻经印刷技艺、秦淮灯会。

【知识拓展】

1. 列举《论语》中关于治学的几条名言警句。

答："温故而知新，可以为师矣。"意思是温习旧知识从而得知新的理解与体会，凭借这一点就可以成为老师了。

"学而不思则罔，思而不学则殆。"指的是一味读书而不思考，就会因为不能深刻理解书本的意义而不能合理有效利用书本的知识，甚至会陷入迷茫。而如果一味空想而不去进行实实在在的学习和钻研，则终究是沙上建塔，一无所得。

"知之为知之，不知为不知，是知也。"知道就是知道，不知道就是不知道，这才是大智慧。

"敏而好学，不耻下问。"意思是天资聪颖而又好学，不以向地位、学问较自己低的人请教为可耻，形容谦虚好学。

"默而识之，学而不厌，诲人不倦，何有于我哉？"默默地记住我所看到的听到的知识，努力学习而从不满足，教导别人而不知疲倦，这些事我做到了多少呢？

"知之者不如好之者，好之者不如乐之者。"懂得学习的人比不上喜爱学习的人，喜爱学习的人比不上以研究它为快乐的人。孔子认为学习的三种境界为"知之""好之""乐之"，只有进入以研究学问为人生最大乐趣的最佳境界，才能真正获得心灵上的愉悦和满足。

2. 科举停废的历史意义有哪些？

答：停废科举从根本上打破了儒学独尊的地位，使中国传统的政治信仰、思想模式和价值观都发生了彻底的改变，其具体表现是解放了精英阶层的思想，加速了清王朝的垮台；导致以"士"为首的"四民"社会的解体，提高了农工商的地位，有利于促进经济的发展；促进了新式教育的发展，学堂数量与在校学生人数明显增加，近代知识分子的群体迅速扩大。但停废科举所带来的社会震荡、政治混乱和文化断裂等后果，远远超出了主张停废者的预计和想象。

3. 简述科举制度在封建时代选拔人才的历史意义。

科举制度是封建时代所能采取的最公平的人才选拔形式，它扩展了封建国家引进人才的社会层面，吸收了大量出身社会中下层的人士进入统治阶级。特别是唐宋时期，科举制度之初，显示出生气勃勃的进步性，形成了中国古代文化发展的一个黄金时代。

4. 简述中国选拔人才制度的发展历程。

夏、商、西周实行"世卿世禄制"。所谓世禄世卿，就是最高统治者按血缘关系的远近，分封自己的亲属；中央和地方的各级权力，分别掌握在大大小小的贵族手中，而且世代相传，不能随意任免。这种世禄世卿制度，是与当时的宗法制和分封制互为一体的，其主要特征是嫡长子继承王位，余子分封，逐级逐层类推下去，形成一个金字塔式的权力结构体系。

从选拔人才的角度，我国古代历史上最早的人才选拔制度是乡举里选制度。乡举里选制度自西周时期建成称制，形成了一套适宜的制度体系。根据《周礼·地官司徒》记载："三年则大比，考其德行道艺，而兴贤能者。"其中的"大比"，便是指从乡、里两类地方基础单位选拔基层官员。

到春秋战国时，统治阶层改革旧有制度，更为了富国强兵，破格任用一些地位低下而才干出众的人。

战国时期出现"军功爵制"，又兴起"养士"之风，招揽有才干、善言辞的人才，不论出身，为国君、诸侯服务。秦是推行军功爵制最彻底的国家，秦的军功爵制最典型，对当时和后世的影响也最大。秦的军功爵制主要包括两项内容：其一，"有军功者，各以率受上爵"。这就是说凡立有军功者，不问出身门第、阶级和阶层，都可以享受爵禄。军功是接受爵禄赏赐的最必要条件。其二，"宗室非有军功论，不得为属籍"。这是取消宗室贵族所享有的世袭特权，他们不能再像过去那样仅凭血缘关系，即"属籍"，就可以获得高官厚禄和爵位封邑。

到秦代则以"辟田"和军功为选官依据。但这些都不是完备的选官制度。

到了汉代，为了适应国家统治的需要，建立了一整套选拔官吏的制度，名为"察举制"。察举制与征辟制是汉朝中后期主要的选官方式。察举制是汉代选官方式的主体，而征辟制是察举制的重要补充。察举是自下而上推选人才的制度，也叫"选举"。汉高祖刘邦首下求贤诏，要求郡国推荐具有治国才能的贤士大夫，开"察举制"先河。惠帝、吕后（二人执政时间为公元前194年—公元前180年）诏举"孝悌力田"，察举开始有了科目。

孝廉是汉代察举的常科，西汉时每郡国推二人，东汉时改为按人口比例推举。

此外，还有贤良方正等特科，推举对象多为儒生，也有各级官吏的僚属，这些人一般先供职郎中，然后再逐步升迁。察举制的推行为汉政府选拔了一批优秀的人才，扩大了统治基础。因为被察举者，多为通晓儒家经典的儒生，这在一定程度上也推动了儒学的传播。但是东汉后期，由于地方长官多由名门望族充任，名门子弟成为推荐的优先选择对象。另外，由于政治腐败，贪贿盛行，以至地方官员不能公正的评议，所推举的孝廉往往有名无实，察举制逐渐丧失了选拔人才的作用。

征辟制是一种自上而下的选官制度，是察举制的重要补充。征辟包括征召和辟除，是一种针对特定对象的选拔方式。征召，是皇帝亲自下旨，聘请一些声望极高、有特殊才能或者品学兼优的人授以官职。辟除是汉代中央或者地方高官把一些有才能的人网罗到自己身边为僚属。征辟制的推行一方面使得一些原本不愿意做官的饱学之士加入统治阶层，有利于破格提拔人才，扩大统治基础；另一方面，也使得一些官僚利用辟除以公徇私培养亲信，助长了官僚的私人权势。

魏晋南北朝时期战争频繁，社会动荡，士人流徙迁移，致使汉代"乡举里选"为主的察举制度难以实行。曹丕即位后，听从吏部尚书陈群建议，实行九品中正制。

九品中正制是指由各州郡分别推选大中正一人，所推举大中正必为在中央任职官员且德名俱高者。大中正再产生小中正。中正就是品评人才的官职名称。大、小中正产生后，由中央分发一种人才调查表，在该表中将人才分为九等，上上、上中、上下、中上、中中、中下、下上、下中、下下。此表由各地大小中正以自己所知将各地知名人士无论是否出仕皆登记其上，表内详记年籍各项，分别品第，并加评语。小中正襄助大中正审核后将表呈交吏部，吏部依此进行官吏的升迁与罢黜。此项制度使得当时的官吏选拔有了客观标准，此标准其实依然是采取地方群众舆论和公共意见，保留了汉代乡举里选的遗意。九品中正制的实行一方面解决了选拔官吏无标准的问题，使当时一时间吏治澄清；另一方面缓解了中央政府与世家大族的紧张关系，为促成魏晋实现全国的统一打下了坚实的基础。

九品中正制在实施初期，选任中正比较慎重，多数中正对士人的品第也比较认真，在一定程度上扭转了选士腐败的局面，为国家选到一些有用之才。但随着门阀士族势力日益膨胀，中正官职几乎全部被其所把持，他们品评士人，往往把门第家世作为唯一标准，以至"上品无寒门，下品无士族"致使九品中正制偏离了选拔人才的方向。

在创建隋朝的过程中，大批庶族地主的社会地位得到了升迁，为庶族地主参与政治、分享权力奠定了基础。同时，为了加强中央集权政治，也要收回曾经被地方长官控制的选士大权。这些情况都要求改革原来的九品中正制，创建一种新的选士制度，其核心思路就是由以推荐为主选拔人才向以考试为主选拔人才转变，于是科举制度应运而生。

隋炀帝大业二年（606年），"始建进士科"是科举制创立的标志，唐承隋制，并初步形成了一套较为完整的制度，为后代科举奠定了基础。此后科举制历经宋、元、明、清，历代相袭，在中国历史上推行1300年之久。直至清末1905年废除。

5.科举制度的发展及演变历程。

隋初，围绕着选士问题展开了激烈的争论。隋文帝开始沿用了以举荐为主的选士方式。开皇三年，要求各地推荐文武人才。隋炀帝时设进士科，标志着科举制的正式产生。

唐朝推行科举制，逐步扩大考试科目，增加考试内容，完善考试程序，从而使科举制取代了以举荐为主的选士制度。科举考试是名副其实的"设科取士""分科举人"。科举制的生源一般有两个：生徒和乡贡。生徒即为学校培养的学生，而乡贡是非在学校学习而学有所成的人。

科举的时间一般定在每年的十一月一日，一般分为常科和制科，在周唐时增加武举。常科每年都举行，制科只在皇帝认为需要时才举行。常科科目主要有：秀才科、明经科、进士科、明法科、明字科、明算科，方法主要是帖经、口试、默义、策问。其中以"明经""进士"两科考试人数为多，但最为人看重的还是"进士"科。在仕途上，进士的晋升较快，任高官的一般也是进士出身。所谓"三十老明经，五十少进士"，三十岁考取明经科已经算年龄大了，说明"明经"比较容易考，五十岁考取进士也算很年轻了，可见进士的难度非常大。

武则天时期，她以亲自策问贡士于洛城殿而开创科举考试中的殿试，她还要求，考生在考试之日，自糊其名，按考以定第，开创在考试中糊名的办法。

宋朝，科举在沿唐之旧的基础上，在形式和内容上进行了重大的改革，使科举制更为完备。宋朝确立了州试、省试和殿试的三级科举考试制度。为克服考试徇私舞弊越来越严重的现象、改革考试规则，在唐"糊名"（密封考卷上姓名）基础上，进一步实行"誊录"，也就是另派抄书手将试卷用正楷誊录，使考官无法辨认考生笔迹，以保证公正阅卷。

宋代科举制继承唐代，又有所发展。比如，宋太祖确立了殿试制度。宋太宗将录取进士按三等发榜，称为"三甲"。南宋时将第一名称"状元"的， 第二名称"榜眼"，第三名称"探花"，这在后世都成为定制。所以宋代以前是没有"状元"的。

王安石变法后，专考经义策论，限定字数，科举改革取得了较好的效果。尤其是王安石的"三舍法取士"的方法，可以说在一定程度上避免了"一考定终身"的弊端，因为这种考核办法，参考了考生的平常表现和考试成绩之后，择优录取。

辽金元三朝代的统治者在实行科举制度过程中虽然都不免从各自的民族利益出发，但他们结合自身统治的需要，在科举程序、贡院规制和考试内容等方面发展了唐宋科举制度，既形成了有少数民族特色的科举制度，比如"蒙易汉难，左右分榜""内容统一，理学科举"等，也为明清两代进一步完善科举取士制度提供了借鉴。

在明朝（1368—1644 年），考试系统复归了它的最初形式：乡试、会试、殿试等继续维持。明代科举有两大特点：一是考试用八股文，文体不能自由；二是答题范围以程朱理学的《四书五经大全》文本为准，不可逾越文本，思想不能自由。

清代延明制，科举考试进一步趋于单一化，其新变化是对出题字数和答题字数有了限制。

明清时期是科举制度的极盛时期。两朝制度大体相同，具有制度严密、内容和文体固定化的特点。综合起来看，清朝的科举制，要经过考取生员、考取举人和考取进士这三个步骤。因为清代中国在治理上实行县、府、省三级，所以最低层级的选拔考试也是跟地理空间有关的。一个成功考到最终功名考生，其身份相应经历童生、生员（秀才）、举人、进士由低到高的变化。

6. 明清时四级科举考试制度

第一级为童试，包括县试、府试和院试三个考试。

县试：知县主考，应试首战。报考之后，考生参加的第一次考试即是知县主持的县试。

府试：知府主考，闯过府关。府试由知府（各直隶州的知州、直隶厅的同知）主考，考试内容、程序与县试基本相同。

院试：学政主持，选取秀才。院试是童试中最关键的一次考试，由学政到各府州主持。院试一般有正场与覆试两场。院试录取者称"生员"，俗称"秀才"。如一考生县试、府试、院试均名列第一，称为"小三元"。考中秀才即有免除差徭、见知县时不用下跪、官府不可随意对其用刑、遇公事可禀见知县等权利。不仅如此，秀才是地方士绅阶层的支柱之一，他们可成为普通百姓与官府之间沟通的代言人，受到百姓的尊敬，人称"相公"。

第二级为乡试：艰辛应试，命运转折。明清时期乡试的考试地点在南京、北京以及各省省会举行。时间在八月，称"秋闱"。考后发布正、副榜，正榜所取者称"举人"，俗称"孝廉"。乡试第一名称"解元"。乡试发榜时，正值桂花飘香，故称"桂榜"。乡试期间，考生在贡院的号舍中历经九天六夜三场的考验与挑战，期间的辛劳更有"三场考试磨成鬼"的俗谚。乡试中举后即可成为举人，考中者具备做官的资格。即使会试落榜，也具备做官资格，一般可出任知县、教谕、训导等职。举人是地方相当有权势和经济实力者，也拥有与县太爷地位平起平坐的身份。因此乡试是明清时期改变士人命运最关键的考试。

第三级为会试：赴考京城，博取贡士。会试医各省举人集中在京城考试而得名，又因会试是由礼部主持的全国性考试，故称礼部试、礼闱。因会试在春天，又称"春试"或"春闱"，各省乡试考中的举人有资格参加会试。录取者为"贡士"，第一名叫"会元"。

第四级为殿试：临轩策士，天子门生。是最高一级的考试，因在朝廷宫殿内举行，故称"殿试""廷试"。又因由皇帝主考，称"御试""亲试"。皇帝在殿廷上，对会试录取的贡士亲自策问，以定甲第。实际上皇帝常委派大臣主管殿试，并不亲自策问。录取分为三甲：一甲三名，赐"进士及第"称号，第一名称状元（鼎元），第二名称榜眼，第三名称探花；二甲若干名，赐"进士出身"称号；三甲若干名，赐"同进士出身"称号。二、三甲第一名皆称传胪，一、二、三甲统称进士。考中进士，一甲即授官职，二、三甲参加翰林院考试，学习三年再授官职。

7."科举四宴"

古人称"科举四宴"为：鹿鸣宴、琼林宴、鹰扬宴和会武宴。

鹿鸣宴是为新科举子而设的宴会，因宴会上要唱《诗经》中的"鹿鸣"诗，故有其名。

琼林宴是古时为新科进士而设的宴会，起始于宋代。殿试后由皇帝宣布登科进士的名次，并赐宴庆贺。由于赐宴都是在著名的琼林苑举行，故该宴有"琼林宴"之称。

鹰扬宴、会武宴都是武科宴。武乡试放榜后，考官和考中武举者要共同参宴庆贺，其宴就叫"鹰扬宴"。武科殿试放榜后要在兵部为武科新进士举行宴会，以示庆贺，名曰"会武宴"。清梁章钜《浪迹丛谈·武生武举》云："文称鹿鸣宴，武称鹰扬宴，人皆知之；文进士称恩荣宴，而武进士称会武宴。"

8."天子门生，三年大比"

北宋开宝六年（973年），宋太祖复试省试及第者，开了殿廷复试的先例，由此殿试成为制度化的最高一级考试。宋代殿试常态化之后，进士们名义上都是由皇帝亲自录取的，是"天子门生"，象征进士在科举考试中独得圣宠的地位。

为消除省试多次及第而殿试被淘汰考生的不满，仁宗嘉祐二年（1057年）宋准榜起，殿试不再淘汰，只是进行排名。然而宋代开科的时间最初并无明确规定，一直到宋英宗治平三年（1066年），确定三年为一贡举，从此三年一个周期的"三年大比"成为定制。

9.八股取士

八股取士是指明代成化年间（1465—1487年），用排偶文体阐发经义的科举考试之法，亦称"时文"、"制义"或"制艺"。以后便承袭下来，文章格式愈益严格，内容越发空虚，直至清末光绪二十四年（1898年）戊戌变法时才废除。八股文是科举考试中影响最大的文体。

八股取士的主要特点，体现在考试内容和文章格式两个方面。八股文有固定的格式，通常由破题、承题、起讲、入题、起股、出题、中股、后股、束股、落下十部分组成。破题，开首用二句设破题意。承题，用三四句或五六句承接破题的意义加以说明。起讲，用数句或十数作为议论的开始，只写题大意，宜虚不宜实。入手一二句或三四句，为起讲后入手之处。以下起股至束股才是正式议论中心。这四股中，每股又都必须有两股排比对偶的语句，一般是一反一正，一虚一实，一浅一深，亦有联属者，共合八股，故名八股文。全篇有总字数要求，顺治时定为550字，康熙时增为650字，最后改作700字。

通过考试选官，到底考什么内容？从隋唐科举制创立以来，经历了复杂的变化，或以对儒家经典的记诵为主（帖经），或以对当前国家统治面临的现实问题提供解决方案为主（对策、对时务策），或以文章写作水平的高下为主。考试内容是考试指挥棒能否发挥正面作用的关键。宋代以后随着社会发展到了一个新的阶段，统治阶级的知识水平和从政能力都有很大提高，而思想意识对巩固王朝统治的重要性日益突出。以"四书"为代表的程朱理学，是古代政治家、思想家长期摸索出来的统治理论。程朱理学强调"存天理，灭人欲"，主要对象是统治集团以及作为其后备军的封建士人，而不是为了毒害广大人民。通过让士人学习"程朱之说"，有利于树立起对王朝的忠诚和治理天下的公心，是解决"时弊"的一个有力手段。明朝科举考试的基本内容，开始是"五经""四书"并重，后来逐渐发展成主要根据"四书"成绩录取，正是在以上背景下出现的变化。这个变化是符合历史发展趋势的。

八股文不但能训练读书人的逻辑思维能力，而且可以测试读书人的智力水平。更重要的是，有利于考官公正、快速评阅试卷。因此，八股文可以看作是科举时代的客观题。

八股文追求注重音韵、辞章但内容空虚，让天下读书人耗尽终生精力钻研，浪费了他们的心血和光阴，造成了明清时期民族才思的浪费。直至近代，以八股文为考试文体的科举制度仍然无法选拔出社会急需的实用技术人才，所学非所用，其存在已经不具备合理性。至光绪二十七年（1901年），清廷下诏科举考试禁止用八股文。

10. "第一人中最后人"刘春霖

刘春霖（1872—1944年），光绪三十年（1904年）甲辰科状元，亦是中国历史上最后一名状元，所谓"第一人中最后人"。据说，光绪三十年（1904年），清朝举行中国历史上最后一次殿试后，读卷大臣推荐朱汝珍为状元。当名单呈送到慈禧太后面前时，因朱汝珍的名字中有"珍"字，让她立即联想到前不久刚刚被自己害死的珍妃。又加上朱汝珍是广东人，更使慈禧火上浇油。想起太平天国洪秀全，维新派康有为、梁启超，高举反清大旗的孙中山……这些大清朝的"首逆"都出自广东，在慈禧看来广东人是她的克星，是无法容忍的，于是将朱汝珍的试卷扔到一旁。而此时恰好北方大旱，渴望天降甘霖。读卷大臣推荐名单中的刘春霖的姓名正好寓意"春风化雨，普降甘霖"。于是，慈禧太后定刘春霖为状元，朱汝珍为榜眼，商衍鎏为探花。刘春霖后来说自己是"第一人中最后人"。此为刘春霖因姓名而中状元的传说。

同时,他在诗书画上均有极高的造诣,尤擅小楷。其小楷书法有"楷法冠当世,后学宗之"之誉,至今书法界仍有"大楷学颜(真卿),小楷学刘(春霖)"之说。在考中状元之前,翁同龢见了他的书法,都是赞叹不已,并预言他能考中状元。可见,刘春霖具备高中状元的实力,他的状元桂冠也绝非因他的姓名所带来的。

【课后实践】

1. 整理明清时期科举考试程序的导游词,并练习讲解。
2. 学习线上示范讲解视频后,练习讲解中国科举博物馆的导游词。

序号	名称	景点内容要点	讲解时长
1	景区概况	1. 夫子庙景区特色及江南贡院历史沿革 2. 科举博物馆景点特色及分区	1分30秒
2	南苑科举民俗体验区	1官廨 2. 瓷板画"南闱放榜图" 3. 登科长廊 4. 魁光阁	1分钟
3	地下博物馆	地面展厅至序厅:"江南贡院"牌坊、墨池、迎宾大厅、序厅、"科第世家"石牌坊、水幕墙	1分30秒
		第一展区:为国求贤(三个故事场景、三个推举人才的制度、科举制度的发展历程)	1分30秒
		第二展区:鱼龙变化(四级考试、魁星堂)	1分钟
		第三展区:金榜题名、("传胪大典"、大小金榜、"观榜大发现"展厅、朝考入仕展厅、社稷栋梁展厅、科举世家展厅)	1分30秒
		第四展区:金陵佳话 第五展区:源远流长	1分钟
4	遗址区	明远楼、号舍、至公堂	1分钟
累计时长			10分钟

第六章 南京市宗教文化景点导游讲解

【概 述】

南京拥有1780多年的佛教文化发展史。南京佛教源远流长，文化底蕴深厚，人文资源丰富。南京佛教文化在中国乃至世界都有其影响力。江南地区最早的佛寺（东吴建初寺）在这里诞生，从此南方佛教传播有了基地和载体。

本章包括牛首山和大报恩寺两个景点。牛首山是牛头禅宗的发祥地，现供奉佛顶骨舍利；大报恩寺是中国南方第一座佛寺，佛教渊源深厚，2008年，出土了"佛顶真骨""感应舍利""诸圣舍利"以及"七宝阿育王塔"等一大批世界级文物与圣物。

第一节 牛首山

【解 读】

牛首山位于南京市江宁区，因东西双峰对峙形似牛角而得名，是佛教牛头禅宗的开教处和发祥地。自梁代到明代的千余年间，牛首山一直是僧人咸集、群贤毕至之地。

2011年6月起，江宁区启动牛首胜境创意策划工作，确定了"天阙藏地宫，双塔出五禅""一花五叶"的总体布局。规划中的牛首山风景区中部地区总面积约9.51平方千米，由文化禅、自然禅、生活禅、生态禅、艺术禅五大片区组成。整个牛首山风景区的目标就是打造成一个禅文化休闲度假区。

牛首山，风景宜人，每岁届春金陵百姓倾城出游，故有"春牛首"之称。清乾隆年间"牛首烟岚"列入金陵四十八景。

考证讲解主要景点为佛顶宫、佛顶寺、无忧广场以及牛头禅文化园、郑和文化园，时长为 10 分钟，实地带团讲解时长约为 120 分钟。

【考证示范讲解】

一、景点概况

1. 牛首山自然状况
2. 生态文化、历史文化、佛教渊源
3. 景区规划建设

牛首山海拔 242.9 米，因为东、西峰对峙的形状像牛头双角而得名。这里自古景色优美，素有"春牛首"的美誉。山上保留了良好的生态资源，如稀有的古木品种—— 南京椴、天阙茶树、中华虎凤蝶唯一的食物杜蘅等。

俗话说"一座牛首山，半部金陵史"，山上保留了很多历史遗迹，有弘觉寺塔、岳飞抗金故垒、明代摩崖石刻、郑和文化园等。

牛首山自古是一座佛教名山。南朝时，梁武帝推崇佛教，大量修建庙宇，杜牧的《江南春》中提到"南朝四百八十寺，多少楼台烟雨中"，说的就是南朝寺庙众多、佛教兴盛的场景。牛首山上的第一座寺院—— 佛窟寺修建于南朝，南唐后时改名弘觉寺。明朝，弘觉寺是大报恩寺的下院，也是明代南京的八大国寺之一，地位殊盛。

2008 年在大报恩寺遗址发掘出土阿育王塔、佛顶骨舍利等，为了长期安奉佛顶骨舍利，2012 年开始建设牛首山遗址公园。一期核心区面积 9.51 平方千米，包括佛顶寺、佛顶塔和佛顶宫等核心建筑。"天阙藏地宫，双塔出五禅"的胜境得以呈现。

二、佛顶前苑

1. 佛顶前苑概况
2. 佛顶前苑内的观景点（牛首烟岚、祖堂振锡、献花清兴等文化主题、李瑞清墓、法融广场等）

佛顶前苑，以 10 万平方米自然山水和小品景观展现了牛首山深邃的多元文化，设置了心铭墙、法融广场等 15 处观景点。整体通过三个层次的景致，构成一幅静谧秀丽的山林水墨画卷，尽显牛首山"隐秀"的环境气质。

梁天监二年，司空徐度在此造寺，名佛窟寺。唐代法融大师于此创立牛头禅宗，其佛学思想对中国禅宗影响极大。佛书所谓"江表牛头"指代的就是以这里为祖堂的牛头禅宗。从此牛首山寺庙林立，香客纷至沓来，烧香拜佛，香火旺盛，呈现出烟雾环山的景观，这就是古金陵四十八景之一的"牛首烟岚"。现在的"牛首烟岚"则描绘的是山间云雾缭绕、山谷幽深的美丽景象，在牛首山的东西峰之间可以看到。

祖堂振锡所描绘的是当时佛教盛行、僧人众多的场景。"振锡"的意思是僧人持锡杖出行，锡杖头有装饰环，拄杖行动时装饰环振动有声，所以叫振锡。

传说法融禅师在献花岩下讲《法华经》，冰天雪地中竟然生长出灿如金色的鲜花，天空中突然出现百鸟翔集，衔花来献。

1920 年，李瑞清逝世后葬在现址。因李瑞清生前最喜梅花，墓的周边遍植梅花，象征坚韧不拔，自强不息的精神，契合他提出的"嚼得菜根，做得大事"的办学理念。

法融广场内有法融伏兽雕塑，描绘出一幅"法融说法，群兽听禅"的场景，反映了牛头宗的创始人法融大师修行弘法的情形。

三、佛顶寺

1. 佛顶寺建筑特点
2. 佛顶寺楹联
3. 寺内布局（天王殿、伽蓝殿、祖师殿、大雄宝殿、观音殿、药师殿、法堂等）

佛顶寺是佛顶骨舍利护持僧团的弘法道场，寺庙采用仿唐式的建筑风格，外观以木板门、直棂窗为主，与白墙、竹漆、黑瓦相互映衬，既朴素自然，又庄重大气，屋顶舒展、出檐平缓，更增加了古朴大气的唐代风格之感。屋檐下斗拱硕大，屋顶的重量可以通过斗拱顺着下方立柱传到地面。而立柱也比较粗壮，体现了唐代"以胖为美"的审美取向。院中枯山水式园林风格的设计，增加了寺院的灵动之感。佛顶寺总建筑面积 8000 多平方米，分为五大功能区。

山门上"佛顶寺"三个大字由中国佛学院名誉院长传印法师亲笔书写。因为中国建造庙宇讲究风水，大多选址在名山，依山势建造，寺庙的大门也被称作山门。山门又称三门，分别是中间的空门，左边的无作门和右边的无相门，象征着三种解脱。无作门的意思是说不做任何恶业，不做任何坏事；无相门的意思是不要执着于任何的表象事物，所以有四大皆空。遁入空门指的就是正中的这扇门。

山门上楹联由尉天池书写。上联"佛心朗现，舍利重光，一脉玄门开觉路"，意思是佛顶骨舍利能供奉在这里，是佛心关照的结果；下联"牛首立宗，金陵仰圣，千秋宝地启禅关"，指牛首山是牛头禅宗的发源地，迎来佛顶骨舍利，从此千秋宝地光彩重现。

放生池后供奉着十方如来。十方指四方、四维、上下十个空间，即东、西、南、北、东南、西南、东北、西北、上、下。佛教主张十方有无数世界及净土，称为十方世界、十方刹等。

这幅"千人听法"砖雕，表现佛祖为众弟子讲法的场景。

天王殿是山门后的第一重殿，前面供奉的是天冠弥勒，他是弥勒菩萨的真身像。中国一些寺庙中供奉的笑口常开弥勒像，依据的是五代时的契此和尚。因传说其人是弥勒的化身，所以后人广塑造像供奉。

千人听法砖雕

天王殿两侧是四大天王像，所用材质为锡青铜。这里四大天王造像最特别的地方就是脚踩小鬼的形象，小鬼象征着烦恼，踩小鬼象征消灭心中的烦恼，获得快乐。佛教中，四大天王是拥护佛教的护法之神，象征佛门的威严警戒，常常把守着庙观的门前，俗称"四大金刚"。四天王出自婆罗门教即印度教神话的二十诸天，分别是东方持国天王、南方增长天王、西方广目天王、北方多闻天王。到了明代，封神榜出来之后，寺院塑像依据了传说，把四天王的造像，都向封神榜看齐。《封神演义》榜名的神位封号是"四大天王"。增长天王（魔礼青） 法宝是青云宝剑，职风；广目天王（魔礼红），法宝是碧玉琵琶，职调；多闻天王（魔礼海），法宝是混元珍珠伞，职雨；持国天王（魔礼寿），法宝是紫金花狐貂，职顺。四职联合便是"风调雨顺"。在以农立国的中国古代，祈拜象征风调雨顺的神，自然而然成了人们普遍的信仰。

天王殿左侧伽蓝殿供奉的是伽蓝神关羽，他为佛教寺院的护法神。关羽是唯一一位被儒、释、道三教共同供奉的神。关羽被儒家称为"武圣"，因为他一生辅佐刘备征战群雄，被后人作为忠信义勇的楷模，"忠义"是儒家的重要思想；又因为他的公正、仁义，道家称为"武财神"，时刻警示人"君子爱财，取之有道"；佛教普及后逐渐民间化，融合各种信仰，将仁义的关羽称为"伽蓝菩萨"。

右侧祖师殿供奉禅宗四位祖师、牛头禅的六位祖师、牛首山的山神及岳飞等。"初祖西来，禅宗传一脉；牛头东震，慧业立千秋。"初祖指达摩祖师，他把印度禅宗传入中国，自二祖慧可、三祖僧璨、四祖道信、五祖弘忍到六祖慧能称为禅宗六祖。牛首山法融是四祖道信弟子，在牛首山另开禅宗一脉，被称为东夏之达摩。此联讲述了禅宗法脉，颂扬了牛头禅宗的深远影响。祖师殿内以供牌位的方式，供奉了禅宗四祖和牛头禅六祖。岳飞抗击金兵时，在牛首山一带大战金兵，取得了胜利，所以为了纪念民族英雄岳飞，在这里不仅供奉着他的牌位，牛首山的东峰上面还保留着岳飞抗金故垒。

大雄宝殿

大雄宝殿内供奉的是"释迦三尊"，分别是中间的释迦牟尼佛，佛左侧的文殊菩萨和右侧的普贤菩萨。

十八罗汉是佛教传说中永住世间、护持正法的阿罗汉。

佛祖背后供奉的是水月观音，是观世音菩萨一心观水相的化身。水月观音雕刻材质是桧木，用清刀木雕手法雕刻而成。水月观音两侧有左右近侍善财童子和龙女。

观音殿内供奉准提观音，也是女众忏悔堂。"春满江南，净瓶施雨露；慧圆天阙，大士济慈悲。"净瓶是盛水容器，比丘十八物之一，也是千手观音第四十手所持的法器之一。观世音菩萨因普度众生，被称为大慈大悲观世音，他怀慈悲怜悯之心，所以上下联都暗指这里供奉的观音菩萨。因菩萨具有十八只手，故又俗称为"十八手观音"，其造像常让人误认为是"千手观音"。

药师殿内供奉药师佛，也是男众忏悔堂。药师殿的楹联是"烟岚早化琉璃界，草木犹怀般若心"，说明山上的草木皆有佛性，而牛首山也已经是琉璃世界了。药师佛（药师琉璃光如来）是佛教东方净琉璃世界之教主，佛教祈求消灾延寿的本尊佛，与日光菩萨和月光菩萨并称"药师圣三尊"。

法堂也叫讲堂，是高僧演说佛法、皈戒集会的场所，是佛顶寺中仅次于大雄宝殿的第二大主要建筑。法堂前的楹联是由林嘉序创作的"牛吼一声，醒聋发聩；龙骧九转，继往开来"。

四、无忧广场、佛顶塔

1. 无忧广场

2. 佛顶塔

沿山而上，前方的是无忧广场，也是佛顶圣境的起点。万字墙上"佛顶圣境"，是台湾佛光山的星云法师题写的。无忧门，是胜道的入口。无忧门上汉白玉雕刻是根据悉达多太子出生于无忧树下而设计的。门上方汉白玉雕刻的人物形象是刚出生的悉达多太子。太子一出生便会说话和走路，他向东南西北的方向各走了七步，每走一步地面开出一朵莲花；他一手指天一手指地，正如前方太子的姿势，高声唱道"天上天下，唯我独尊"；太子出生时，天上出现九条龙口吐香水为其沐浴，太子头顶部还雕刻了九个龙头。

无忧门

佛顶塔高88米，唐代建筑风格，顶部的塔刹采用黄铜铸造。第一层至第七层内装饰壁画，第八层安置了一口全铜铸的佛顶金刚钟，钟上刻《金刚经》全文，约5200字。第九层供奉了一尊毗卢遮那坐佛。登塔远眺，可以俯瞰牛首山的全景。佛顶塔和牛首东峰弘觉寺塔遥相呼应，再现了历史双塔的恢宏格局。

五、佛顶宫

1. 佛顶宫设计理念、大小穹顶、环廊

眼前的佛顶宫属于深坑建筑，坐落于牛首山西峰的位置。西峰山体曾受到

佛顶塔

破坏性开采，形成60多米深的矿坑。现在矿坑里建造的佛顶宫，恢复双峰对峙，实现"补天阙"的创意理念。

佛顶宫建筑分为大穹顶和小穹顶两部分。小穹顶与佛祖的发髻相像，暗喻佛顶宫供奉着释迦牟尼佛顶骨舍利。大穹顶形像袈裟覆盖在小穹顶之上，寓意袈裟护持舍利圣物。小穹顶下方由56座菩提门组成的莲花宝座（每一座门上都有一组飞天，飞天手中捧有不同的供养物，菩提门外部是28花供养和28果供养，如芍药、栀子花、杧果、荔枝等），上面有形女巨大的摩尼宝珠，上下辉映，体现"莲花托珍宝"的神圣意象。

环廊内侧是31幅壁雕，表现"佛、法、僧"三宝供养的主题。环廊上经变图一共有四幅，代表佛供养；八幅不同语种的心经代表法供养；还有15幅中华名寺的浮雕代表僧供养；另外还有四幅金陵四景浮雕。四景指牛首山、紫金山、玄武湖与秦淮河。紫金山是南京的最高峰，北高峰高达448.9米。秦淮河是南京的母亲河，孕育着历史悠久的南京城。玄武湖公园是江南最大的城内公园，距今已有1500多年的历史。牛首山是佛教圣地，长期供奉着当世仅存、世间唯一的佛顶骨舍利，是所有佛教徒朝拜的圣地。

2. 禅境大观

据佛经记载，释迦牟尼佛出生、成道和涅槃都发生在树下，禅境大观就是通过三棵树介绍佛陀一生的故事。

我们现在看到的是禅境大观，南北长112米，东西宽62米，内部净高约38米，空间面积超过6000平方米，呈椭圆形。这是一个以佛禅文化为主题的禅意空间。北边是展现佛祖出生的无忧树，南边是展现佛祖成道的菩提树，中

涅槃佛

间的是涅槃佛。从佛祖的出生、成道到最后的圆寂涅槃，描绘了佛祖一生的三个重要事件。让人们更全面地了解佛陀的一生，感受由人成佛的奇迹。

北侧是无忧树，展现佛祖在无忧树下出生。据《释迦牟尼传》记载，佛祖的母亲摩耶夫人在回娘家生产的途中经过蓝毗尼花园的一棵无忧树下时，佛祖便从其右肋降生了。后来释迦牟尼创建了佛教，为劳苦大众解除苦难，故人们把这种树称为"无忧树"，所以无忧树被尊为圣树。

顶部是娑罗穹顶，佛祖 80 岁在娑罗树下涅槃，白色的钢架抽象地表现出了娑罗树的树枝。卧佛即佛祖涅槃时的姿势，卧佛像能够 360° 地缓慢旋转，不管身处于禅境大观的哪个角度，都可以得到佛祖的注视以及愿力的加持。当献花礼佛仪式开始时，卧佛伴随着佛音缓缓从地下升起，请花的信众可登上祈愿台，献花供养释迦牟尼佛。顶部娑罗穹顶由四层钢架组成，白色的钢架来源于娑罗树树杈的形状。每一层叠加的时候错开了 17°。南京城的中轴线是东北—西南方向，偏正南正北约 17°，这条中轴线经过中华门，从牛首山双峰之间穿过，直指西南佛陀所在的方向。这里的 17°，展现出牛首山重要的地理位置。

南侧是菩提树，展现佛祖在菩提树下成道。佛祖曾在寒林里面待了六年，不吃任何东西，瘦骨嶙峋，最后他放弃苦修，接受了牧羊女的乳糜供养，吃完之后恢复了力气，来到一棵菩提树发了一个誓愿，如若不悟得正道，终生不起此座，结果过了七七四十九天，佛祖终于悟道。所以菩提树下白色的沙石表现悟道时的豁然开朗，象征着佛光；外圈用大量黑色的石头，来代表寒林的黑暗、人世的混沌，而佛法就是诞生在这极为痛苦和苦寒的地方。铜制的树叶不蚀不腐代表着佛祖虽然涅槃，但他的精神却在世间长存。

3. 佛殿层：千佛殿、万佛廊

电梯法雨流芳把石头与琉璃相结合，来表现花与佛法像雨点一样降落人间，使人们感受乘云梯、沐法雨的场景。

千佛殿高 28 米，整个空间呈穹隆状。因为一共安奉有 1343 尊佛菩萨，所以叫千佛殿。

中间的舍利大塔象征大日如来。舍利大塔由塔刹、塔身、塔基三部分组成。塔基分为塔厅和莲台两部分。供奉在塔

舍利大塔

厅南北两侧的是诸圣舍利，即高僧大德的舍利，2008年同佛顶骨舍利、感应舍利一起出土于北宋长干寺地宫。覆钵四面的佛龛内，安奉了"四波罗蜜菩萨"。金刚波罗蜜菩萨、宝波罗蜜菩萨、法波罗蜜菩萨和业波罗蜜菩萨。四波罗蜜菩萨表现为女性的形象，司掌定德。

塔刹核心是圆形的牟尼宝珠，为水晶材质。塔身分为相轮和覆钵两个部分。相轮呈倒锥形，十三重相轮暗喻从菩萨到佛修行的十三个阶段。九层相轮下是覆钵，形如倒扣的钵，是印度塔的主体。

塔基高5米，分为塔厅和莲台两部分。供奉在舍利大塔塔厅南北两侧的是诸圣舍利，诸圣舍利指高僧大德的舍利。在塔厅四面的顶部，是山花蕉叶的图形，上面是佛祖八相成道故事的浮雕，表示佛祖随缘教化、度脱世间众生而现的化身。塔厅四角供奉了四大天王青铜雕像，分别是东方持国天王，南方增长天王，西方广目天王和北方多闻天王，护持佛顶骨舍利。下方圆形的是莲台，分为仰莲和覆莲，总共84片，代表佛祖的84000种法门。

在大塔的东西南北四个方向各有一尊主佛，统称为"四方佛"。根据唐不空所译《菩提心论》记载：大日如来为教化众生，将其自身具备的五智变化为五方五佛。中央的大塔代表大日如来，在大塔的东西南北四个方向各有一尊主佛，统称为"四方佛"。东方阿閦佛，佛右手结触地印，也叫降魔印，以示降服一切魔障；南方宝生佛，左手结施与愿印，寓意满足一切众生所需，平等慈悲；西方阿弥陀佛，双手结弥陀定印，代表健康长寿；北方不空成就佛，右手结无畏印，寓意为降服恐惧，成就一切。

在四方佛左右各有2尊菩萨，总共是16尊，统称为"慧门十六尊"。他们是大日如来为四方佛化现的四位亲近菩萨。

在四方佛左肩上方各有两尊供养菩萨，总共八尊，统称为"八内外供养菩萨"，体现大日如来和四方佛互相供养。

这是纪念佛陀一生的八大灵塔。八大灵塔风格各异，是众多佛教流派中不同风格佛塔的汇集展现，具体包含亭阁式塔、楼阁式塔、密檐式塔、藏式塔、金刚宝座塔、花塔、傣族塔、印度佛塔八种风格。

最下部接地部分的墙面上，在东南西北四个方位分别是四相成道中的太子降诞、菩提证道、初转法轮和双林涅槃四个重要场景，用漆画展示。

北侧现在瞻仰到的是佛顶骨舍利被放大后的图片。2012年，德国参访团瞻仰佛顶骨舍利时，用专业相机将舍利放大了40倍之后拍摄出来。

南侧展出了一幅圣殿祈福图。

万佛廊两侧是一条环形的回廊，以供养为主题。两侧佛龛内供奉的是十二生肖的本命八尊佛。

佛像之间是十六幅佛本生故事的瓷板画。

4. 佛宝层

佛宝层位于地下 44 米处，整个空间定名为舍利藏宫，设置了香供厅、灯供厅和水供厅及花供长廊。长廊的另一头就是供奉释迦牟尼佛顶骨舍利的藏宫大殿。藏宫大殿的外圈设置了参拜环廊，在特定节日信众可以通过环廊上的三个玻璃窗观瞻舍利。

六、其他：牛头禅文化园、岳飞抗金故垒、郑和文化园

牛头禅文化园采用了枯山水的庭院景观。东峰上弘觉寺塔高 45 米，七级八面，是南京地区现存最古老的一座仿木结构的砖塔。由于它修建于唐朝，因此也被称为唐塔。传说唐代宗梦到一位辟支和尚央求他修建七级浮屠塔。梦醒之后唐代宗得知在南朝时期，南京牛首山上曾有一位高僧"立地成佛，上天为仙"，后人皆将他称为是辟支佛。于是便让他的儿子，在牛首山的双峰之间修建了这座古塔。现在的塔是明朝初年所重修的。在 1993 年至 2010 年间，政府部门也多次对弘觉塔进行维护。如今的弘觉塔与新修的佛顶塔双塔并峙，交相辉映，再现了牛首山双峰双塔的恢宏之景。

在弘觉塔的前方，则是一尊法融禅师的雕像。法融在唐代贞观十七年来到牛首山，在一个山洞中潜心修行。由于他在打坐时既不合掌也不理人，旁人们不知他用心专注，便称他为"懒融"。后来道信向法融传授达摩祖师秘传法要，允许法融自立一宗，就是牛头宗，为禅宗分支，所以牛首山是牛头禅宗的发源地。牛头禅一脉至法融圆寂之后也流传盛广。

岳飞抗金故垒，这里曾是宋代牛首山大捷的古战场。八百年前，岳飞将军在这里筑壁垒，设伏兵，大败强敌金兀术，一举收复建康城（南京）。这就是牛首山的著名战役——牛头山大捷。横亘山脊、连绵数里的故垒工事，便是当年激烈鏖战的见证，将军山也因岳飞而得名。

郑和文化园位于郑和湖畔，是明代著名航海家郑和的墓冢。郑和七下西洋，历尽艰险，与沿岸各国进行文化交流，去世后被赐葬在牛首山。据同治《上江两县》记载：牛首山有太监郑和墓，永乐年命下西洋，宣德初覆命，卒于古里，

赐葬山麓。墓呈"回"字形，主要考虑到郑和是一位巨民。整个墓有三层含义：最上方，像书卷累加起来的形状，代表的是伊斯兰教所信奉的《可兰经》；中间的文字是阿拉伯文，意思是"真主伟大"；下方是莲花瓣，代表佛教。

郑和首次航行始于永乐三年（1405 年），末次航行结束于宣德八年（1433 年），共计七次。郑和下西洋主要目的是宣扬明朝的国威，开始和平外交，构建以明朝帝国为中心的国际秩序格局。1405 年 7 月 11 日，郑和率 2.78 万人从刘家港出发，经福建长乐太平港扬帆出海。郑和下西洋恢复了明王朝对南洋诸岛的管辖，命名了景弘岛、永乐群岛等岛屿。明朝船队到达西太平洋和印度洋，访问了占城、爪哇、苏门答腊等 30 多个国家和地区，最远到达东非、红海，加深了明朝在海外的影响。

郑和下西洋是中国古代规模最大、船只和海员最多、时间最久的远洋航海旅行，也是 15 世纪末欧洲地理大发现的航行之前世界历史上规模最大的一系列海上探险活动，是中国海上丝绸之路的重要组成部分。郑和下西洋加深了明朝在海外的影响，在一定程度上改变了自明太祖朱元璋以来的禁海自固政策，开拓了海外贸易，加强了中外文明的对接交流，开启了大航海时代。

郑和下西洋比哥伦布首航美洲早了 87 年，比达·伽马绕过好望角到达印度早了 93 年，比麦哲伦到达菲律宾早了 116 年。

【景点问答】

1. 请简述天阙山的来历。

答：相传东晋时期，晋元帝司马睿在建康（今南京）建立王朝之后，想在皇宫南门外建立象征皇权的双阙，大将军王导考虑到国库空虚，不宜大兴土木。恰巧南郊的牛首山双峰对峙，像天然的双阙，王导便赞叹说"此天阙也"，于是赋予了牛首山新的名字——天阙山。

2. 请简要介绍牛首山的生态资源。

答：牛首山自然生态环境秀美，素有"春牛首"的美誉，明初时即有"金陵多佳山，牛首为最"的说法。这里植物种类多达 300 余种，如稀有的古木品种南京椴、天阙茶、中华虎凤蝶唯一的食物——杜蘅。山上还建立了国内首个中华虎凤蝶保护基地。先后获得"中国森林养生基地""中国森林氧吧"等荣誉。

3. 请简述"牛首烟岚"。

答：在牛首山的东峰西峰之间可以看到"牛首烟岚"。"牛首烟岚"描绘的是山间云雾缭绕、山谷幽深的美丽景象。民间对形成牛首烟岚的原因有两种说法：一种是说与牛首山的气候有关，牛首山常年多雨，特别是春季和秋季，雨量不大，细雨朦胧，雨雾在山峰间飘荡，形成了幽静深邃的景象，好比人间仙境；另一种是说当时牛首山寺庙繁多，香火旺盛，"牛首烟岚"其实是青烟袅袅升起的奇妙景象，刚好与牛首山的佛禅意趣相融合。

4. 请简述"献花清兴"。

答：祖堂山上有片区域叫献花岩。传说唐代贞观年间，法融禅师在献花岩下讲《法华经》，冰天雪地中竟然生长出灿如金色的鲜花，天空中突然出现百鸟翔集、衔花来献的景象，这就是古金陵四十八景之一的"献花清兴"。2008 年，这个传说被江宁区政府列入江宁区非物质文化遗产的名录。

5. 请简要介绍牛头禅的重要著作《心铭》。

答：《心铭》涵盖了牛头禅思想的全貌。全文采用骈文体，四字一句，共 198 句 792 字，被收入《全唐书》和《景德传灯录》中。

6. 请简略介绍法融禅师生平。

答：法融禅师是牛头禅宗的创始人。唐朝贞观年间，法融来到了南京的牛首山潜心修行。由于他在打坐时既不合掌也不理人，旁人们不知他用心专注，便称他为"懒融"。因他道行高深，得四祖道信传法，创立了牛头禅宗，成为禅宗支脉。在当时的牛首山上，向他学法的僧人众多，牛头禅一脉在法融圆寂之后仍流传盛广。

7. 佛顶寺在建筑风格方面有什么特点？

答：特点之一是采用了仿唐式建筑风格，重现盛唐遗韵；特点之二是采用了唐式园林风格，自由灵活的园林布局，竭力冲淡中轴对称和宗教空间的森严氛围，清幽禅院为寺院增加了灵动感。

8. 寺院的正门为何被称作"山门"。

答：我国自古就有"天下名山僧占多"的说法，因为中国建造庙宇讲究风水，大多选址在名山，依山势建造，寺庙的大门自然而然地被称作山门。通常山门又称三门，分别是中间的空门，东侧的无相门和西侧的无作门，象征着三种解脱。

牛首山佛顶寺方位与其他寺院不同，无作门在南侧，无相门在北侧。

9. 请介绍"大雄宝殿"。

答：大雄宝殿是佛顶寺的核心建筑。之所以叫"大雄宝殿"是因为大雄宝殿一般主供释迦牟尼佛。"大雄"是佛的德号，是对他的尊称；宝是指佛法僧三宝。

10. 请介绍水月观音的工艺。

答：水月观音是用桧木雕刻而成，采用清刀木雕技艺。清刀木雕即完全没有泥稿和草稿，直接在木头上雕刻。雕刻过程中，要求以刀代笔，刀刀见力，每一刀下去都不容更改，每一刀都决定着这件作品的成功与否。这幅作品不仅可以欣赏到艺术之美，更能领悟到普通文字和语言所不能表达的艺术智慧。

11. 请简要介绍禅境大观的穹顶。

答：佛陀涅槃于两棵娑罗树下，因此禅境大观的穹顶是仿照娑罗树树杈形状设计的。四层钢架叠加交错，像娑罗树延展开的娑罗树杈。每层钢架叠加时交错的角度为 17°，这是南京中轴线的角度，南京城中轴线呈东北—西南走向，偏正南正北约 17°，牛首山就位于这条中轴线上。

12. 请简要介绍弘觉寺塔。

答：塔高 45 米，七级八面，是南京地区现存最古老的一座仿木结构的砖塔。1956 年弘觉寺塔的地宫里出土了鎏金喇嘛塔、玉瓶、金睡佛、青瓷罐等国家一级文物，现收藏于南京博物院。2002 年弘觉寺塔被列为江苏省文物保护单位。

13. 请简要介绍佛顶宫的大穹顶和小穹顶。

答：佛顶宫属于深坑建筑，建筑面积约 13.6 万平方米，相当于 19 个足球场的面积，地上三层，地下六层，高度为 89.3 米。曾荣获中国土木工程詹天佑奖、中国建设工程鲁班双料大奖。

佛顶宫建筑分为大穹顶和小穹顶两个部分。大穹顶以自然的弧度曲线，贴合残留的西峰走势，将西峰缺失的山体轮廓修补完整。小穹顶整体与佛祖的发髻相像，暗喻佛顶宫供奉着释迦牟尼佛顶骨舍利；小穹顶下方是由 56 座飞天菩提门组成的莲花宝座，上面形如一个巨大的摩尼宝珠，上下辉映，体现"莲花托珍宝"的神圣意象。

14. 请介绍佛顶骨舍利。

答：舍利是指佛涅槃火化后留下的遗骨。在佛祖的舍利中，佛顶骨舍利是圆满智慧的象征，至高无上。佛顶骨舍利长约 8 厘米，高约 5 厘米，表面呈褐白色，如蜂窝状一样，经过放大之后，能从舍利的发孔中看到很多舍利的结晶体，被称为舍利子。

15. 请简要介绍"南朝四百八十寺"丝毯画。

答：整幅丝毯长 28.8 米，宽 3.45 米，由江苏南通如皋丝毯博物馆耗时一年半完成。30 多名手工艺人，将非常细的蚕丝进行打结，织出上面的图案及文字。有诗词、寺院、地名、 佛教术语，体现当年南京佛教兴盛的场景。

16. 请简略介绍千佛殿内四幅漆画的主要内容。

答： 千佛殿内用四幅漆画展示了佛陀一生中重要的四个阶段，被称为"四相成道"， 分别是太子降诞、菩提证道、初转法轮和双林涅槃。"四相成道"采用了国家级非遗技艺、江苏省传统工艺——扬州漆器工艺。

17. 请介绍"法雨流芳"。

答：相传佛陀的母亲摩耶夫人在生下悉达多太子七天后就去世了，佛陀为了报答母亲，于是到忉利天宫为天人讲法三个月，将讲法的功德回向给母亲。佛陀为母说法三个月后返回人间，帝释天为表达对佛陀的崇敬和感谢，从天宫到人间变出一条天梯，众神站立在天梯的两旁，天女散花，落花如雨，因此得名"法雨流芳"。

18. 请简述四摄菩萨及其造像工艺。

答：四摄菩萨，即金刚钩菩萨、金刚索菩萨、金刚锁菩萨、金刚铃菩萨。工艺上四摄菩萨采用最纯净的德化白瓷烧制，瓷质细腻温润，表面进行岩彩彩绘和金线镶嵌。四摄菩萨高 2.2 米，突破了瓷烧制佛像 1.8 米的极限，实现了白瓷烧制佛像的新突破。

19. 请简要介绍郑和文化园。

答： 郑和文化园是明代著名航海家郑和的墓园，包括郑和墓和郑和墓史料陈列馆两部分。郑和本名马和、小名三保，出生于云南一个穆斯林家庭。洪武十四年，年仅 12 岁的马和被朱元璋派往云南的征讨大军掳掠到南京，成为燕王朱棣的侍童。郑和跟随朱棣"靖难"，战功卓著，被晋封为"内官监太监"，赐姓郑。从永乐三年到宣德八年，郑和七下西洋，历尽艰险，与沿岸各国进行文化交流，缔结邦交，促进友谊。去世后被宣德皇帝赐葬于牛首山。

20. 请简要介绍"一苇渡江"典故。

答：菩提达摩是南天竺人，于公元 6 世纪初航海来到中国传法，起初与梁武帝论法，因两人所信奉的理念不同，便乘一叶芦苇渡至江对岸，到北方选择新的传法道场。后在少林寺面壁九年，创立中国禅宗，接引有缘众生，最后传法慧可，被尊为中国禅宗的开山鼻祖。

【知识拓展】

1. 为什么说牛首山具有深厚的佛教渊源及悠久的历史文化。

答：牛首山佛教渊源深厚。最早应追溯到南朝刘宋年间。相传刘宋大明年间，有一位高僧——道庆，在牛首山西峰的一处岩洞中修行入定，证得辟支佛果位，所以此岩洞被称为"辟支佛洞"。为了纪念这位辟支佛，宋皇祐二年（1050 年）在牛首山西峰建了一座五层四面高 15 米的辟支佛塔。

南朝梁天监二年（503 年），司空徐度在牛首山上修建佛窟寺，成为牛首山上第一座寺院。南唐时期，先主李昪在此扩建佛殿，后主李煜将其更名为弘觉寺。

唐代，被誉为"东夏之达摩"的法融禅师在牛首山创立了牛头禅宗，牛首山也成为中国禅宗的重要起源地之一。唐代，牛首山与西北清凉山以及西南峨嵋山，并称三大圣道场。

唐大历九年（774 年），唐代宗李豫梦感辟支佛要他"修峰顶七级浮屠"，否则统治江山不利。李豫醒来后命太子李适在牛首山上修建七级浮屠——弘觉寺塔，因始建于唐代，故也称为"唐塔"，但此塔毁于战火，我们现在看到的塔的主体部分还是明代修建的，已有近 600 年的历史。

牛首山的弘觉寺在明代属于次大寺，是大报恩寺的下院，也是明代的八大国寺之一。

2. 请介绍李瑞清生平。

李瑞清（1867—1920），字仲麟，号梅庵，一号梅痴，入民国后别号清道人。他是我国清末民初著名学者、教育家、书法家和字画鉴赏家，是中国近现代教育的重要奠基人和改革者，中国现代美术教育的先驱，中国现代高等师范教育的开拓者。李瑞清原籍江西临川，光绪年间中进士，并授翰林院庶吉士，两年后任江宁提学兼两江师范学堂（原中央大学今南京大学前身）监督（校长），并代理江南布政使。清亡民初，晚年以卖字鬻画为生。他对书法艺术源流有独到见解，真、草、隶、篆诸字体皆精，还善画山水人物，尤擅长古画鉴赏，一时清道人名声大作，甚至远扬海外。1920年初，日本书法界特邀请清道人书写碑帖展出，因之被日本朝野誉为"中国书法家五百年来第一人"。

李瑞清一生育人不讳，门下桃李芬芳，著名学者秉忠、胡小石，国画大师张大千，美术教育家吕凤子以及抚州书法家李仲乾、何砚青、黄鸿图等，均出其门下。1920年8月初，李瑞清逝世，享年54岁。康有为曾致挽联，弟子胡小石、张大千等治丧，将他葬于牛首山东麓现址。2002年4月，值南京大学百年校庆之际，由该校和江宁区文化局共同对墓园进行修整，在墓包周围加砌回廊，墓前竖立《李瑞清生平记》花岗岩碑。南京大学领导、江宁区区政府和区文化局领导、南大校友及李瑞清后裔在此举行了揭碑仪式。李瑞清墓为块石和混凝土砌筑，周长20米，墓底径2.1米、高1.3米。

3. 为什么说佛顶寺具有典型的仿唐式建筑特点？

佛顶寺建筑顶部两端有金色构件——鸱尾，是龙的九子之一，寓意灭火消灾，护佑建筑物的安全；屋顶舒展，出檐平缓，林徽因女士赞扬它为"在美观方面不知增加多少神韵"；屋檐下方的斗拱硕大，而立柱比较粗壮，也体现了唐朝以胖为美的取向；外观风格上的特点以木板门、直棂窗为主，与白墙、朱漆，黑瓦这样色调简洁明快的赤白造风格相映衬，既朴素自然，又庄重大气。

4. 请介绍"拈花一笑"典故。

答：有一次大梵天王在灵鹫山请佛祖说法，并把一朵金婆罗花献给佛祖，隆重行礼之后带领大家退坐一旁。佛祖拈起金婆罗花，意态安详，却一句话也不说。大家都不明白他的意思，面面相觑，唯有摩诃迦叶破颜轻轻一笑。佛祖当即宣布："吾有正法眼藏，涅盘妙心，实相无相，微妙法门，不立文字，教外别传，付嘱摩诃迦叶。"然后把平素所用的金缕袈裟和钵盂授予迦叶。这就是禅宗"拈花一笑"和"衣钵真传"的典故，由此可见禅理靠悟不靠说。

拈花一笑

5. 牛首广场

牛首广场占地面积约 7 万平方米，由东南大学王建国院士设计。设计理念来源于星空和宇宙。星空浩淼，象征佛光无限普照。

广场上有七个大小不一的同心圆。夜晚，七个圆就像天空中的北斗七星，引导人们从凡俗走向佛门。

风铃塔高 28 米，塔身上"牛首胜景"四个字由我国著名的书法家言恭达先生书写。风铃塔上共有 400 只风铃，风吹铃响，目及耳闻，让人自主其心，自净其意，从而获得幸福和自由。这也是古印度佛教中的"风铃对话"的含义。

释尊弟子呗比丘于多生多世之前，曾布施风铃于佛塔檐下，因而感得生生世世声音清雅，足以感动禽兽的果报。因此，风铃不仅仅是寺院建筑的装饰，它更深层次的意义在于指向人心，在于提醒心神，澄清心意。

风铃塔下是碧莲池，以后会在池中种植莲花。莲花"出淤泥而不染"，是佛教中非常重要的元素。

6. 天阙路

这条上山的道路叫天阙路，因为牛首山也叫天阙山。天阙路两侧种植了一年四季的代表性植物：樱花、翠竹、果树、雪松和梅花。四季轮回代表生命的生生不息。

以"春"为主题的是樱花道，全长 200 米，种植早樱。除了美观，还因为它的花期短，只有 7 天左右，象征生命的转瞬即逝，借此告诫人们要珍惜时间，珍爱生命。

以"夏"为主题的是竹林。"竹"与佛禅文化联系很深。竹林精舍是佛教史上第一座供佛教徒专用的建筑物，是佛教寺院的前身，也是佛祖宣扬佛法的重要场所之一。空心的竹子和佛教中的"空性"也是相通的，牛头禅宗也有"青青翠竹尽是法身，郁郁黄花无非般若"的偈语。

秋天以"丰收"为主题，道路两侧种植了许多果树。做好事，说好话，存善心，才能积累功德。这里的果树和花木也是对佛祖的供养。

最后一段以"冬"为主题，路两侧主要是雪松和蜡梅。佛教中特别重视对松树和梅花的观赏。路中间是香樟树，因为香樟树是佛像雕刻最理想的木材之一。另外，香樟有一个重要的特点，新叶长出老叶才会凋落，象征佛法代代流传。

7. 世凹桃源

山下这片徽派建筑是全国最美乡村之一的世凹桃源，因其丰富的山水资源以及深厚的历史文化底蕴，被称为"牛首文化第一村"，是江宁区首批都市生态休闲农业示范村的"五朵金花"之一。

世凹因岳飞而得名，已有近千年历史。世凹原名大世凹，而在60年前则叫"大师凹"。早在建炎四年（1130年），抗金英雄岳飞奉令收复建康，在牛首山大战金兵，迫使金兵退至长江以北，使沦陷半年之久的建康城得以收复。岳飞曾将部队驻扎在牛首山西南麓，也就是今天的世凹村处。为防御金兵、巩固战果，岳飞一边加强军事操练，一边组织将士构筑长约5000米、蜿蜒起伏的抗金石垒，与幕府山原抗金石垒连成一片，现牛首山唐塔下还遗存有大片的岳飞抗金故垒。由于这一带三面环山，属山凹地形，人们于是将此处称为"大师凹"，即指岳家大军、主力之师驻扎之地。后人因"师"字笼罩着战争战乱之气，便将其改为"世"，寓意太平盛世之意。又因这里环境幽静、生活安逸，所以定名"世凹桃源"，谐音"世外桃源"。

8. 枯山水

佛顶寺内的园林是枯山水。用白砂铺地，象征湖泊、海洋；叠石象征大山、岛屿。风格简单、抽象，让人感觉静谧、深邃，这正是"一沙一世界，一石一宇宙"的禅趣意境。

枯山水，也称为唐山水、乾山水，枯山水并没有水，只是干涩的庭院山水景观，在部分地方，枯山水庭院内甚至排除了一草一木。"枯山水"一般面积不大，很少有超过1000平方米的。枯山水其主要特点，是用山石和白沙为主体，用以标志自然界的各种景观。如白砂可以代表大川、海洋，甚至云雾，石头则可寓意大山、瀑布等。在其特有的环境气氛中，细细耙制的白砂石铺地、叠放有致的几尊石组，就能对人的心理产生神奇的力量。

9. 寺庙的称谓探究

"寺"，形声字，上"土"下"寸"，表示寸土之地，精准且不容猜疑变化，故《说文解字》中将寺解释为："寺，廷也，有法度者也。"

佛法是汉朝时传到中国来的。当时的"寺"是办公机关，直属于皇帝下面一级单位的办事机构。皇帝下面办事的一级单位有九个，共九个寺，长官称为卿，所以当时"寺"是一个办事机构。专门办外交的是一个寺，名叫鸿胪寺，就像如今的外交部。当时鸿胪寺接待印度佛教的使者，但又不能常住鸿胪寺，汉明帝刘庄命人在九个寺之外增设一个寺，即白马寺。该寺管佛陀教育，他们的工作是翻译经典、讲解佛经、指导修行。"白马寺"的出现标志着"寺"在中国有了"佛教的庙宇"的意思。渐渐地，"寺"也成了佛教建筑的统一称呼。

随着时代的变迁，寺院的名称也渐渐改变，寺院的数量也逐渐多起来。魏武帝时，寺院亦有称伽蓝，到了隋炀帝时，寺院又被称为道场。唐代马祖道一大师再把寺院称为丛林，丛林意味许多志同道合的僧人，仿佛许多大树，大家同住一处，一起修行悟道。

"庙"，形声字，古文写作"庿"。"广"与建筑物有关，所以庙在古代是供祀祖宗的建筑物。汉代以前，统治者对庙相当看重，对庙的规模有严格的等级限制。《礼记》中写道："天子七庙，卿五庙，大夫三庙，士一庙。"即最高统治者天子能立七庙，分别是：父、祖、曾祖、高祖、高祖的父、祖父和始祖庙；诸侯能立五庙，分别是：父、祖、曾祖、高祖、始祖庙；大夫立三庙，分别是：父、祖、曾祖之庙……以此类推，平民老百姓根本没有资格建庙。

到了汉代，"庙"的含义才开始发生了改变，庙与原始神社（如土地庙）混合在一起，变成了阴曹地府控辖江山河渎、地望城池之神社，所以庙里可供奉鬼神，而且古人迷信，认为人死后会进入阴曹地府再轮回转世。所以为了纪念那些有杰出贡献并去世的人，就为他们建庙，比如文庙（孔子庙）、武庙（关羽庙），世世代代接受人们的香火敬拜，活在人们的心中，所以此时"庙"和佛教一点关系都没有。

总结来说，"寺"是官署、佛和僧侣居住的地方；"庙"是奉祀祖先、供奉鬼神、供奉伟大人物的地方。"寺庙"不过是大家的口误。

10. 木鱼

木鱼是一种法器，多用于佛教、道教的功课与法会。相传鱼昼夜不合目，故刻木像鱼形，击之以警戒僧众应昼夜思道。木鱼的形制有两种：一为挺直鱼形，用来粥饭或集众、警众，通常悬挂在寺院走廊上，也被称为梆木鱼或鱼梆。二为圆状鱼形，诵经时所用，放在案上，在诵经礼忏时与铜磬相互配合，用来节制经诵并且也可以防止僧众诵经时昏沉，起到振作精神的作用。一般来说，圆形木鱼的规格多种多样，而长条形的木鱼大多在一米左右。

在寺院中，鱼梆还有区分寺院是十方丛林还是子孙丛林的作用。如果鱼梆是鱼头朝向山门，则表示这座寺庙是十方丛林；而如果是鱼尾朝向山门，则表示这是一座子孙丛林。丛林就是禅宗寺院的意思。而两种丛林是因为住持的传承方式不同而来区分的。子孙丛林，是由自己所度的弟子轮流住持，是一种师资相承的世袭制，不许开堂传戒。而十方丛林是邀请名宿住持，由官吏监督选举，由前任住持以"法卷"写明历代传承，授与弟子，成为法徒，可以开堂传戒。子孙丛林经本寺子孙的同意可以改为十方丛林。反之，十方丛林则不能改为子孙丛林。

关于木鱼的由来，在佛经中有一个著名的"鱼腹儿"的故事，说的是：在印度的一个婆罗门家族里，有个孩子叫作薄拘罗，在他很小的时候，生母就去世了。他的后母非常刻薄，经常虐待他。有一次，后母趁他的父亲不在家，把他扔进了河里，他被一条大鱼吞进了腹中。这条大鱼被一个渔夫捕捞了上来，拿到市场中去售卖。恰好薄拘罗的父亲买下了这条大鱼，拿回家中，准备烹煮。正要用刀剖鱼的时候，薄拘罗在鱼腹中唱言："愿父安祥，勿令伤儿。"他的父亲赶紧轻轻割开鱼腹，把他救了出来。据说，薄拘罗后来历尽种种磨难，终于成为了释迦牟尼的弟子，享年一百六十岁，成为世界"长寿第一"。

这个故事传到中国以后，被演绎成了另一种版本。故事的情节基本一样，只不过说成是：唐代高僧玄奘大师从西域取经归来时，途经蜀地，遇一长者，到其家化斋。长者之子被后母陷害，扔进了河里，被一条大鱼吞食。恰好那天玄奘大师偏要吃鱼，长者只好出去买回了一条大鱼。在剖鱼的时候，从鱼腹中救出了自己的孩儿。玄奘大师说："这正是此儿夙愿把持佛律中不杀戒的因果报应，所以虽被鱼吞，却得不死。"长者说："那怎么样才能报答鱼恩呢？"玄奘大师告诉说："鱼为救孩而牺牲，应该用木雕成鱼形，悬于佛寺之中，每逢斋饭时敲击，以此可报大鱼之德。"据说，这就是中国佛寺中使用木鱼的由来。

11. 云板

云板为青铜铸敲击乐器，通常为云朵形状，或者镌有云纹，所以称为云板。原为古时官署召集公众之用，也常被庙宇、寺院作法器用。

云板上除铸有供悬挂之用的孔洞外，通常会镌有简单图案及文字，多为使用单位的名称及铸造日期，或祥瑞祝颂密咒，板的中下方有明显凸出处展示打击位置，有时候其凸出处也铸成图案状。

在佛教寺院，云板也具报时和召集的作用，可用于早课前的召集，不过更多时候用于午膳前的召集，通常和鱼梆一起悬挂在佛寺的"五观堂"（即斋堂）外，每天用斋前，会长打三十六响通知僧众用膳，故又称"长板"。

云板结构简单，经久耐用，又因通常会镌有铸造年份，因此很多时候成为名山古刹的历史考证依据，以至成为重要文物。

12. 晨钟暮鼓

因为"晨钟暮鼓"，很多人以为寺庙是早上敲钟晚上敲鼓。其实不然，不论早晚，寺庙都既要敲钟又要击鼓。所不同的是，早晨是先敲钟后击鼓，晚上是先击鼓后敲钟。

晨昏敲钟要连击一百零八下。一年有十二月、二十四节气、七十二候，合为一百零八，象征着一年轮回，天长地久。这表明在农耕社会里，人们希望通过佛来保佑丰衣足食。

鼓是怎么引进佛教中的呢？据传，有一次佛陀召集僧众，人虽然来的很多，但却先后不一，不能准时到达。于是佛陀就说，应该击打犍椎也就是木钟来通知众人。可是由于人多声杂，大家仍然听不见击打犍椎的声音。佛陀就又说，那就应该敲击大鼓。这样，鼓就加入了佛家的生活之中，特别是在早起和夜寝时，规定以钟鼓声作为号令，统一时间，统一行动。最初，佛教中使用的鼓和民间俗众所使用的鼓，并没有什么区别。可是，佛陀发现，比丘们使用的鼓有许多是金、银、玉石制作的，这显然与佛教的修行精神不相符合，于是就指示僧众们，佛教中的鼓"应用铜、铁、瓦、木，以皮冒之"。因此，佛教中的鼓基本都是木制的，铜鼓或瓦鼓也是很少见的。

在中国的佛教寺院中，钟鼓楼的建造是有规范的。在山门殿和天王殿之间的院内，建造钟、鼓二楼，位于东面的是钟楼，位于西面的是鼓楼，这就是"东钟西鼓"或"左钟右鼓"（以从天王殿面向山门为基准）。大鼓就悬挂于鼓楼之中，配合着钟楼的钟声，依律敲击。

13. 法堂

法堂，是供奉经律论三藏与讲法的地方，象征三宝中的法宝。

法堂通常位于大雄宝殿的后方，及丈室的右方。由于各寺院大小、地势等不同，个别寺院的建设也有所区别。法堂的建筑一般是两层楼，其上即是藏经楼，既有供奉法宝（经典）的功能，又有图书馆与阅览室的功能，以供有能力研究的大众来研究佛理、学习知识；楼下是讲法的地方，内部布局依照皇宫的太极殿形式建立，堂内中央设一高台，四方均得仰望，以便于听闻佛法。高台上有座，名狮子座（因为佛教讲经说法又称"狮子吼"），为禅师代替佛陀说法时所居。后来法堂建制稍有不同，一是无中央的高台，二是法座后方设有大板屏，已经改变了原来朝制的样式。

14. 佛塔

佛塔，又名浮屠（梵语"佛陀"的音译），藏语称"曲登"。佛塔最初用来供奉舍利、经卷或法物，用通俗易懂的话说就是一种陵墓。

佛祖在涅槃之前申明不要为其塑佛像，他的一位弟子跪在他的面前哭着说："师傅，我们该用什么样的方式纪念您呢？"佛祖将袈裟铺在地上，将钵倒扣在袈裟之上，上面放置了一枚金刚杵，说你们只要建这样的塔来思念我就行了。那么这就是塔的造型来源，也有了"见塔如见佛"的这种说法。

佛教于公元1世纪始入中国，历汉化而形成汉传佛教，佛塔样式也随之改变。早期的佛塔是一个半圆形的大土冢，完全是坟墓的形式，后产生覆钵式塔，又称喇嘛塔，为藏传佛教所常用。这种塔的塔身是一个半圆形的覆体，源于印度佛塔的形式。覆体上是巨大的塔刹，覆体上建一个高大的须弥座。由覆钵式塔汉化为亭阁式塔、楼阁式塔，又由楼阁式塔衍生出密檐式塔。

我国的佛塔按建筑材料可分为木塔、砖石塔、金属塔、琉璃塔等。两汉南北朝时以木塔为主，唐宋时砖石塔得到了发展。按类型可分为楼阁式塔、密檐塔、喇嘛塔、金刚宝座塔和墓塔等。塔一般由地宫、基座、塔身、塔刹组成，塔的平面以方形、八角形为多，也有六角形、十二角形、圆形等形状。在古代印度建塔的层数也分规格。七级浮屠是为菩萨修建的，八级浮屠是为佛修建的，这样的仪轨传入中国后和"阴阳五行"学说的思想相融合，阴阳学认为奇数为阴，偶数为阳，佛和菩萨是正阳正刚的，不能用阳数去代表，所以七级的菩萨塔保留了下来，而为佛就不建八级塔，而建九级塔，所以牛首山佛顶塔就是九层塔。塔有实心、空心，有单塔、双塔。登塔眺望是我国佛塔的功能之一。

中国的塔与印度塔不一样就是还有地宫，因为中国有这样一个思想叫"入土为安"。中国人认为把高僧的遗物放置在露天之上是一种不尊敬的行为，所以印度是将舍利安奉在塔腹之中，但在中国舍利是被安奉在地宫之中，这就是中国"入土为安"的思想。

【课后实践】

1. 整理牛首山佛教渊源的导游词。
2. 学习线上示范讲解视频后，根据大纲练习讲解牛首山。

序号	名称	景点内容要点		讲解时长
1	景点概况	1. 牛首山自然状况 2. 生态文化、历史文化、佛教渊源 3. 景区规划建设		1分30秒
2	佛顶前苑	1. 佛顶前苑概况 2. 佛顶前苑内的观景点（牛首烟岚、祖堂振锡、献花清兴等文化主题、李瑞清墓、法融广场等）		1分30秒
3	佛顶寺	1. 佛顶寺建筑特点 2. 佛顶寺楹联 3. 寺内布局（天王殿、伽蓝殿、祖师殿、大雄宝殿、观音殿、药师殿、法堂等）		1分30秒
4	无忧广场、佛顶广场	1. 无忧广场 2. 佛顶塔 3. 牛头禅文化园		1分钟
5	佛顶宫	1. 佛顶宫设计理念，大、小穹顶 2. 佛顶摩崖	1分钟	3分30秒
		禅境大观	1分钟	
		佛殿层（千佛殿、万佛廊）	1分钟	
		佛宝层	30秒	
6	其他	岳飞抗金故垒、郑和文化园等		1分钟
累计时长				10分钟

第二节 大报恩寺

【解 读】

大报恩寺位于南京市秦淮区中华门外，是中国历史上最为悠久的佛教寺庙，其前身是东吴赤乌年间（238—250 年）建造的建初寺及阿育王塔，是继洛阳白马寺之后中国的第二座寺庙，也是中国南方建造的第一座佛寺，是中国的佛教中心，与灵谷寺、天界寺并称为金陵三大寺，下辖百寺。

大报恩寺是明成祖朱棣为纪念明太祖朱元璋和马皇后而建。大报恩寺琉璃宝塔高达 78.2 米，通体用琉璃烧制，塔内外置长明灯一百四十六盏，自建成至衰毁一直是中国最高的建筑，也是世界建筑史上的奇迹，位列中世纪世界七大奇迹，被当时西方人视为代表中国的标志性建筑，有"中国之大古董，永乐之大窑器"之誉，被称为"天下第一塔"。

大报恩寺遗址是中国规格最高、规模最大、保存最完整的寺庙遗址。2008年，从大报恩寺前身的长干寺地宫出土了震惊世界和佛教界的世界唯一一枚"佛顶真骨"，还有"感应舍利"、"诸圣舍利"以及"七宝阿育王塔"等一大批世界级文物与圣物。2011年，被评为"2010年度全国十大考古新发现"。2013年，被国务院核定公布为全国重点文物保护单位。2015年底，大报恩寺遗址公园正式开放。

考证讲解按展陈内容分类为顺序，即景点概况—中轴线—北馆区—报恩塔—南馆区，时长为10分钟。实地讲解以方位为顺序，进入主门厅后顺时针参观，时长约60分钟。

【考证示范讲解】

一、景点概况

1. 历史沿革和文化底蕴
2. 景区形状及地位

大报恩寺历史悠久。东吴孙权为康僧会修建初寺及阿育王塔，为江南塔寺之始，有"江南第一寺"之称。晋太康年间复建，名长干寺，宋真宗时改称天禧寺，明永乐十年成祖朱棣以纪念明太祖和马皇后为名，重建大报恩寺及九层琉璃宝塔，琉璃宝塔被称为"天下第一塔"。清咸丰年间寺塔毁于战火，2008年大报恩寺遗址被发掘，2015年遗址公园正式开放。

这里汇集了佛顶真骨舍利、感应舍利、诸圣舍利，以及玄奘顶骨舍利，在世界佛教道场上有非常殊胜的位置。今天复修建初寺、再建大报恩塔，是为了保护千年地宫，安奉佛陀舍利，也是为了传承千年佛脉，宏扬报恩文化。

大报恩圣地位于古长干里，从空中鸟瞰，像一枚巨型印章盖在江南大地上，是一方"圣迹印章"。2012年大报恩寺作为中国海上丝绸之路项目遗产点之一，列入中国世界文化遗产预备名单。2013被核定为全国重点文物保护单位，是"规格最高、规模最大、保存最完整"的中国古代寺庙遗址。

二、中轴遗址区

1. 圣地广场、香水河桥遗址及两侧碑亭
2. 主门厅（御道遗址、天王殿遗址）
3. 大殿及月台遗址

大报恩圣地

"大报恩圣地"为著名书法家孙晓云题写，背面《金陵大报恩寺遗址碑记》记载了大报恩寺1700多年的历史。

古香水河与秦淮河相通，两岸与底部皆用青条石铺砌，这座拱形桥就是有600多年历史的香水河桥。因为朱棣准许大报恩寺工程"准宫阙规制"，所以当年是按照皇家建筑规制建设的，有跟皇家宫殿相对应的御道、香水河及香水河桥。

整个大报恩寺的工程非常艰巨，在前后长达17年工期中，朝廷动用了大量的人力，参与管理的各类官员、宦官等人员也数不胜数。其中最为著名的就是郑和。永乐二十二年朱棣去世后，下西洋事务暂停，郑和改任南京守备太监，成为大报恩寺工程的总负责人。郑和为大报恩寺的建设承担了重要的领导责任。

南侧永乐御碑，立于永乐二十二年二月（1424 年），碑文由朱棣亲自撰写，说明朱棣建造大报恩寺的目的是报"父母大恩"。北侧为宣德御碑，立于"宣德三年三月十五日"（1428 年），是大报恩寺建成时，朱瞻基所立，为歌颂太祖、成祖和仁宗三位先帝的功德。现在，宣德御碑尚在，永乐御碑仅存龟趺。

永乐御碑亭

我们沿着明代大报恩寺御道，步入圣地。门厅两侧墙壁有琉璃画，描述的是南京佛教地位的十个"第一"：中国最早的译经中心之一、明清时期全国佛教学术中心、中国佛教最重要的东传中心之一、佛教思想中国化创新中心之一、近代中国佛教启蒙思想策源地、近现代中国佛教复兴运动重镇、禅宗祖师达摩来华第一驻锡地、佛教绘画中国化发祥地、佛教造像中国化首创地、世界唯一的四份舍利汇聚的圣地。

前方古大报恩寺天王殿的遗址，是古代大报恩寺的第一重殿，供奉六尊宝像：弥勒、韦陀和四大天王。

整个寺庙北区正中心位置，就是当年大报恩寺的正殿。大殿遗址内现存两排 6 个大型石柱础，足见当年"宫阙规制"。寺庙的正殿都称为大雄宝殿。但大报恩寺的正殿却极为含糊地被称为大殿，也有称硕妃殿，跟明成祖朱棣的生母之谜有关。

前方是月台遗址，原为大殿突出连着前阶的平台，为明代大报恩寺举行重要仪式和祭拜活动的场所。

观音殿遗址，原为三间三进夯土台基式建筑，供奉观自在菩萨。

法堂，又称讲经堂或讲法堂，原为五间三进夯土台基式建筑。大报恩寺的前身天禧寺在宋代即已成为大讲寺，元代升格为皇家御讲之所。明初的天禧寺曾被明太祖朱元璋定为讲教大刹，也是全国佛教事务管理机构——僧录司所在地。

三、北馆核心区

1. 北画廊遗址
2. 长干佛脉、千年对望展区
3. 琉璃官窑及琉璃拱门

4. 地宫文物区（石函、铁函、阿育王塔、金棺银椁等）

5. 历代土层遗址

经历香薰浴、光浴、雾浴、洗尘净心后继续参观。

北画廊遗址

探方

大家右手边可以看到北画廊遗址，依地势自西向东由低到高。据文献记载，明代大报恩寺曾有画廊多达 108 间，眼前每 6 根白色灯柱围绕起来的空间就是当时一间画廊的大小。明代周晖的《金陵琐事》形容大报恩寺的画廊"壮丽甲天下"，堪称一绝。在 17 至 19 世纪欧洲画师所绘大报恩寺塔的图画中，琉璃塔周围的画廊清晰可辨。

这席"探方"中有一座岛悬浮半空，浮岛之上是全景复原的大报恩寺古建筑群模型。浮岛四周的水象征着千年佛脉依缘秦淮河源远流长，在探方底座积淀成池，盛满佛都金陵的往事。视频讲述了古长干里和大报恩寺的盛景以及佛顶骨舍利盛世重光。两侧的浮雕，浮云围绕的是清代金陵四十八景中的第二十七景"长干故里"和第三十四景"报恩寺塔"。

左右两侧琉璃立柱，一共八根，寓意释迦牟尼佛八相成道；面前的步道上有七朵莲花，寓意佛陀"七步生莲"。长廊尽头，背影清瘦的玄奘法师正与佛陀千年对望。唐朝玄奘大师与释迦牟尼佛相隔千年，玄奘顶骨舍利与佛陀顶骨舍利共同瘗藏于大报恩寺也已千年。"千年对望"完美呈现大报恩寺与佛陀、玄奘舍利的殊胜因缘。

《金陵长干寺真身塔藏舍利石函记》铭文等记载，大中祥符四年，施护（从北印度来华的北宋三大高僧之一）献佛顶骨舍利，"藏释迦真身舍利，祥符中建塔，赐号圣感舍利宝塔"。公元 988 年，是北宋端拱元年，大报恩寺的前身金陵天禧寺的住持可政大师到终南山，无意中在已荒废的紫阁寺危塔中发现了玄奘顶骨舍利，伏地痛哭，千里背负，将玄奘顶骨舍利迎归至天禧寺建"三藏塔"安奉，与佛祖顶骨舍利距离不过几十米。

前方的这座官窑，是从明代御窑场发掘出的琉璃官窑之一。据记载，明太祖朱元璋曾下令在城南聚宝山一带建72座琉璃窑，组成御窑场，专门烧制琉璃构件。当年的琉璃官窑所烧制的琉璃构件的精美程度，从我们前方复原的琉璃门券就可见一斑。

前方拱门上有很多动物，这是藏传佛教艺术的一个特有造型，在许多木雕、铜鍱的佛像背光上，都能看到吉祥花草和各种吉祥动物组成的图案。这些动物可以归纳为六大类，叫"六挈具"。这座拱门正中是大鹏金翅鸟，在密宗中寓意慈悲。两边是龙子龙女，表救度之相。紧接着是长翅膀的飞羊象征福报，狮子比喻自在相，最下方的白象，意为善师。

琉璃拱门

这是宋代长干寺地宫出土的石函，记载了可政大师在宋真宗的支持下整修长干寺、佛塔，瘗埋舍利的事迹。石函内部的铁函呈方柱状，两侧是在铁函内出土的文物：珍藏着佛顶真骨舍利的金棺银椁，以及珍藏感应舍利的大小银函等。七宝鎏金阿育王塔是国宝级文物，塔身的铭文记载了这座塔的来历，是公元1011年由宋真宗恩准可政演化大师募化钱财制作而成。

这里是历代土层遗址，可以看到三个朝代不同的历史遗迹，即宋代保护塔基的护坡和房屋，明代的夯土台基以及

七宝鎏金阿育王塔

千年对望

清代的古井。从东晋长干寺到宋代天禧寺，再到明代大报恩寺，寺塔一直在原址上叠加重建。

四、北馆佛教文化区

1. 江南首寺
2. 东阳木雕《中外交流》、安徒生雕像
3. 南朝四百八十寺
4. 舍利佛光

江南首寺两侧的铜雕分别是康僧会和支谦，两侧壁画描绘的是他们译经传道的故事。

莲池海会，也就是西方极乐净土。在这庄严神圣的场景里，描绘的是诸佛相会的圣境。南京分布有诸多宗派的祖庭，是各宗派思想的发祥地，是佛教思想中国化的创新中心之一。莲池海会就是汇集了南京历代开宗立派和译经传教的著名高僧和护法大德，其中包括三国时期的康僧会，魏晋时的法显、竺道生、慧达，南朝时的梁武帝与宝志禅师，隋唐时期的天台宗智者大师、三论宗吉藏大师、法眼宗文益禅师、牛头宗法融禅师，明初的和尚皇帝朱元璋，兴建大报恩寺的朱棣，以及明代的古心、憨山、雪浪大师。

《中外交流》雕刻描绘了四个小故事：明代时，意大利传教士利玛窦与雪浪大师辩论，这是中西方基督教与佛教第一次正面的思想交锋；荷兰冒险家、画师尼霍夫向欧洲传播报恩寺琉璃塔的精美；南朝时达摩一苇渡江；司马达赴日弘法。

安徒生童话作品《天国花园》写到风的孩子去往各地旅游，其中一个叫东风的孩子旅行回去后说："我刚从中国

梁武帝问道达摩

来，我在瓷塔周围跳了一阵舞，把所有的风铃都弄得叮当叮当地响起来。"这里的"瓷塔"便是大报恩寺琉璃塔。在中世纪，欧洲人把大报恩寺琉璃塔称为中国瓷塔，被世界视为"中国符号"。

"南朝四百八十寺，多少楼台烟雨中。"这里两侧陈列和描绘的都是六朝至明代金陵梵刹的模型。南朝佛教到梁武帝时达到全盛。对面的两个人，正是菩萨皇帝梁武帝正问道于达摩祖师。

《康熙南巡图》以绘画叙事方法记载了康熙第二次南巡的经过，一共12卷，其中"南京部分"为第十卷和第十一卷。现在在我们眼前的是他巡幸大报恩寺的场景。由通济门入城以后，十里秦淮两岸，官民杂居，歌楼舞榭，商肆林立，雄伟壮丽的大报恩寺巍然屹立在外秦淮河的南岸。

康熙南巡图

现在是"舍利佛光展区"。"万千舍利绽放万千光华"，暗合感应舍利七次放光的记载，展厅内会时时幻化七色光芒。这是一个相对惊艳的区域，让人仿佛穿越时空般置身于佛国净土。整个区域呈穹隆式，共用了4.2万盏LED灯，通过玻璃的折射下变幻成8.4万盏，象征着佛法八万四千法门。

五、大报恩塔、千年地宫

1. 古塔

2. 新塔及建造特点

3. 地宫遗址

大报恩寺琉璃塔建于1412年，为明成祖朱棣敕建。此后，大报恩寺琉璃宝塔作为南京最具特色的标志性建筑物，被西方人誉为"南京瓷塔"。媲美于古罗马大剧场、亚历山大城、比萨塔等"中世纪世界七大奇观"，作为中国古典建筑文化的范例被西方各国竞相仿建，1856年大报恩寺琉璃塔在太平天国战火中被毁。

2008年在明代大报恩寺琉璃塔遗址下方，发现了至今已逾千年的宋代长干寺长干塔地宫，是中国规格最高、规模最大、保存最完整的寺庙遗址。从地宫出土了震惊世界和佛教界的"佛顶真骨"、"感应舍利"、"诸圣舍利"以及"七宝阿育王塔"等一大批世界级文物与圣物，被评为"2010 年度全国十大考古新发现"。地宫内可瞻仰世界级神奇舍利——感应舍利。感应舍利，由感恩而生。

为保护千年地宫、传承历史记忆，在古塔消失 100 多年之后，新建报恩塔。新塔标高 108 米，以现代工艺成就新塔古韵。为保护千年地宫，采用四组钢管斜梁跨越遗址上方，形成"覆钵型"新地宫，塔基上方重修轻质九层塔。整个大报恩塔各层以佛陀菩萨为主题，创作白铜浮雕。

接下来我们观看地宫穹幕演出，感受一下佛陀的一生。故事起点是释迦牟尼诞生的迦毗罗卫，终点就是影片的放映地——地宫遗址，同时也是从佛陀之心起，至观者之心止。故事主线是佛教向世界弘传的历程与舍利从东到西的供奉流转，副线是梵音传布路上的那些历经艰难困苦、以无上愿力弘法护法的人和事。

六、南馆区

1. 南画廊
2. 报恩体验区
3. 汉文大藏经博物馆

南区画廊早已毁坏，为传承记忆进行了部分复原，并用艺术画廊的形式展现从东吴、南朝、宋代、明代与南京相关的壁画，重现大报恩寺画廊的壮丽景观。画廊设计忠实保留原有规制和通透空间感，复原为典雅的艺术殿堂。

从摇篮到轮椅的人生轨迹里，年华逝去。人在慢慢长大，而母亲，却在慢慢衰老。这里应用影像捕捉技术，模拟了一个放生的仪式。这里表现了许多组动物中母子连心、相偎相依的感人情境，有"老牛舐犊"、"羊羔跪乳"、"相濡以沫"。动物犹且如此，人更应当感恩。

"菩提本无树，明镜亦非台。"你会静下心来，去寻找自己的本真吗？

深入经藏，智慧如海。汉文大藏经博物馆主要展示的除了藏经之外，循序分述集经、取经、译经、刻经、印经等内容。前方的古印度场景，以两组沙岩浮雕表现佛灭后四次集经的内容。寻经之路体现古印度那烂陀佛教学院的场景，以两组沙岩浮雕表现四位由中国前往西域取经的大师。金陵刻经处，曾为中国近代佛教的复兴作出巨大贡献。上方悬挂着呈现传统佛教刻版文化之精髓的刻经板。

汉文大藏经，是佛教智慧的凝结，对于寺庙而言，编纂、雕刻、印刷大藏经，是一件至高无上的大事。明清两代，南京大报恩寺在这一领域拥有独一无二的崇高地位。1866年，杨仁山居士创办了金陵刻经处，为中国近代佛教的复兴作出巨大贡献。2006年，"金陵刻经印刷技艺"被文化部公布为首批国家级非物质文化遗产；2009年，"中国雕版印刷技艺"作为人类文明史上最古老的印刷术，又被列入联合国教科文组织"人类非物质文化馈产代表作名录"。

大报恩寺遗址公园在完整保护遗址的前提下，赋予其新的时代内涵，留给每个人对已逝盛景的无限想象。

【景点问答】

1. 请简介永乐御碑的建造年代及目的。

答：永乐御碑建于公元1424年，碑文由朱棣撰写，说明建大报恩寺是为了报答"父母的周极之恩"。

2. 请简介宣德御碑的建造年代及目的。

答：宣德御碑是大报恩寺建成时，朱棣的孙子朱瞻基所立：一是向太祖、成祖和仁宗三位先帝告成——大报恩寺的建设终于完工；二是歌颂三位先帝的功德。

3. 请简介"前世今生"主题展示空间的特色。

答："前世今生"展示的是明代大报恩寺建设场景，这里用沙盘模型复原了大报恩寺垂直遗址叠加及宫阙规制的建筑特色。视频展现的是大报恩寺前身——北宋长干寺地宫的考古发掘过程。

4. 请简要描述北画廊遗址。

答：据明代周晖的《金陵琐事》中记载，南北画廊共有118间。眼前每6根白色灯柱围绕起来的空间就是当时一间画廊的大小。当时画廊内绘制了有关佛教缘起的宗教传说和白马西来等历史故事，以及帝后礼佛、高僧说法等宏大场面。

5. 请简要描述天王殿旧址。

答：天王殿台基主体呈长方形，台基上有石柱础，可以看出天王殿当年是面阔五间、进深三间的建筑。当年天王殿面阔约26.6米，进深约15.3米，规模非常宏大。

6. 请简要介绍复原后的琉璃官窑。

答：据《大明会典》中记载，明太祖朱元璋曾经下令在聚宝山一带建 72 座琉璃官窑，烧制琉璃构件，供皇家建筑使用。这里展示的就是在窑岗村考古发现的琉璃官窑。窑的规模不大，琉璃的产量并不高。当时琉璃塔所用的琉璃构件几乎每块形状、尺寸、颜色和纹饰都有差异，因此烧制极为不易。据明代张岱所写的《陶庵梦忆》中记载，每块构件都烧制了三套，一套安装使用，另外两套埋入地下，以备更换。新中国成立以后，在中华门附近的窑岗村一带出土过大量的琉璃构件。

7. 请介绍大报恩寺塔琉璃拱门上藏传佛教中的"六拏具"。

答：大报恩寺塔琉璃拱门上的动物可以归纳为六大类，叫"六拏具"。正中是大鹏金翅鸟，在密宗中寓意慈悲。两边是龙子龙女，表救度之相。紧接着是长翅膀的飞羊象征福报，狮子比喻自在相，最下方的白象意为善师。

8. 请介绍莲池海会场景中的西方三圣。

答：西方三圣是西方极乐世界的主佛阿弥陀佛，和在他身后壁画上的大势至菩萨和观世音菩萨。

9. 请简要介绍古大报恩寺琉璃塔"三绝"。

答：明代大报恩寺琉璃塔以"三绝"称奇。第一绝"高耸云日"，琉璃塔塔高 78.02 米，是当时南京乃至中国的地标性建筑；第二绝"通体琉璃"，塔身由琉璃瓦和琉璃砖榫合而成，其艺术水平是明代琉璃工艺的集大成者；第三绝"佛灯永明"，当年大报恩寺每晚都会点燃 144 盏油灯，保证塔身彻夜通明。

10. 在大报恩寺的遗址下发现了宋代长干寺地宫中的石函，石函上刻的铭文内容是什么？

答：在石函北壁板上镌刻着《金陵长干寺真身塔藏舍利石函记》长篇铭记，详细介绍了僧人可政得到宋真宗的支持，于六朝旧址重建长干寺，新建九级砖塔，于大中祥符四年（1011 年）在塔下瘗藏"感应舍利十颗，并佛顶真骨，洎诸圣舍利"这一重要历史事件。

11. 此处发现的七宝阿育王塔有什么特点。

答：有三个"最"：出土圣物的级别最高，佛顶真骨、感应舍利及诸圣舍利，三份舍利都在这里被发现；体积最大，这座阿育王塔高达 120 厘米，底座边长 45 厘米，是目前国内出土的所有阿育王塔中最大的一座；塔的工艺最为精美，这座塔使用檀香木作为骨架，使用了纯银银板手工錾刻鎏金工艺。

12. 请简要介绍彩绘壁画《九色鹿》的内容及意义。

答：《九色鹿》这个故事最早出自敦煌壁画 257 窟的《九色鹿经图》，再现了《佛说九色鹿经》中"鹿王本生"的故事。在古印度恒河边，有一只美丽的鹿。有一天，九色鹿在恒河里救起一个失足溺水者，可是溺水者后来因为贪图钱财、言而无信出卖了九色鹿，最终溺水者也得到了应有的报应。这个故事告诉我们做人要学会知恩报恩，与今天大报恩寺遗址景区所弘扬的文化非常相符。壁画将整个故事情节浓缩成九个部分，绘画精致、工艺精湛。

13. 报恩文化体验区的主题是什么？

答：报恩文化体验区以"佛说四恩"，即"父母恩、众生恩、国土恩、三宝恩"为主题，结合现代技术打造了人生轨迹、放生池及感恩众生等展厅。

14. 2008 年 7 月，考古发现了长干寺长干塔地宫。地宫瘗藏的舍利共有几种？

答：根据地宫出土碑文的记载，地宫瘗藏的舍利共有三种：一为"佛顶真骨"，二是"感应舍利"，三是"诸圣舍利"。

15. 大报恩寺塔在中世纪享誉欧洲，也得益于文学作品的宣传，请举例说明。

答：丹麦的童话大王安徒生先生，写过一篇童话故事《天国花园》，故事里说风妈妈让她的四个儿子去世界各地增长见识，东风来到的是中国，回家之后跟妈妈说，我绕着美丽高大的瓷塔跳舞，周围的琉璃钟叮当直响。这样一幅风铃叮当作响的宝塔景象深深印在国外小朋友心中，成为了南京乃至是中国地标性的建筑。

16. 请介绍历史上的大报恩寺琉璃塔。

答：历史上的大报恩寺琉璃塔为明成祖敕建，自永乐十年（1412 年）历时十七年基本完工，皇帝钦命郑和主持了落成大典，随后的 400 年中大报恩寺琉璃塔作为南京最具特色的标志性建筑，被称为"第一塔"。以其流光溢彩的五色琉璃被西方誉为"南京瓷塔"，媲美于古罗马斗兽场、亚历山大地下陵墓、比萨塔等"中世纪七大奇观"，作为中国古典建筑文化的范例被西方各国竞相仿建，清代咸丰年间大报恩寺琉璃塔在太平天国战火中被毁。

17. 东吴孙权建"建初寺"的原因是什么？

答：在江南佛法之始，来自西域的高僧康僧会行法事，三七之期，求得感应舍利。东吴大帝孙权"神其事"，在古长干里建建初寺、阿育王塔供奉感应舍利，长干里遂崇称佛陀里，江南大地从此佛法大兴。

18. 请介绍大报恩寺遗址景区内的五谷树。

答：明代周晖《金陵琐事》记载：五谷树有"二株，一在皇城内，一在报恩寺，不但结子如五谷，亦有如鱼蟹之形者。乃三宝六监西洋取来之物"。也就是大报恩寺总督造郑和下西洋带回的树种。相传五谷树结的果实好似小麦、水稻、高粱、谷子、荞麦等谷物，也能长出像鱼、蟹模样的果实。当年，五谷树植入大报恩寺后，引发南京城轰动，万人空巷，竞相观赏。

19. 请简要介绍"金陵刻经处"。

答：1866 年，杨仁山居士于南京创办了金陵刻经处。金陵刻经印刷技艺，是南京的传统手工技艺、世界非物质文化遗产，融经书的印制、流通、收藏及研究于一体，完整保存了整套的雕版印刷技艺。"金陵刻经印刷技艺"主要包括三项内容：刻版、印刷与装订。

20. "历代土层"遗址区可以看到哪几个朝代的历史遗迹？

答：这里可以看到三个朝代不同的历史遗迹，即宋代保护塔基的护坡和房屋，明代的夯土台基以及清代的古井。

【知识拓展】

1. 古代大报恩寺塔使用的建筑材料是五色琉璃瓦，工艺精湛、精美绝伦，现在我们看到的大报恩寺塔是什么样子的？为什么？

大报恩塔以现代工艺成就新塔古韵，新建的大报恩塔传承记忆、匠心独创，塔高 93.157 米，每个数字都是具有深意的，标高 108 米。

为保护千年地宫，大报恩塔采用四组钢管斜梁跨越遗址土方，地梁落脚点位于整个塔基遗址的外侧，形成"覆钵形"新的地宫，在原有地宫遗址上安放七宝阿育王塔，安奉佛陀舍利，供万世瞻礼。塔基上方重修轻质九层塔，既保护千年地宫又传承历史记忆。游客步入地宫，在瞻礼佛陀舍利之余，可见地宫之内有圣宫的建筑奇观。

2. 南京有"佛都"之称，与大报恩寺有什么样的历史渊源？

（1）它在佛教寺庙中的地位崇高。公元 247 年，一位叫"康僧会"的高僧从万里之外的天竺来到南京。当时是三国时代，南京是东吴政权的首都，名为"建业"，而主政一方的正是东吴大帝孙权。三国时期，来自西域的康僧会在这里求得"感应舍利"，孙权帮助他修建"阿育王塔"和建初寺供奉感应舍利，下面管辖着百寺。大报恩寺塔被誉为可媲美"中世纪世界七大奇观"。康僧会求得的"感应舍利",在这里瘗埋了1700多年。

（2）自古以来,这里就是皇家礼佛圣地。从建初寺、长干寺、天禧寺到大报恩寺,从孙权大帝、梁武帝、宋真宗到明永乐、宣德皇帝,大报恩寺前世今生的命运都和皇家有着十分密切的联系。明朝永乐皇帝朱棣为报父母恩,以"准宫阙规制"建造大报恩塔寺,他曾给大报恩寺九层琉璃塔御赐了"第一塔"的塔名,在当时朝廷发布的文告中就把大报恩寺称为"皇家佛堂"。清朝康熙、乾隆两位皇帝都与大报恩寺结下过不解之缘。

（3）大报恩寺佛教因缘殊胜。佛顶真骨舍利、玄奘顶骨舍利、感应舍利、诸圣舍利,四份舍利汇于一处,世间唯一。因缘殊胜,都由感恩而生,因知恩而显,为报恩而灵,以推恩而圣,这就是为什么这里千百年来被称为圣地、圣土。

3.请简要介绍考古中的探方挖掘法。

把发掘区划分为若干相等的正方格,依方格为单位,分工发掘,这些正方格叫"探方"。探方法的分布方法是,先在选定的发掘区域,画好方格网,在每个十字线交叉点打下一根木橛。方格的大小,依遗址文化堆积的厚度而定。探方法适合于发掘整片遗址,优点较多,是最常用的发掘遗址的方法。

4.请介绍大报恩寺与佛陀、玄奘舍利的殊胜因缘。

答:《金陵长干寺真身塔藏舍利石函记》铭文中明确记载:"感应舍利十颗,并佛顶真骨,洎诸圣舍利,内用金棺,周以银椁,并七宝造成阿育王塔以铁函安置。"此外,在铁函内发现的两件丝绸发愿文中,也直接提及佛顶骨舍利的内容。二者都提及造塔和"舍舍利"时间为"大中祥符四年"。这与《景定建康志》中"天禧寺者即长干道场,藏释迦真身舍利,祥符中建塔,赐号圣感舍利宝塔"的记载建塔时间吻合。

石函题记的最后一行还道出了佛顶骨舍利的进献者,碑文中提到"舍舍利施护、守正、重航、绍赟、智悟、重霸、守愿、尼妙善、宝性"。考古人员在长方形银椁底部还发现了一段记载施护献舍利的铭文。据《宋高僧传》等史料记载,位列"舍舍利"之首的施护,是从北印度来华的北宋三大高僧之一。另据季羡林先生考证,北宋为中国佛教中兴时期,时有印度高僧带佛舍利来华。专家认为,此次发现的佛顶骨舍利应为施护等所献,供奉于宋天禧寺(古长干寺、明大报恩寺)阿育王塔。

僧人可政得到宋真宗的支持,于六朝旧址重建长干寺,新建高达二百尺的九级砖塔，于大中祥符四年（1011年）六月举办"阇郭大斋"，在塔下瘗藏"感应舍利十颗，并佛顶真骨，洎诸圣舍利"。2003年，大报恩寺塔基遗址发现宋代长干寺地宫。2010年6月12日盛世重光，出土了震惊华人世界和佛教界的"佛顶真骨舍利""感应舍利""诸圣舍利"，佛脉延续千年，实乃殊胜之地。

公元988年，是北宋端拱元年，大报恩寺的前身金陵天禧寺的住持可政大师到终南山，无意中在已荒废的紫阁寺危塔中发现了玄奘顶骨舍利，伏地痛哭，千里背负，将玄奘顶骨舍利迎归至天禧寺建"三藏塔"安奉，与佛祖顶骨舍利距离不过几十米。宋仁宗天圣五年（1027年）二月，又建白塔，瘗葬玄奘顶骨。

1942年，日军在大报恩寺南岗三藏塔发现"玄奘顶骨舍利"。1943年12月28日，玄奘顶骨舍利在"分送典礼"上被分成三份，南京汪伪政府、北京和日本各得一份。即一份于1944年10月10日在南京玄武湖畔九华山建塔供奉；一份由北平佛教界迎至北平供奉；而被日本人分去的一份，分别供奉于东京的慈恩寺和奈良的药师寺。

1949年后，原汪伪政府保管的那份先是转到南京博物院，后辗转于南京毗卢寺、南京栖霞寺、南京市文物保管委员会供奉、保管。1973年，南京灵谷寺修复开放后，专门设立了玄奘大师纪念堂，遂将玄奘大师的顶骨舍利供奉于灵谷寺。

5. 大报恩寺的前世

大报恩寺位于南京市秦淮区中华门外，是中国历史上最为悠久的佛教寺庙，其前身是东吴赤乌年间（238—250年）建造的建初寺及阿育王塔，是继洛阳白马寺之后中国的第二座寺庙，也是中国南方建立的第一座佛寺，是中国的佛教中心，与灵谷寺、天界寺并称为金陵三大寺，下辖百寺。

经过考证，阿育王塔约建于东汉献帝的兴平年间（194—195年），是南京最古老的佛塔，也是中国最早的佛塔之一。阿育王塔因印度孔雀王朝的第三代国王阿育王而得名。这个阿育王是一位佛教徒，为了弘扬佛法，搜集了释迦摩尼的舍利，让高僧带着这些舍利去全世界宣扬佛教，并在当地建造佛塔来供奉舍利。修来供奉这些舍利的塔就是阿育王塔。

东吴赤乌十年（247年），东吴大帝孙权为宸居国僧人康僧会在长干里修建建初寺和阿育王塔，成为江南塔寺之始。这段历史也在敦煌莫高窟第323窟中用壁画的形式记载了下来。

建初寺后来毁于战火，但在建初寺的遗址上，佛寺不断重修。到了晋太康年间（280年），复建了名为长干寺的佛寺。南朝梁武帝又对寺庙进行扩建，改名为报恩寺。

北宋端拱元年（988年），僧可政得唐三藏玄奘大师顶骨舍利，于长干寺建塔瘗藏；宋天禧元年（1017年），重修后的长干寺改称天禧寺，寺塔易名"圣感"；元至元二十五年（1288年），诏改天禧寺为"元兴慈恩旌忠教寺"，改塔名为"慈恩塔"。

明朝永乐六年（1408年）毁于火，永乐十年（1412年）明成祖朱棣敕工部于原址重建，明成祖以纪念明太祖和马皇后为名，命工部于此重建大报恩寺及九层琉璃宝塔，按照宫阙规制，征集天下夫役工匠十万余人，费用计钱粮银二百五十万两、金钱百万，历时十九年始完工。"依大内图式，造九级五色琉璃塔，曰第一塔，寺曰大报恩寺。"

大报恩寺的修造，由郑和等人担任监工官。大报恩寺在永乐、宣德年间建造，正值郑和率领下西洋船队多次远洋海外之时，因而，郑和对这项工程难以全力照顾，工程进展缓慢，弊端展现。为此，宣德三年（1428年），明宣宗朱瞻基特下御敕，要此时已出洋回国任南京守备的郑和"即将未完处，用心提督"，限期完工。竣工以后，郑和还特其从海外带回的"五谷树""娑罗树"等奇花异木种植在寺内。

明代初年至清代前期，大报恩寺琉璃宝塔作为中国最具特色的标志性建筑物，被称为"天下第一塔"，更有"中国之大古董，永乐之大窑器"之誉，是当时中外人士游历金陵的必到之处。

明朝嘉靖四十五年（1566年）遭雷火袭击，天王殿、大殿、观音殿、画廊一百四十余间焚为灰烬；万历二十八年（1600年）塔心木腐朽，塔顶倾斜，僧人洪恩募捐银数千两使之得以重修。清朝顺治十八年以后，内府及地方均有拨款修缮记载。最后一次是1802年（清嘉庆七年），修复竣工后，绘塔图并附志。

清朝咸丰四年（1854年），大报恩寺塔被毁，关于被毁的原因有两种说法。一说是清军攻克雨花台后，太平军为防清军占据大报恩寺对城内造成威胁，太平军先下手为强，遂"用火药轰之，复挖空塔座下基地，数日塔倒，寺遭焚毁"。另一说则是1856年，正逢天京之变，北王韦昌辉因为担心翼王石达开占领城外的琉璃塔架炮攻击城内，派兵一面在塔下挖地道引爆炸药，一面用火炮直接轰击塔身，最终使琉璃塔化作一堆瓦砾，而大报恩寺的其他建筑也被由此引发的大火全部烧毁。也有人认为是曾国藩下令炸毁的。

6.油库遗址

现在我们来到了油库遗址。大报恩寺塔当年有一绝，那就是长夜深沉，佛灯长明。在这个地方，每当夜幕降临，一盏盏佛灯就会像火炬般点亮整座宝塔，总共144盏佛灯，彻夜不熄。在琉璃塔西北侧，就有这么一座油库，也就是我们现在所在的地方，用于储存燃灯所需的灯油。根据一份明代官员向皇帝提交的账单记载，整个琉璃塔每天耗油64斤，金碧辉煌，昼夜通明。自琉璃塔建成之日起，大报恩寺就安排了100名童子轮流值班，负责给油灯添油、剪芯，擦拭明瓦，确保夜夜塔灯通明。当时有人称赞琉璃塔"白天似金轮耸云，夜间似华灯耀月"。

7.康熙南巡图

康熙皇帝先后六次南巡，时间分别为康熙二十三年、二十八年、三十八年、四十二年、四十四年、四十六年。康熙二十八年（1689年）正月初八，他起驾离宫，开始了第二次南巡活动。行走线路基本上是沿着京杭大运河线路行进，途经济南、剡城、淮阴、扬州、苏州、杭州、绍兴后折回。他由丹阳登陆后经过句容，于二月二十五日抵达江宁（今南京），驻跸江宁府。三月十九日返京。为了纪念这次南巡盛典，康熙皇帝玄烨亲自下诏，决定以宏大的绘画叙事方法记载此行经过。

《康熙南巡图》一共12卷，每卷长度约在10米、20余米长短不等，宽约60余厘米，堪称当时最长的宫廷画卷珍品。此卷先由王翚等人历时三年绘出样稿，呈玄烨目览审定，然后再在绢本上绘成正式画稿。大功告成后，康熙曾御笔"山水清晖"赐赠王翚，并欲授官职。不谙官场的王翚借故推辞，于1698年南归故里。

晚清倾覆以后，《康熙南巡图》之第五、第六、第八卷由宫中散失下落不明，第二、第四卷现在典藏于法国巴黎吉美博物馆，第三、第七卷现在典藏于美国纽约大都会艺术博物馆。其余各卷仍为北京故宫博物院所典藏。《康熙南巡图》中之"南京部分"为第十卷和第十一卷，是他巡幸大报恩寺的场景。

南巡图展示由通济门入城以后，十里秦淮两岸，官民杂居，歌楼舞榭，商肆林立，彩坊绵延。庄重典雅的夫子庙巍然屹立，毗邻的贡院号舍整齐地排列着，通过科举取士广纳天下饱学文士。闻名遐迩的秦淮灯舫也悠然地游弋在笼罩六朝烟水气的淮水上。茶寮、酒家、点心摊、当铺、钱庄等鳞次栉比，琳琅满目，几乎涵括了当时民众衣食住行、文化娱乐等各个方面。街上人流熙来攘往，雄伟壮丽的大报恩寺巍然屹立在外秦淮河的南岸。

《康熙南巡图》的第十、第十一卷让距今 300 多年的南京历史风貌得以保存，也为我们今天留下了难以磨灭的文化记忆。

8. 浮雕《中外交流》

浮雕《中外交流》描绘了四个小故事。（1）明代时，1598 年夏，意大利传教士利玛窦与当时大报恩寺的住持雪浪大师辩论，这是中西方基督教（耶稣会）与佛教（华严宗）第一次正面的思想交锋。（2）这位是荷兰冒险家、画师尼霍夫。1654 年，荷兰人约翰·尼霍夫受荷兰东印度公司董事会指派，随团把沿途见到的景象以及奇异的建筑物以它们本来的形象描绘下来，作为资料保存，其中就有对大报恩寺及琉璃塔的描述。而后，约翰·尼霍夫之兄亨利·尼霍夫整理、编辑了尼霍夫游记。在尼霍夫游记中，南京大报恩寺琉璃塔，被大肆渲染和热情推崇，被西方人视为代表中国文化的标志性建筑之一，可与罗马大斗兽场、比萨斜塔、中国万里长城等中世纪世界七大奇迹相提并论。（3）这个是达摩南京传法。达摩是天竺高僧，南京是他来中国传法的第一站。一苇渡江、梁武帝与达摩的会晤都是在南京发生的事情。（4）这是司马达赴日弘法的故事。据史籍所载，梁武帝普通三年（522 年），萧梁人司马达由南京东渡日本，为日本带去了佛教文化，是日本接触佛教之始。司马达在日本大和设立草堂，安置佛像礼拜，他的女儿司马岛出家为尼，称为善信尼，儿子出家为僧，称为德齐，是日本最初的僧尼。而司马达的孙子"鸟禅师"则是当时佛像制作的第一名匠。司马达的后裔还被任命为日本最早的僧官。

9. 梁武帝问道达摩

南朝佛教在梁武帝时达到全盛。梁武帝自称"菩萨皇帝"。他大力倡建寺院，同泰寺、光宅寺、开善寺等金陵名刹都是梁武帝所造。长干寺由于收藏有佛祖舍利，因此备受梁武帝的重视，梁武帝于大同年间命令住在长干寺旁的数百户人家献出宅地，用于扩建寺庙，长干寺也借此机会新建了很多佛殿、佛堂，达到了空前的规模。

他还四度舍身同泰寺，并广泛结交当时的名僧高僧，并向达摩大师问道，岂料梁武帝对其回答感觉很不满意，也就冷落了达摩。与此同时，达摩也感觉话不投机，于是不辞而别。宝志禅师得知这段对话以后，告诉梁武帝，达摩的开示很好，是观音菩萨乘愿再来，传佛心印。梁武帝深感懊悔，在得知达摩离开的消息后，急忙派人追赶。达摩看到有人追来，就在江边折了一根芦苇投入江中，化作一叶扁舟，飘然过江。

与此同时，梁武帝还亲自颁发《断酒肉文》。汉传佛教不食酒肉的仪轨，从此确立下来。为了统管全国僧尼，他命人制定《出要律仪》，创立僧尼戒规。后世流行的"梁皇忏""水陆法会""盂兰盆斋会"等仪轨，据传也由梁武帝开始。

10. 伽蓝殿

伽蓝殿融合了护法与报恩两大主题于一体。"伽蓝"意为寺庙。伽蓝殿原先正中供奉的是波斯匿王，左方是祇多太子，右方是须达多长者，以纪念他们护持佛教的功德，称伽蓝三尊。

现在遗址两侧雕刻着伽蓝三尊与马皇后、硕妃二人的雕像。在民间，还广泛流传着大报恩寺的大殿（大雄宝殿）为"硕妃殿"一说。大家可以想象一下，如果真是如此，那么朱棣当年供奉其生母就如同供奉佛陀一般，可见其孝心至诚。因此，伽蓝三尊不仅护持佛陀，也护持着朱棣的生母。殿内两侧除了雕像以外，还分别刻有《佛说父母恩重难报经》和《大乘本生心地观经》的经句。

11. 梵呗

梵呗起源于鱼山，又称"鱼山"，是"鱼山梵"或"鱼山呗"的简称。梵呗是佛教徒（确切地说是指出家人比丘、比丘尼）举行宗教仪式时，在佛菩萨前歌诵、供养、止断、赞叹的音声修行法门，包括赞呗、念唱，即和尚念经说法的声音。

"梵呗"还有一个传说，与曹植有关。话说三国时期的大才子曹植（192—232年），常常读佛经，有一天"忽闻梵天之响"，所以模仿了这些声音，创作出了梵乐，后来逐渐融入了民间曲调，开启了"梵呗"的先河。不同地区的梵呗，还有着各自的特点。

梵呗是佛教中国化的重要标志，是中外文明互鉴的成功案例，也是儒家、道家文化浸润佛教，实现交汇融合的优秀典范。

【课后实践】

1. 整理大报恩塔佛教渊源的导游词，并练习讲解。
2. 学习线上示范讲解视频后，根据下列大纲练习讲解大报恩寺。

序号	名称	景点内容要点	讲解时长
1	景点概况	1. 历史沿革及文化底蕴 2. 景区考古成果及地位	1分钟
2	中轴遗址区	1. 香水河、香水河桥遗址、御道遗址及两侧碑亭 2. 主门厅（天王殿遗址） 3. 大殿及月台遗址	1分30秒
3	北馆核心区	1. 北画廊遗址 2. 长干佛脉、千年对望展区 3. 琉璃官窑及琉璃拱门 4. 地宫文物区（石函、铁函、阿育王塔、金棺银椁等） 5. 历代土层遗址	3分钟
4	北馆佛教文化区	1. 江南首寺 2. 东阳木雕《中外交流》、安徒生雕像 3. 南朝四百八十寺 4. 舍利佛光	1分30秒
5	大报恩塔、千年地宫	古塔、新塔及建造特点、地宫遗址	1分30秒
6	南馆区	南画廊、报恩体验区、汉文大藏经博物馆	1分30秒
累计时长			10分钟

第七章 南京市红色文化景点导游讲解

【概　述】

南京是一座有着光荣革命传统的城市，近百年来，许多重大的历史事件都发生在这里，它见证了党和人民一同奋斗的伟大历程。红色南京的百年记忆，是中国共产党带领中国人民和中华民族走向伟大复兴的生动缩影，是中国特色社会主义道路在南京大地的生动实践。学习历史、领悟历史，把党的历史学习好、讲解好，不忘初心、牢记使命。

第一节　侵华日军南京大屠杀遇难同胞纪念馆

【解　读】

侵华日军南京大屠杀遇难同胞纪念馆位于南京市水西门大街 418 号，这里是南京大屠杀江东门集体屠杀遗址及遇难者丛葬地，占地面积 120000 多平方米。它是为铭记侵华日军攻占中国首都南京后制造了惨无人道的南京大屠杀的暴行而筹建，是中国人民全民族灾难的实证性、遗址型专史纪念馆，也是中国唯一一座有关侵华日军南京大屠杀的专史陈列馆及国家公祭日主办地。它被列入中国首批国家一级博物馆、首批全国爱国主义教育示范基地、全国重点文物保护单位，以及首批国家级抗战纪念设施、遗址名录，也是国际公认的"二战"期间三大惨案纪念馆之一。

2016 年 9 月，侵华日军南京大屠杀遇难同胞纪念馆入选"首批中国 20 世纪建筑遗产"名录。

考证讲解包括四部分内容：景点概况、广场、展陈区、外部景观，共计10分钟，展陈区是讲解重点。实际带团讲解以广场等外部景观为主，讲解时长约45分钟。

【考证示范讲解】

一、景点概况

1. 纪念馆简介

2. 建馆时间

3. 新馆外形

4. 设计理念

1931年9月18日，日军蓄意制造"九一八事变"后，东北三省很快全境沦陷。1937年7月7日"卢沟桥事变"爆发，标志着日军全面侵华战争的开始。12月13日，南京沦陷。日军公然违反国际公约，实行"彻底消灭俘虏"，大肆屠杀放下武器的中国军人和手无寸铁的平民。至1938年1月，遇难同胞人数达三十万以上。

"前事不忘，后事之师。"侵华日军南京大屠杀遇难同胞纪念馆于1985年8月建立，是中国第一座抗战类纪念馆。2015年12月，南京利济巷慰安所旧址陈列馆和"三个必胜"新展馆建成后，纪念馆总占地面积10.3万平方米，展陈面积达2万平方米，表现了暴行、抗争、胜利、审判、和平五大主题。纪念馆为全国首批爱国主义教育基地、"全国重点文物保护单位"，全国首批"国家一级博物馆"。2015年10月，南京大屠杀档案列入《世界记忆名录》，从2014年12月13日起，纪念馆作为南京大屠杀死难者国家公祭仪式的固定举办地。

二、广场

1. 雕塑广场

2. 公祭广场

3. 公祭鼎、标志碑、《倒下的300000》、和平大钟

纪念场馆的整体造型是"和平之舟"，寓意为铭记历史、珍爱和平。是由华南理工大学何镜堂院士主持设计的。

雕塑广场上的雕塑是吴为山教授创作的，雕塑《家破人亡》塑造了一位受难的母亲怀抱着死去的孩子仰天长啸的情景。"市民逃难"区域，每一座雕塑都是根据历史事实和幸存者证言创作而成的，再现了当年南京人民被迫逃难的情景。集会广场，营造了没有生命的空间。《冤魂的呐喊》预示着无数亡灵的挣扎与反抗。

雕塑《家破人亡》

《倒下的300000》抽象雕塑寓意南京大屠杀遇难者30万。灾难之墙上刻11种文字的"遇难者300000"。钟架上挂着和平大钟，每年的12月13日，和平大钟的钟声就会响彻南京的上空。

公祭鼎上铸有160字的铭文，记述了南京大屠杀激发全民抗战、中国人民最终取得胜利的历程。标志碑上刻有南京大屠杀的起止时间。

古城的灾难

《古城的灾难》寓意为回眸古城南京的人间特大惨案。由残破的城墙、残缺的军刀、遇难者的头颅和手臂组合而成。

三、展陈区

1. 前厅

2. 序厅

"南京大屠杀史实展"中黑底白字的寓意是，黑的就是黑的，白的就是白的。铁的史事，不容歪曲。

档案墙上摆放了10000多盒有关幸存者、死难者以及第三方证人的档案。

《12秒》流星装置寓意大屠杀期间每隔12秒就会有一条生命消失。

《死难者300000》的纪念装置凸显对死难者的缅怀。上方30块由树脂包埋的城砖，寓意城破后的大屠杀。

周围是南京大屠杀幸存者的照片墙，共展出1213张照片。左右两边对称排列的1113张是已经离世的幸存者的黑白照片。目前登记在册的幸存者已不足百人。

幸存者照片墙

这是高大扭曲的雨花门、光华门等七座城门，中日双方最后的激战正是在这几个城门前展开的。接下来是展厅的主体展览。

第一部分南京沦陷前的中国形势

第二部分日军进犯南京与南京保卫战

1937年的"卢沟桥事变"，标志着日军全面侵华战争的开始。国共双方先后发表抗日宣言。8月13日，淞沪会战爆发。国民政府顽强抵抗。

国民政府空军和苏联志愿航空队在南京进行了多次对日空战。乐以琴等勇士壮烈牺牲。古城南京遭受严重的毁坏。无数难民被迫逃离家园。曾经热闹繁华的南京城到处焦土瓦砾，一片废墟。

日军侵占上海后，向南京进犯。12月10日，日军开始了对南京城的总攻。

守军无法对抗日军先进的飞机战车以及不断增援的兵力，加上后援不继，战局不断恶化。整个南京保卫战中打得最惨烈的就是光华门争夺战。13日凌晨，南京各城门陆续失守，南京沦陷。

第三部分日军在南京的暴行

日军侵占南京后，公然违反国际公约，实行"彻底消灭俘虏"。在幕府山等地搜捕中国军人俘虏、警察、难民等，并将他们全部屠杀。被日军集体屠杀的尸体堆积如山、遍布乡野。

"黑匣子"里面是2007年发现的死难者遗骸，共23具。坑顶部光束仿佛"苍天有眼"。《屠·生·佛——南京大屠杀》这幅油画再现了日军在南京的屠城暴行。

2个日军少尉军官在进攻南京时进行了"百人斩"杀人比赛。这篇血腥报道在日本受到战争狂热分子的极力追捧。日军屠城的方式五花八门，有枪杀、刀劈、焚烧、水溺、活埋等。

南京大屠杀期间的性暴力也是极端野蛮和残忍的。被占领后的第一个月中，南京城里就发生了将近 2 万起强奸案。

被破坏、焚烧后的南京满目疮痍，曾经繁华的夫子庙等地已被日军完全焚毁。全市约三分之一的建筑被破坏焚毁。

第四部分人道主义救援

第五部分世界所了解的事实与日本的掩饰

第六部分大屠杀后的南京

南京大屠杀期间，二十多位外籍人士冒着生命危险留在南京，利用其中立国国民等特殊身份，在南京建立安全区，设置了 25 个难民收容所，德国人约翰·拉贝先生被推选为南京安全区国际委员会主席。他与其他国际安全区委员会成员一起，拯救了 25 万多中国难民。

南京大屠杀这段历史，自始至终都有外籍人士亲历、亲闻。他们以第三方的公正立场，记录并报道了日军在南京的暴行，引起国际社会的关注。

中国媒体也陆续报道与揭露日军的暴行。而在日本国内，日军在南京暴行的报道和残暴的照片被禁止公开发表，沦陷的南京被粉饰成"一派祥和"的景象。

大屠杀后的南京城一片破败，尸体累累。劫后余生的南京市民在贫困与悲痛中挣扎。日本为加强对南京的控制，成立了伪南京市自治委员会。

经历战争的南京城已然瓦砾一片。饱尝古城之殇、民族之痛的南京市民穷困潦倒，生活无以为继，只能在一片废墟中搜寻可用之物。

第七部分战后调查与审判

第八部分人类记忆和平愿景

1945 年 8 月 15 日，日本天皇宣布日本无条件投降。9 月 9 日，"中国战区日本投降签字典礼"在南京举行。

远东国际军事法庭对东条英机等 28 名日本甲级战犯进行审判。南京鼓楼医院美籍外科医生罗伯特·威尔逊博士和南京大屠杀幸存者尚德义、伍长德等人出庭作证。法庭在判决书中对"南京暴行"的事实进行了认定。

抗战胜利后，人们以各种方式举行悼念活动，铭记南京大屠杀历史，寄托对死难者的哀思。

"前事不忘，后事之师"，是建馆的理念，也是建馆的目的。

四、外景

1. 历史证人脚印
2. 墓地广场
3. "万人坑"遗址
4. 冥思厅
5. 和平广场

两座青铜雕塑是幸存者倪翠萍和彭玉珍。铜板路上铸造了222位幸存者和重要证人的脚印。

迎面石壁上用中、英、日三国文字镌刻着"遇难者30000",以及邓小平同志亲笔题写的馆名。这一大片鹅卵石,象征着遇难者的累累白骨;伤心欲绝的母亲,苦苦地在成堆的尸骨中找寻亲人。

江东门是日军大规模屠杀的地点之一。这是1998—1999年发掘的遇难者遗骨坑。坑内遗骨分七层,表层达208具。

这座大厅是冥思厅,营造了一个发人深思的悼念环境。出口处刻着"六个让、两个把",即"让白骨得以入睡,让冤魂能够安眠,让孩童不再恐惧,让母亲不再泣叹,让战争远离人类,让和平洒满人间;把屠刀化铸警钟,把逝名刻作史鉴"。

一位中国军人斗志昂扬地吹响了胜利的号角,形象生动地点明胜利主题。

远处是名为"和平女神"的高大雕塑,通高30米,意为悼念遇难的30万同胞;底座九级台阶,祈愿人类将走向持久和平。表达了中国人民期盼美好与发展的愿景。

和平女神雕塑

【景点问答】

1.侵华日军南京大屠杀遇难同胞纪念馆何时正式建成开放？建立在什么遗址上？

答：纪念馆于 1985 年 8 月 15 日正式建成开放，是建立在南京大屠杀江东门集体屠杀和"万人坑"遗址之上的遗址陈列馆。

2.请简介雕塑广场中《家破人亡》这座雕塑。

答：《家破人亡》雕塑高达 12.13 米，塑造的是一位受难的母亲怀抱着死去的孩子仰天长啸的情景。

3.请简介公祭广场中的和平大钟。

答：这是一个寓意为《倒下的 300000》的油象雕塑钟架，由三根黑色的三棱柱和五个褐红色的圆圈组成了"300000"的数字，中间的三根黑色横梁为一个倒下的"人"字，钟架上挂的是和平大钟，是由旅日华侨捐资铸造的，钟面上刻着有关南京大屠杀的图文，钟体正面是由原中国书法家协会名誉主席启功先生书写的钟名。每年的 12 月 13 日，和平大钟就会被敲响，警示人们不忘国耻！

4.请简介史料陈列厅中的照片墙。

答：南京大屠杀幸存者照片墙共展出 1213 张照片。左右两边黑白照片是已离世的幸存者，前方彩色照片是截至 2017 年 9 月 30 日登记在册的在世幸存者。每当有幸存者离去，其对应的照片灯箱也随之熄灭。

5.请介绍雕塑《轰炸》。

答：雕塑《轰炸》是我国著名雕塑家滑田友的作品，于 1938 年创作样稿，1946 年完成作品。作品塑造了一位逃难的母亲惊恐回首，两眼盯着天空中又来轰炸的飞机，右手紧紧搂着怀中的婴儿，左手牢牢拉着年幼的儿子，惊慌失措地逃难。

6.简介《南京大屠杀——屠生佛》这幅油画作品。

答：这幅油画是旅美画家李自健先生于 1991 年，应台湾星云法师的邀约，创作的三联画《屠·生·佛——南京大屠杀》。这幅油画以现实主义艺术手法，真实再现 1937 年侵华日军在南京的屠城暴行。画分为三联：左联为"屠"，中联为"生"，右联为"佛"。整个画面构图形成一座"山"的形状，以此记录日军南京大屠杀暴行铁证如山。这幅记录历史史实的油画作品已被列为国家一级文物。

7. 简介日军进攻南京时进行的"百人斩"杀人比赛。

答：这是 1937 年 12 月 14 日《东京日日新闻》刊登的 2 个日军少尉军官在进攻南京时进行的"百人斩"杀人比赛。这篇血腥的报道当时在日本受到战争狂热分子的极力追捧。直到战后东京审判时，远东国际军事法庭中国检察官办事处获得了这份报纸。报道的题目是《百人斩超记录》，少尉军官向井敏明与野田毅相约以砍掉中国人头颅的数量进行"比赛"。最终向井敏明杀了 106 人，野田毅杀了 105 人。为了弄清到底是谁先杀满 100 人，于是向井与野田便又相约，重新开始以杀满 150 人为目标的竞赛。国民政府致电盟军总部强烈要求将两个杀人犯绳之以法，并要求将其引渡到南京接受审判。1948 年 1 月，经南京审判战犯军事法庭审判，判处他们死刑，在雨花台执行了枪决。

8. 请简介"南京安全区"。

答：南京沦陷前，有数十位外籍人士和一大批勇敢的中国人冒着生命危险留在南京，利用中立国国民和国际红十字委员等特殊身份在南京建立安全区和难民营，在中国人民最危难的时刻给予国际人道主义援助，保护中国人民的生命安全。

9. 请简介《拉贝日记》的意义。

答：《拉贝日记》详细记录了日军烧杀淫掠的暴行和外籍人士艰难救助难民的史实，保留了大量图片、信函、备忘录及文件的副本，为世人留下了十分珍贵的关于南京大屠杀史实的第一手资料。

10. 请简介约翰·马吉牧师在南京拍摄的影片的意义。

答：美国约翰·马吉牧师在南京大屠杀期间，手持一台 16 毫米摄影机，秘密拍摄了日军屠杀暴行。在他秘密拍摄的镜头里，有日军屠杀放下武器的中国士兵和平民的场景以及被日军摧残的百姓在医院接受治疗的画面，这是留存至今有关南京大屠杀唯一的动态影像。2015 年 10 月，南京大屠杀档案列入联合国教科文组织《世界记忆名录》，约翰·马吉的 16 毫米摄影机及其胶片母片列入其中。

11. 请简介日军对南京大屠杀暴行的掩饰。

答：日军在南京不断施暴，在宣传上却进行"和平南京"的虚假宣传。日本炮制的一些"和平南京"的假新闻在日本国内的报纸上被肆意登载。在日本战时新闻统制政策下，日军在南京暴行的报道和残暴的照片被盖上"不许可"

的印记，禁止公开发表，以掩盖日军的罪恶行径。而在日本国内的报纸上只能报道炮制的假新闻，沦陷的南京竟然被粉饰成"一派祥和"的景象。

12. 请简介日本向同盟国宣布无条件投降签字仪式的举行。

答：1945 年 8 月 15 日，日本裕仁天皇发布《终战诏书》，宣布日本无条件投降。1945 年 9 月 2 日，日本向同盟国无条件投降签字仪式在东京湾美国战列舰"密苏里"号上举行。1945 年 9 月 9 日，"中国战区日本投降签字典礼"在南京举行。由此南京成为一座"胜利之城"。

13. 请简略介绍远东国际军事法庭的成立。

答：1946 年 1 月 19 日，中国、苏联、美国、英国、法国等 11 个国家在日本东京设立了远东国际军事法庭，对 28 名甲级战犯进行审判。其中南京大屠杀案主犯松井石根也被押入受审，法庭经过调查判定松井石根有罪，对其判处绞刑。在长达 1213 页的远东国际军事法庭判决书中，用两个专章的篇幅，作了题为"攻击南京"和"南京大屠杀"的判词。

14. 请简介法庭对谷寿夫的审判。

答：1946 年 2 月 15 日，中国在南京励志社设立南京审判战犯军事法庭。南京大屠杀案主犯、原日军第六师团长谷寿夫被引渡到南京接受审讯，最终被判处死刑，在南京雨花台执行枪决。法庭经过调查判定："日军在南京集体屠杀 28 案，屠杀人数达 19 万人以上；零散屠杀 858 案，确认被零散屠杀的尸体经慈善团体掩埋的就达 15 万人之多。日军在南京屠杀总人数在三十万以上。"

15. 请简介"京字第一号证据"相册。

答：这是当年在南京"华东照相馆"当学徒的罗瑾在为日军少尉军官冲洗胶卷时发现并加洗的 16 张日军暴行照片。这 16 张照片被装订成册，之后辗转又被吴旋保存。抗战胜利后，这本相册被呈交南京审判战犯军事法庭，作为"京字第一号证据"在法庭出示，在审判日本战犯中发挥了重要作用。相册原件藏于中国第二历史档案馆，2015 年被列入《世界记忆名录》。

16. 请简介国家公祭日的设立。

答：2014 年 2 月 27 日，第十二届全国人大常委会第七次会议决定，将 12 月 13 日设立为南京大屠杀死难者国家公祭日。

17. 请介绍悼念广场内的"历史证人的脚印"铜板路。

答："历史证人的脚印"铜板路是 2002 年 12 月 13 日南京大屠杀 65 周年纪念之际，22 位幸存者在铜板上留下脚印，以期留下永久的记忆。"历史证人的脚印"铜板路，长 40 米，宽 1.6 米。

18. 简介墓地广场两侧的纪念碑。

答：院内小道两旁，安放着 17 块小型碑雕，碑上分别刻着鱼雷营、中山码头、燕子矶、草鞋峡、上新河、江东门等 17 处南京大屠杀遇难同胞纪念碑的碑文，这里是全市各地所立遇难同胞纪念碑的缩影和集中陈列。

19. 请简介遇难同胞名单墙。

答：遇难同胞名单墙原长 43 米、高 3.5 米，花岗岩材质，老百姓称为"哭墙"。经过 1995 年、2007 年、2011 年和 2013 年四次扩建镌刻，"哭墙"现全长 69.5 米，刻有 10665 名南京大屠杀遇难者的名单，他们是 30 多万遇难者的代表。

20. 请简介和平广场中的胜利之墙。

答："胜利之墙"是由著名雕塑家吴为山教授主持创作设计的。墙上的浮雕以象征胜利的 V 字造型向两边延展，右侧意指在黄河咆哮的节律声中，中国军民冒着敌人的炮火前进，表现了中华民族不畏强暴和反对侵略的坚强意志；左侧则以长江滚滚浪涛为背景，通过对欢庆胜利人群的刻画，表现了取得独立与自由的中国人民扬眉吐气的精神面貌；中心点塑造了一位脚踏侵略者钢盔和屠刀而吹响胜利号角的中国军人，点明了胜利的主题。整座浮雕长达 140 米，以大气磅礴的艺术手法予人以视觉震撼，表达了中国人民取得抗战胜利的喜悦之情。

【知识拓展】

1. 请简略介绍几位南京大屠杀幸存者的故事。

夏淑琴，女，南京大屠杀的亲历者和幸存者。1937 年 12 月 13 日，夏全家祖孙 9 口人中 7 人惨遭日军杀害，时年 8 岁的夏淑琴在身中 3 刀后，因昏死过去幸免于难。2000 年，夏淑琴诉日本右翼作者松村俊夫、东中野修道、日本展转社株式会社侵害名誉权。她于 2012 年 12 月 6 日启程，到日本大阪、京都、福冈、冈山、神户、金泽、名古屋、东京参加"证言集会"，向当地民众讲述当年历史。2014 年 12 月 13 日，习近平总书记搀扶着南京大屠杀幸存者代表、85 岁的夏淑琴一同走上公祭台，为国家公祭鼎揭幕。

1937 年 12 月，侵华日军进攻南京。李秀英因怀有七个月的身孕，无法逃往外地，与其父一起躲进了南京国际安全区，在五台山小学"美国教会学校"的地下室避难。1937 年 12 月 19 日，日本兵闯进地下室里图谋强奸李秀英，性格倔强的她与三个日本兵殊死搏斗，身中三十七刀。日本兵走后，其父设法将奄奄一息的她送进南京鼓楼医院（时为美国教会医院），经美国专家抢救，才得以保存性命，但肚子里的孩子因此流产了。

张翠英 1930 年 12 月 18 日出生于南京太平门外。1937 年，年仅 7 岁的她为躲避屠杀，跟随父母藏身于芦苇荡。由于怕日本兵认出她是女生，张翠英把头发全部剃掉，母亲则把锅底灰抹在她脸上。"当时江边的芦苇沟都是红的，漂着很多尸体。"老人生前在接受媒体记者采访时说，躲在芦苇荡的一个月，她和家人每天吃树根和芦苇草。

2. 请简略介绍美籍华裔作家张纯如。

张纯如

张纯如（Iris Chang，1968 年 3 月 28 日—2004 年 11 月 9 日），美国华裔女作家、历史学家，祖籍江苏淮安。

张纯如是出生在新泽西州的第二代美国华裔。她善用新颖独特的手法描述华人在中国和美国的生活，揭示鲜为人知的中国历史和美国华人史，其作品有《钱学森传》《南京大屠杀》《华人在美国》等。1997 年出版的《南京大屠杀》描写了日军在南京强奸、虐待、杀害大批中国平民的详情。《南京大屠杀》在一个月内就打入美国《纽约时报》畅销书排行榜，并被评为年度最受读者喜爱的书籍，被哈佛大学历史系主任威廉·柯比认为是人类史上第一本充分研究南京大屠杀的英文著作。

在《南京大屠杀》一书的写作过程中，张纯如经常气得发抖、失眠噩梦、体重减轻、头发掉落。书成后，她又得面对日本右翼势力的报复和骚扰。由于她又开始准备写美国"二战"被俘军人在菲律宾受日军虐待的历史，接触到的残酷史实又一次触发她的病痛，引发了她的抑郁病症，而且张纯如还患有偏头痛，是抑郁症的表征，巨大的病痛折磨着她，她的抑郁症不断加深。2004 年 11 月 9 日，张纯如，这个曾为南京 30 万冤魂奔走呼喊的女子，将自己的白色轿车停在一段荒僻的公路旁，然后掏出手枪，结束了自己年仅 36 岁的生命。

3. 在和平公园内种植有紫金草花园，有紫金花女孩铜像。请简介紫金草的故事。

紫金草，又叫作"二月兰""诸葛菜"，为十字花科诸葛菜属，原产于中国东部，是一种常见的野花。每年早春时节，淡紫色的小花盛开在南京城外。

1939 年，一位名叫山口诚太郎的日本人来到南京。他在战前曾是一名医药研究专家，战争爆发后，被征入伍，成为侵华日军卫生材料厂厂长，随陆军卫生视察团到南京视察。他亲眼看到了大屠杀给无辜中国民众带来的深重灾难和创伤，内心受到巨大的冲击。没过多久，他因不满日军的暴行，发布反战言论，而被军方勒令遣返。

离开前的一天，他来到了南京东郊的紫金山脚下，看到了草地上开着大片紫色的二月兰，山口诚太郎很惊讶：在这座被战争蹂躏的城市，竟然还有如此美丽的花朵盛开！他采摘了 12 粒二月兰的种子，带回了日本。

1940 年的春天，山口家的院子里开满了紫色小花。山口诚太郎将其更名为"紫金草"，怀着对战争的反省和对和平的祈愿，此后 20 多年，他每年坐上火车，沿路抛撒紫金草的种子。紫金草耐寒耐旱，无论是多贫瘠的土地，也能顽强生长。他还把种子分送给亲朋好友，在日本各地的学校、公园、社区广泛宣传反战和平的思想。渐渐地，紫金草开始在日本各地生长。

20 世纪 80 年代，日本作曲家大门高子无意间从报纸上看到了"紫金草"的故事，深受触动。她将其改编成合唱组曲《紫金草的故事》，并成立了紫金草合唱团，团员都是来自日本各界的和平爱好人士，有老师、学生、家庭主妇，甚至还有不少是经历过"二战"的老年人，对战争的残酷深有体会，有些人甚至年事已高，坐在轮椅上还坚持演唱。合唱团辗转日本多地演出，传播和平理念，紫金草开始被誉为"和平之花"。2001 年，紫金草合唱团首次来南京演出，"紫金草"的故事也由此在中国传播开来，被更多人知晓。

2007 年 3 月，侵华日军南京大屠杀遇难同胞纪念馆扩建时，一直铭记父亲遗愿坚持种花的山口裕先生筹集了一千万日元在纪念馆和平公园内捐建了"紫金草花园"，以此表达中日两国人民世代友好、共同期盼和平的愿望。2008 年，日本和平友好人士再次倡议并捐资在紫金草花园内塑造"紫金花女孩"铜像，进一步丰富"和平之花"的内涵。

2009年4月18日，"紫金花女孩"铜像在侵华日军南京大屠杀遇难同胞纪念馆和平公园内落成，由山口裕先生、大门高子女士率领的日本紫金草访华团一行二十多人专程前来参加了铜像揭幕仪式。高2.17米的铜像表现的是抗日战争时期一个七八岁的南京女孩，睁着大大的双眼看着战火纷飞的世界，稚嫩的脸上带着一层淡淡的忧伤，手中举着一束紫金草，象征着对美好和平的向往和祈愿。

2016年12月12日，为表彰外籍人士曾在南京大屠杀期间救助中国人的善举，江苏省首次向约翰·拉贝、罗伯特·费奇等六位国际友人的后裔颁发了国际和平纪念章。纪念勋章的造型灵感就来自紫金草，向世界传达"不忘历史，珍爱和平"的花语。

4. "万人坑"遗址

江东门是当年日军大规模进行屠杀的地点之一。当年日军将解除武装的中国士兵和平民万余人，押至江东门集体枪杀。数月后，由南京慈善团体收尸一万多具，就近掩埋于两个大土坑内，故称为"万人坑"。这里就是1998年4月至1999年12月新发掘的遇难者遗骨坑。坑为遗骨分七层，表层达208具，占地170平方米。经过法学、医学、考古学和史学等多方专家考证，确认这批遗骨为南京大屠杀遇难者遗骨。1号遗骸为一具60岁女性骸骨，其颅骨前额处有一弹孔；5号遗骸为一具6岁儿童骸骨，其头骨至于胸肋之上、下颌及部分肋骨散布于头骨周围，推论被掩埋前已经头颈分离；6号遗骸为一具19岁女性骸骨，其头骨两侧有铁钉，右侧骨盆上有一明显刀刺痕迹；8号遗骸为一具中老年女性骸骨，上下颌骨严重分离，推论被掩埋前口腔内有堵物。

5. 南京利济巷慰安所旧址陈列馆

利济巷慰安所旧址位于南京市秦淮区利济巷2号，是亚洲最大、保存最完整的慰安所旧址，也是为数不多的被在世"慰安妇"幸存者指认过的慰安所建筑，是侵华日军南京大屠杀遇难同胞纪念馆的分馆，是全国重点文物保护单位。

南京利济巷慰安所旧址陈列馆由8栋民国时期的历史建筑建成，原由国民党少将杨普庆于1935—1937年建造，名为"普庆新村"。日军侵占南京后，将此处改造为"东云慰安所"和"故乡楼慰安所"。是经在世的朝鲜"慰安妇"

幸存者朴永心指认的慰安所。

2019年10月，侵华日军南京利济巷慰安所旧址被列入第八批全国重点文物保护单位名单。2020年9月1日，侵华日军南京利济巷慰安所旧址入选第三批国家级抗战纪念设施、遗址名录。

陈列馆共展出了1600多件文物展品、400多块图板、680多幅照片。由著名雕塑家吴显林创作的"慰安妇"主题雕塑，静静地安放在陈列馆入口处。雕塑由三位"慰安妇"组成，其中一位身怀六甲，身形虚弱，一手护住腹中胎儿，一手搭在另一妇女身上，她们的神情无力、无助、无望。这组雕塑的由来并非臆想，创作原型是"二战"时期随军记者拍摄的中国战场上怀孕的朝鲜籍"慰安妇"朴永心。

雕塑的背后，是一整面墙的眼泪。13颗硕大"泪滴"，参差洒在斑驳陈旧的墙面，凝重而悲怆。在右侧的另一面墙上，密密麻麻拓印着当年"慰安妇"的黑白头像照片，每一张脸上都是屈辱和愤怒，每个人的眼里都含着泪水。这面墙下面，辟出一小块裸露的黑土地，时间的年轮虽然过去了半个多世纪，"慰安妇"幸存者的眼泪却从未休止，浸湿了这片记录下日军滔天罪行的土地。

6. 正义必胜、和平必胜、人民必胜——中国战区反法西斯战争胜利暨审判日本战犯史实展

"三个必胜"主题展分为"侵略者的罪恶""不屈的抗争""法西斯的投降""正义的审判""争取持久和平"五个部分，共展出图片1100余幅、文物6000余件（套）。

在展厅中，有一把以军号为原型进行艺术再创作的特大型铸铜军号，长70分米，象征抗战胜利70周年。与其相连接的是书写有"胜利号角"四个立体字的的红飘带，象征全世界爱好和平的人们共同吹响了反法西斯战争胜利的集结号。右侧墙面上，以抗日战争时期中国军号为原型复制了192把军号，分两部分呈阵列式悬挂于墙上：一部分为93把，代表了9月3日为中国人民抗日战争暨世界反法西斯战争胜利纪念日；另一部分为99把，代表了1945年9月9日在南京举行的中国战区日本投降签字典礼纪念日。

20世纪三四十年代，德、日、意三国在亚洲、欧洲、非洲、大洋洲犯下了一系列法西斯罪行。面对德、日、意法西斯的疯狂侵略与邪恶犯罪，全世界爱

好和平的国家和人民团结一致，组成了最广泛的国际反法西斯阵营。中国人民抗日战争开辟了世界反法西斯战争的东方主战场，中国共产党在抗战胜利中起到关键的中流砥柱的作用。抗战胜利后，南京作为重要见证地之一，经历了中国战区日本投降签字典礼和审判日本战犯的时刻。展览用大量的文物、翔实的资料和历史影像，提醒人们铭记历史、缅怀先烈、珍爱和平、开创未来。

7. 简介"七七事变"。

"七七事变"（1937年7月7日—7月31日），又称"卢沟桥事变"，发生于1937年7月7日，为中国抗日战争全面爆发的起点。日军在北平西南卢沟桥附近演习时，夜间日本军队以有己方士兵失踪为借口，要求进入宛平县城调查。遭到拒绝后，日本军队于7月8日凌晨向宛平县城和卢沟桥发动进攻，驻守在卢沟桥北面的一个连仅余4人生还，余者全部壮烈牺牲。"七七事变"是日本全面侵华开始的标志，是中华民族进行全面抗战的起点，也象征第二次世界大战亚洲区域战事的起始。

8. 简介首都保卫战。

南京保卫战是"二战"最惨烈的首都保卫战。日军侵占上海后，向南京进犯。为了保卫当时的首都南京，国民政府确立"短期固守"方针，布下约15万兵力守卫南京，并任命唐生智为南京卫戍司令长官，组建南京卫戍军。

1937年12月1日，日本大本营陆军部下达了进攻南京的作战命令。华中方面军司令官松井石根所辖的十多万的日军展开了向南京的进攻。

12月初，在南京近郊句容、汤山、湖熟、淳化、秣陵等地，中国守军与日军展开了约一周的外围激战，拉开了南京保卫战的序幕。

12月10日午后，日本华中方面军司令官松井石根正式下达了对南京城的总攻击令，中国守军在紫金山、雨花台、中华门等各个战线与日军展开了殊死搏斗。

守军誓死抵抗的战斗勇气终究无法对抗日军先进的飞机战车以及不断增援的兵力，加上后援不继，战局不断恶化。12日傍晚，守城部队接到了卫戍总部下达的撤退命令。13日凌晨南京各城门陆续失守，悲壮惨烈的南京保卫战画上句号。12月13日，南京沦陷。

【课后实践】

学习线上示范讲解视频后，根据提纲练习讲解侵华日军南京大屠杀遇难同胞纪念馆。

序号	名称	景点内容要点		讲解时长
1	概况	1. 纪念馆简介 2. 建馆时间 3. 新馆外形 4. 设计理念		1分30秒
2	馆前广场	1. 雕塑广场 2. 公祭广场 3. 公祭鼎、标志碑、《倒下的300000》、和平大钟		1分30秒
3	展陈区	1. 门厅、序厅 2. 第一部分　南京沦陷前的中国形势 第二部分　日军进犯南京与南京保卫战	2分钟	5分45秒
		第三部分　日军在南京的暴行	1分30秒	
		1. 第四部分　人道主义救援 2. 第五部分　世界所了解的事实与日本的掩饰 3. 第六部分　大屠杀后的南京	1分30秒	
		1. 第七部分　战后调查与审判 2. 第八部分　人类记忆和平愿景	45秒	
4	外景	1. 悼念广场 2. 墓地广场 3. "万人坑"遗址 4. 冥思厅 5. 和平广场		1分15秒
累计时长				10分钟

第二节　雨花台

【解　读】

雨花台位于南京今中华门以南，自古便是江南地区登高揽胜之佳地。

雨花台最早记载于公元前 1147 年，泰伯在这一带传礼授农。南梁天监六年（512 年），城南门外高座寺的云光法师常在此设坛说法，感动上苍竟落花如雨。唐朝时改名为雨花台，并沿用至今。

雨花台是新民主主义革命时期中国共产党人和爱国志士最集中的殉难地，埋葬烈士达 10 万之多。新中国成立后，党和政府决定在此兴建雨花台烈士陵园，这是新中国后建成规模最大的纪念性陵园，也是中国新民主主义革命的纪念圣地。

1988 年 1 月，雨花台被国务院列为全国重点文物保护单位，2000 年列为首批国家 4A 级旅游景区、全国爱国主义教育示范基地。现为首批全国廉政教育基地和全国百家红色旅游经典景区，以及江苏省首批党性教育现场教学基地。

雨花台的考证讲解以中轴线为主，与实地带区讲解基本一致。考证讲解时长 10 分钟，实地带团讲解时长约 60 分钟。

【考证示范讲解】

一、景点概况

1. 地理位置、景区地位　2. 历史沿革　3. 景区布局

雨花台风景区位于南京城南中华门外一千米处，是悼念民族英雄和革命先烈的游览胜地。

雨花台原名长陵石子岗。东晋时为纪念豫章内史梅赜而改称为梅岗。相传南朝高僧云光法师在此讲经说法，感动佛祖，落花如雨，雨花台因此得名。1927 年蒋介石背叛革命以后，雨花台沦为反动派杀害革命烈士的刑场，十万革命志士在此献出了宝贵的生命。

新中国成立后，按照先绿化、后建设的方针，经过半个多世纪的营造，今

日的雨花台由六大功能区组成：烈士陵园区、名胜古迹区、雨花茶文化区、雨花石文化区、游乐活动区、密林生态区。

二、北大门、陵园广场

1. 北大门的建筑特点

2. 烈士群雕像的内涵及设计特点

北大门由两根高 11.7 米的花岗岩门柱组成，象征着 1917 年 11 月 7 日俄国爆发的"十月革命"，石柱上方镶嵌着两个由松针和梅花组成的石花圈，代表着烈士们坚贞不屈的情怀。

走过大门，是由三层平台组成的陵园广场。这里是三面环山的谷地，原址为北殉难处，是雨花台屠杀烈士最多的地方。在第三层平台上是烈士就义群雕。这是我国最大的花岗岩群雕像之一。雕像由大小 179 块花岗岩拼镶而成，像高 10.3 米，总重达 1374 吨。

整组雕塑共塑造了 9 位烈士的形象，"9"是个位数中最大的数字，在中国传统文化中是大、多的意思，寓意在雨花台牺牲的先烈人数很多。雕塑中有工人、学生、士兵、农民、知识分子、报童等形象，分别代表着不同阶层的革命先烈和爱国志士。整座群雕主题突出、层次分明、上实下虚，重在表现烈士们的面部表情，形象再现了革命烈士在刑场上大义凛然的浩然正气。

此外，还有纪念新中国成立前夕遇难烈士的东殉难处和位于中岗西侧的烈士丛葬地。1951 年在东殉难处建起了"革命烈士殉难处"的水泥标志，现在大家看到的纪念牌坊及圆形黑色大理石墙体建筑是 1996 年重新修建的。

三、主峰

1. 纪念碑的文字内容及建筑特点

2. 碑前纪念物

3. 碑廊的布局及碑刻内容

主峰立有雨花台烈士纪念碑。纪念碑由碑帽、碑身、碑座三部分组成，高 42.3 米，寓意着 1949 年 4 月 23 日的南京解放。碑额上有日月同辉图案，象征着烈士的精神与天地共存，与日月同辉。碑身正面是邓小平题写的"雨花台烈士纪念碑"八个镏金大字，背面有江苏省、南京市政府合著的碑文。1950 年，原为毛泽东题词的"死难烈士万岁"纪念碑，1989 年改为现碑。在纪念碑前屹

纪念碑

位著名书法家书写的。

立着一尊高 5.5 米的青铜塑像，表达了共产党人宁死不屈的主题。

在纪念碑正前方是青铜铸造的"长明灯"，造型为"日月同辉"，火种是采自泰山之巅的第十一届全运会圣火，寓意烈二精神"薪火相传、代代不息"。

广场平台东西两端各有一纪念石鼎，正中有三个巨型的花环，花环两侧各有 5 只用花岗岩雕刻的石棺，庄严肃穆。

在纪念碑的 2 层平台是碑廊，每边各有 90 块大理石，上面刻有《共产党宣言》《马克思主义的三个来源和三个组成部分》《新民主主义论》这些经典著作，共计 47046 字，是由肖娴等 36

四、纪念池、纪念桥

1. 纪念池设计特点

2. 国际歌碑、国歌碑的位置及内容

3.《缅怀》雕塑简介

4. 纪念桥

我们沿着碑前的台阶继续向前参观。前方长方形的水池为纪念池，利用物理学折光原理，巧妙地将纪念碑、纪念馆等纪念建筑倒映在水中，营造出怀念与哀悼的氛围。

纪念池的北面立有国际歌碑，其上部刻有《国际歌》的五线谱和用汉、蒙、藏、维、壮五种文字撰写的歌词全文。南面为中华人民共和国国歌碑，模式与

国歌碑

国际歌碑相同。

前方两座花岗石雕塑相对而立，高 5.5 米，以"缅怀"为主题。战士手握钢枪肃立，少女手抚胸前，表达了人们缅怀先烈、继承遗志的情怀。

纪念桥跨越雨花湖，桥长 103 米，桥面两边铺设着斑斓的雨花石。它没有栏杆，两侧是 1 米宽的卧式花岗石坡面，左右两边均刻有 12 个直径 1.2 米花圈，共计 24 个，寓意着后人一年 12 个月 24 个节气对烈士的无限思念之情。

五、纪念馆

1. 纪念馆的设计者及建筑特点

2. 纪念馆内的展陈

雨花台烈士纪念馆建成于 1988 年，由著名建筑大师杨廷宝先生设计，这也是他生前设计的最后一座建筑。馆体为"凹"字形，正中重檐主堡，馆名由邓小平同志题写。南北两侧门楣上嵌有"日月同辉"的标志，象征着烈士的精神与天地共存，与日月同辉。

纪念馆的展陈以"信仰的力量——雨花英烈生平事迹展"为主题，总面积 4550 平方米，包括序厅、基本陈列厅、缅怀厅、家书厅和尾厅五大展厅，共展出恽代英、邓中夏等 179 位烈士的生平事迹。

雨花台是新民主主义革命时期中国共产党人和爱国志士的集中殉难地。从 1926—1949 年南京解放前夕，在这里牺牲的烈士数以万计，目前已知姓名的只有 1519 位，绝大部分为无名烈士。此次上版陈列的一共有 179 位烈士，他们来自全国 20 多个省份，其中绝大多数是共产党人。1921 年，中国共产党诞生，雨花台刻骨铭心的红色记忆也由此开始。

基本陈列厅第一部分为"光荣北伐，革命先锋"。1924—1927 年，中国大地上爆发了轰轰烈烈的大革命，国共两党第一次合作。一批共产党人和革命军人在北伐中英勇奋战，牺牲在反动军阀的屠刀之下，金佛庄、顾名世、张霁帆、成律等成为雨花台最早的革命烈士。

金佛庄，浙江东阳人，我党最早的军事干才。他牺牲后，国共两党均举行了隆重的追悼。

顾名世是金佛庄的上尉副官，1926 年与金佛庄同时被军阀孙传芳逮捕后牺牲。

张霁帆，四川宜宾人，是在南京牺牲的最早的共产党员。

成律牺牲时年仅 26 岁，他将生命献给了革命事业，还将遗体献给了祖国的医学事业。

第二部分主题为"力挽狂澜，前仆后继"。1927年，蒋介石、汪精卫相继背叛革命，大肆屠杀共产党人，轰轰烈烈的大革命失败，一大批在白色恐怖中心战斗和在全国各地从事革命活动的共产党人，以自己的鲜血和生命，捍卫了共产主义信仰，他们是雨花台烈士中人数较多的一个群体。

邓中夏，中国共产党创建时期的重要领导人。1925年邓中夏组织领导省港大罢工。1933年在雨花台英勇就义。

恽代英，祖籍江苏武进，1921年加入中国共产党，曾担任《中国青年》第一任主编等。1931年从容就义。

何宝珍（1902—1934），曾用名王芬芳，湖南道县道江镇人，毕业于衡阳省立第三女子师范学校。她率先参加反帝爱国运动，被选为湖南学生联合会代表。后加入中国社会主义青年团，任该校团组织负责人。1923年初加入中国共产党，同年与刘少奇结婚。由于叛徒告密，在南京雨花台英勇就义，年仅32岁。对其革命的一生，刘少奇有过这样的赞语："英勇坚决，为女党员之杰出者。"

第三部分主题为"奋起抗战，中流砥柱"。1931年，"九一八"事变爆发，标志着中国人民抗日战争的开始。中国共产党是中国抗日战争的中流砥柱。

第四部分主题为"迎接黎明，血沃新天"。许多人倒在革命胜利的黎明之前。雨花英烈为祖国和民族建立的丰功伟绩永垂史册，他们的崇高精神永远铭记在亿万人民心中！

成贻宾于1949年4月19日牺牲，牺牲时距南京解放仅有4天。他也是此次展陈中最后一位牺牲烈士。

缅怀厅里有9件烈士遗物模型，让我们再一次回想起雨花英烈用青春和生命唤起民族觉醒和崛起的壮丽伟烈的人生，感受到他们炽诚的"初心"。

接下来是家书厅。"烽火连三月，家书抵万金。"家书是写信人真情实感的流露。雨花英烈既有普通人的悲欢喜乐，又有超越普通人的理想信念和责任担当。这里有中国共产党人为人民谋幸福、为民族谋复兴的初心的回响。

新中国成立后，经过不断努力修缮，党和人民在雨花台建立起规模宏大、雄伟壮观的烈士陵园，这里凝聚着永远的缅怀，成为中国共产党人的精神家园、党性教育的大课堂。每一天，这里都发生着穿越时空的历史对话，在不断的追寻中持续书写着动人的精神传承的故事。

2017年10月31日，在一大会址巨幅党旗前，习近平总书记带领其他常委同志集体重温入党誓词，宣示新一届党中央领导集体坚定的政治信念。

六、思源广场、忠魂亭

1. 思源池

2. "忠魂颂"浮雕数量及内容

3. 忠魂亭的建筑特点

在整个陵园中轴线最南端的是忠魂亭。1996年由南京市30万名共产党员捐资建造。亭为覆钟形，灰色花岗岩贴面，寓意警钟长鸣、居安思危。南北的横额上有江泽民亲笔题写的"忠魂亭"三个金字。

忠魂亭

现在，我们来到了思源广场，中间是思源曲水池，意为"饮水思源，不忘先烈"。

水池两侧是《忠魂颂》浮雕，以8个历史片段表现了南京地区的革命历程。深浮雕表现的是"狱中斗争"和"刑场就义"，刻画了烈士英勇不屈的形象；浅浮雕表现的是南京地下党组织领导斗争的片段。

七、其他：雨花石；雨花茶

前方为雨花石博物馆，是全国唯一以展示雨花石为主题的专业博物馆。雨花石含有玛瑙和玉髓的成分，也被称为雨花玛瑙。

它以晶莹的质地、丰富的色彩、奇妙的纹理、生动的形象被称为"天赐国宝，中华一绝"。

雨花茶属绿茶类，是南京的特产，曾获中国食品博览会银奖，是中国十大名茶之一。它形似松针、条索紧直、色绿似翠、挺拔秀丽，色、香、味、形俱美，深得人们青睐。

【景点问答】

1. 目前雨花台风景区由哪几个功能区组成？

答：六个。分别是：雨花台烈士陵园纪念馆、雨花台名胜古迹区、雨花石文化区、雨花茶文化区、雨花游乐活动区、雨花生态度假区。

2. 雨花台共有几处殉难处？北殉难处位于何处？

答：东、西、北三个殉难处。北殉难处在广场南端，是一处三面环山的谷地，1927—1937年先烈多被害于此。

3. 雨花台烈士就义群雕由多少块花岗岩石装配而成？为什么选择9位烈士？

答：179块。"9"在中国古代是代表多的意思，寓意在雨花台牺牲的先烈人数非常多。

4. 雨花台烈士纪念碑高多少？寓意是什么？

答：高42.3米，寓意为1949年4月23日南京解放。

5. 雨花台烈士纪念碑的护墙上镌刻着的是哪三部著作？有什么意义？

答：《共产党宣言》、《马克思主义的三个来源和三个组成部分》和《新民主主义论》。马克思、恩克斯创立了共产主义学说，列宁实践了共产主义学说，毛泽东发展了共产主义学说，是共产主义发展的三个里程碑。

6. 请说出中国共产党第一次全国代表大会召开的时间、地点。

答：中国共产党第一次全国代表大会于1921年7月23日至31日在上海望志路106号（现兴业路76号）和浙江嘉兴南湖召开。

7. 党的十九大报告庄严宣示了中国共产党的初心，具体内容是？

答：为中国人民谋幸福，为中华民族谋复兴。

8. 倒影池北面的照壁上用哪五种民族文字镌刻着《国际歌》？

答：汉、壮、蒙古、维吾尔、藏。

9. 国际歌的词曲作者是谁？

答：法国工人诗人鲍狄埃作词，工人作曲家狄盖特作曲。

10. 倒影池南面的照壁上用五种文字镌刻着哪一首歌？

答：中华人民共和国国歌。

11. 国歌的词曲作者是谁？

答：田汉作词，聂耳作曲。

12. 雨花台烈士纪念馆是由我国哪位著名建筑大师设计的？

答：由东南大学已故的著名教授杨廷宝设计，遗憾的是他并没有看到这部宏伟作品的最终落成。1982年先生病逝后，由他的学生、在国内外享有盛名的著名设计大师齐康主持完成了整个建筑的设计建造。

13. 雨花台烈士纪念馆新馆有哪些展厅？陈列了多少烈士的生平事迹？

答：新馆分为序厅、基本陈列厅、缅怀厅、家书厅和尾厅五大展厅，共展出恽代英、邓中夏等179位烈士的生平事迹。

14. 雨花台烈士纪念馆正门上的标志图案是什么？含义是什么？

答："日月同辉"。革命烈士精神与大地同在，与日月同辉。

15. 请简介在雨花台牺牲的烈士邓中夏的生平事迹。

答：邓中夏，中国共产党创建时期的重要领导人。1894年，出生于湖南宜章，从北大毕业后，他在长辛店从事工人运动，主办工人劳动补习学校，建立工会，为北方工人运动培养了大批骨干力量。1925年邓中夏组织领导省港大罢工，担任了罢工委员会的顾问和党团书记。1933年在上海被捕。同年在雨花台慷慨就义。

16. 请简介在雨花台牺牲的烈士恽代英的生平事迹。

答：恽代英，祖籍江苏武进，1921年加入中国共产党，曾先后担任《中国青年》第一任主编、黄埔军校政治主任教官、中共中央宣传部秘书长、中共中央组织部秘书长，是周恩来的得力助手。1930年不幸被捕，第二年4月，在南京中央军人监狱刑场从容就义。

17. 请简介在雨花台牺牲的烈士孙津川的生平事迹。

答：孙津川，安徽寿县人。1927年11月，中共江苏省委特派孙津川任中共南京市委职工运动委员。1928年3月，在南京地下党组织遭受到第二次大破坏后，孙津川临危受命，就任中共南京市委书记。在中共六大上，他当选为中央审查委员会委员。同年7月，在南京党组织遭到第三次大破坏时，孙津川不幸被捕后慷慨赴难。

18. 雨花台内很多建筑都由花岗岩建造，寓意为何？

答：因为花岗岩具有坚硬、庄重、浑厚、朴素、敦实的品格，充分体现了烈士的精神和后人继承先烈遗志的决心，同时也展示了雨花台建筑的独特风格。

19. 国共两党进行过哪两次合作？其标志分别是什么？

答：第一次是1924—1927年，国民党第一次全国代表大会的召开。第二是 1937—1945 年，西安事变的和平解决。

20. 雨花台名胜古迹区内建有二忠祠，是祭祀什么人的？

答：二忠祠内祭祀的是南宋抗金英雄杨邦乂和抗元英雄文天祥。

【知识拓展】

1. 十月革命

1917 年 11 月 7 日（俄历 10 月 25 日），以列宁为首的布尔什维克党领导俄国工人、农民和革命士兵，在首都彼得格勒举行武装起义，推翻了资产阶级统治，建立世界上第一个无产阶级专政的政权——苏维埃政权。随后，苏维埃政权在全国各地相继成立。十月革命的胜利开辟了人类历史的新纪元，是马克思列宁主义的伟大胜利。

2. 全国十大名茶之一的雨花茶

雨花茶是南京的著名特产，属绿茶类，其种植历史最早可追溯到唐代，陆羽的《茶经》中便有记载，曾获中国食品博览会银奖，是中国十大名茶之一。它形似松针、条索紧直、色绿似翠、挺拔秀丽，色、香、味、形俱美，深得人们青睐。

1958 年江苏省为向新中国成立十周年献礼而成立专门委员会开始研制新品种绿茶，由副省长韦勇义担任主管领导，由中山陵茶厂牵头，邀请各地制茶专家，在 1959 年春创制成功"形如松针，翠绿挺拔"的茶叶产品，以此来意喻革命烈士忠贞不屈、万古长青，并定名为"雨花茶"，使人饮茶思源，表达了对雨花台革命烈士的崇敬与怀念。

3. 雨花台历史沿革

从公元前 1147 年泰伯到这一带传礼授农算起，雨花台至今已有 3000 多年的历史。

三国时期，因雨花台山岗上遍布五彩斑斓的石子，所以雨花台又被称为石子岗、玛瑙岗、聚宝山。

东晋初期，胡人压境，都城南迁，豫章太守梅赜带兵抵抗，屯兵于此。为了纪念梅将军的高风亮节，后人在此建梅将军庙，广植梅花，梅岗遂得名。

南朝梁武帝时期，佛教盛行，有位高僧云光法师在此设坛讲经，感动上苍，落花如雨，雨花台由此得名。"南朝四百八十寺，多少楼台烟雨中""雪映山眉紫，烟消树顶圆"，这些美妙的诗句，正是历史上雨花台人文景观和自然风光栩栩如生的写照。

明、清两代，雨花台内的"雨花说法"和"木末风高"分别被列为"金陵十八景"和"金陵四十八景"之一，雨花台一带成为当时有名的江南登高揽胜之佳地。清乾隆皇帝曾六下江南，三上雨花台，现景区内的"乾隆御碑"正是其游雨花台时所题。雨花台是历代文人墨客乃至帝王将相的吟咏之地，从李白、王安石、陆游、朱元璋、康熙、乾隆到鲁迅、田汉、郭沫若、刘海粟、陈运和，都留下了吟咏雨花台的优美诗篇。

太平天国时期，在"天京保卫战"中，忠王李秀成同清军将领曾国荃曾在此血战经年。

辛亥革命期间，革命军曾和清兵在这里展开激战，史称辛亥革命"雨花台之役"。在这次激战中，革命军中出现了一支以辛亥革命女杰尹维峻为队长的女子敢死队，她们奋勇厮杀，至为壮烈，为争夺雨花台要塞屡建战功。这次战役最终取得了胜利，南京得以光复，对稳定革命形势以及最终定都南京起了决定性作用。1912 年孙中山在南京宣誓就任中华民国临时大总统，不久就率领随从六人，专程骑马到雨花台视察，对雨花台之役给予高度评价。民国初年，将雨花台之役阵亡的 200 多位将士遗体及其战马合葬于此，垒筑成两座土冢，树碑纪念。1999 年雨花台风景区重修了墓冢，新建了花岗岩贴面弧形照壁，成为辛亥革命在南京的一处重要纪念地，也是南京市重点文物保护单位。

1927 年以后的一段岁月里，这里却成为新民主主义革命时期中国共产党人和爱国志士较为集中的殉难地，有不计其数的烈士倒在血泊之中，其中留下姓名的仅 2401 位。

1949 年 12 月 12 日，南京市第一届第二次人民代表会议作出建设雨花台烈士陵园的决议。雨花台开始全面绿化造林、修建道路的工作。1950 年立起了奠基纪念碑，在烈士殉难处建立了纪念性标志。20 世纪 80 年代开始，南京雨花台烈士陵园的建设进入一个新的阶段。1980 年，曾经向全国各地征集雨花台烈士纪念碑设计方案。1983 年 6 月，邓小平亲笔为雨花台烈士纪念碑、雨花台烈士纪念馆题名。1984 年 4 月，纪念碑、纪念馆等新建工程全面启动。其后烈士就义群雕、烈士纪念馆、烈士纪念碑、烈士纪念碑廊、忠魂亭等相继竣工，形成了气势宏伟、庄严凝重的纪念建筑群体。面对着雨花台的北大门矗立着气势恢宏的烈士就义群雕，由 179 块花岗岩拼装而成，雕像中九位烈士屹立在青松翠柏之中，肃穆悲壮。这是我国解放以来建造的全国较大花岗石雕像群，这里也是雨花台的北殉难处。

4. 江苏公安英烈纪念墙

江苏公安英烈纪念墙坐落在南京雨花台烈士纪念碑的西侧，由纪念墙主体、3组浮雕和1000多平方米广场组成。纪念墙主体建筑长12米，正面立一尊高1.5米、宽1米的警察铜像，背面镌刻着碑文和新中国成立以来全省426名公安英烈和因公牺牲民警的姓名、生卒年月和生前单位。

公安英烈纪念墙由中科院院士、国家一级建筑师、东南大学教授齐康负责总体设计。纪念墙主体用红色花岗岩贴面，以"长城"为造型，寓意公安机关肩负着保卫国家和人民安全的神圣职责，一代又一代公安民警以忠诚、奉献、鲜血和生命，筑起了保民平安的钢铁长城；纪念墙又形似一面飘扬的旗帜，将公安英烈的名字镌刻在"旗帜"上，表明他们是全省公安民警乃至全社会学习的榜样，党和人民永远不会忘记他们。纪念墙广场上的三组浮雕，各长2.5米、高1.6米、厚0.65米，全部用整块花岗岩石材雕刻而成，分别突出了"忠诚卫士"、"正义之剑"和"钢铁长城"三个主题，进一步丰富了纪念墙的内涵。

5. 杨邦乂的传说

杨邦乂的传说，是南京第四批市级非物质文化遗产代表性项目名录民间文学类项目。

据《宋史·杨邦乂传》记载，杨邦乂，字希稷，吉州吉水（今江西省吉安市）人。南宋建炎元年（1127年），杨邦乂出任溧阳知县。因平定溧阳叛乱有功，升任江宁府（今南京）通判，2年后改任建康府通判。建炎三年八月，因金人步步紧逼，宋高宗逃往临安（今杭州）。十月，金兀术领兵逼近建康城下。时任建康知府杜充、户部尚书的李梲、沿江都制置使陈邦光见大势已去，不战而降。毫无兵权的通判杨邦乂，组织军民守城抗金，终因寡不敌众，城破被俘。金兀术一边派说客招降杨邦乂，许其官复原职，一边以死相威胁。杨邦乂均严词拒绝，并以其血在衣襟上写"宁作赵氏鬼，不为他邦臣"。后杨邦乂遥见金兀术招降将，大骂曰："若女真图中原，天宁久假汝？行磔汝万段，安得污我！"金兀术大怒之下，命人将其"剖腹取心"而死，年仅44岁。

民间相传，杨邦乂被俘之后，无论金兀术如何软硬兼施，一直不愿投降。不停谩骂之下，恼羞成怒的金兀术问："好大胆，你究竟安的什么心？"杨邦乂称："你不知道吗？我有一颗铁心！"金兀术大喊："那我就把它挖出来！"

金兀术随后叫手下人将杨邦乂五花大绑，命人挖他的心。刽子手一刀下去，当真蹦出一颗铁心！金兀术顿时脸色煞白，下令造一顶轿子，把杨邦乂的铁心放在里面，命两个士兵抬着周游兵营，让官兵学学这种骨气。士兵抬着铁心从雨花台前往花神庙时，途中遇到一条小沟，沟上只有几块木板。士兵走到桥上，杨邦乂的铁心突然掉进了水沟中。两个士兵慌忙下水去摸，摸了半天，也没有摸到，金兀术只得作罢。后来人们在这里修了座桥，为纪念这位可敬的民族英雄，人们称杨邦乂为"杨铁心"，把这座小石桥命名为"铁心桥"。

明洪武元年二月十五日，太祖朱元璋登城远眺，问建康前代有什么忠臣，刘基遂告以南宋杨邦乂死节一事，太祖叹息良久，乃勒《褒忠诗》于杨墓：天地正气，古今一人。生而抗节，死不易心。折辱夷虏，扶植人伦。宜加汝封，庙食万春。1957年，金庸创作出版武侠小说《射雕英雄传》，故事主人公之一的"杨铁心"源于此。800多年来，"杨铁心"的故事成为爱国励志的符号，为历代敬仰，铁心桥地名保留至今。

6. 雨花石

雨花石是一种天然玛瑙石，主要成分为二氧化硅，主要产于南京六合区和扬州仪征市月塘镇一带。据考证，雨花石形成于距今250万年至150万年，是地球岩浆从地壳喷出四处流淌，凝固后留下孔洞，涓涓细流沿孔洞渗进岩石内部，将其中的二氧化硅慢慢分离出来，逐渐沉积成石英、玉髓和燧石或蛋白石的混合物。雨花石的颜色和花纹，则是在逐渐分离、不断沉积成无色透明体二氧化硅过程中的夹杂物。雨花石的孕育到形成，经过了原生形成、次生搬运和沉积砾石层这三个复杂而漫长的阶段，也可谓是历尽沧桑方显风流了。

民间传说云光法师讲经说法感动佛祖，"落花如雨"，形成雨花石。南朝时佛教盛行，至梁武帝时达到顶峰。梁天监二年（503年），梁武帝萧衍邀请建康法云寺云光法师（西域来华僧人），在石子冈东冈（梅冈）讲经，感得"天雨赐花，天厨献食"，纷纷坠落的鲜花形成雨花石，史称"雨花说法"。之后，人们将云光法师讲经的高台取名"雨华台"，后变为"雨花台"。唐代后，"雨花说法"演变为成语"天花乱坠"，沿用至今。雨花台一带成为当时有名的江南登高揽胜之佳地。清乾隆皇帝曾六下江南，三上雨花台，现景区内的"乾隆御碑"正是其第一次游雨花台时所题。

"雨花说法"先后入选1624年《金陵图咏》（明朱之蕃编、陆寿柏画）和明代画家文伯仁的《金陵十八景册》。1920年，"雨花说法"入选长干里客（徐虎，号瘦生，苕溪人）绘制的《金陵四十八景图》。2013年3月，"天花乱坠"入选南京出版社《南京成语故事》。故事发生1500多年来，"天花乱坠"早已深入人心，是使用频率极高的成语之一，派生的"雨花""天花堕""花雨""天雨宝华"等词语语境，成为中国文化、中国文学的意象符号。"雨花台"因"雨花说法"充满了神秘色彩，成为六朝古都南京的文化地标、文化名片。近代又因为国民党在此大肆屠杀共产党员，"雨花台"更是成为革命的圣地。

7. 甘露井

甘露井位于原高座寺前，是南京最古老的井，至今已有1700年的历史，因久旱不涸，水质清纯甘甜，犹如甘露，故被誉为"甘露井"。盛名所及，与之毗邻的高座寺也曾被称为甘露寺。

8. 高座寺遗址

高座寺原名"甘露寺"，它始建于西晋永嘉年间（307—312年），距今已有1700多年的历史。

据《金陵梵刹志》记载，东晋时印度王子帛尸梨蜜多罗来到南京。他在甘露寺讲经说法，名动朝野。由于他讲经时坐在高处，被人尊称为"高座道人"，善男信女们也把"高座"约定俗成地作为寺名。在王导的影响下，当时的许多达官贵人纷纷前来听他讲经说道，一时间，高朋满座。据说，这就是成语"高朋满座"的最初出处。他死后就葬于雨花台，为纪念他，东晋时在此建高座寺。民间流传甚广的那个整日摇着一把破蒲扇、笑颠颠云游天下的济公活佛，他的原型是南朝齐梁年间南京的宝志和尚。当年，他就在高座寺任住持，与五百大士一起修行。

梁武帝时，宝志禅师在此任住持，云光法师在山巅说法讲经。宋代一度改称"永宁寺"。明代，高座寺分寺为二，西边仍为高座寺，东边为永宁寺。

现在的高座寺复建于2011年。门前仿古的盘龙喷水柱，寓意佛门龙象。门前一块照壁为四脚十方壁，四脚寓意四平八稳，十面方向代表十方护持。寺庙门前是一座安徽歙县青石雕刻的大照壁，壁中摆放了一座龙形石雕吉祥高座，空座寓意佛家的"舍"与"空"。照壁前方汉白玉石雕为地藏王佛手印，两位沙弥的敬立表达了对来客的尊重，是佛门最禅意的接待方式：请上座，请上茶。

9. 乾隆御碑

乾隆在位期间，曾六下江南，三上雨花台。现在看到的乾隆御碑是清乾隆十六年（1751年）、二十七年（1762年）、三十年（1765年）乾隆帝三次游历雨花台所题诗句的碑刻。原碑于"文化大革命"中被推倒断为两截。1995年修复并重建乾隆御碑亭，置碑于亭内。碑额雕有二龙戏珠图案。

碑身正面为乾隆首游雨花台的题诗："崇冈跋马晚春晴，凭览遗台触慨情。纵使云光致花雨，可能末路救台城。"这首诗前两句为对景色的赞美，后两句是对历史的感慨。

碑右侧是乾隆二上雨花台时所赋诗："梅岗东麓雨花台，闻道谈经曾致来。岂识维摩不落座，争如太白只衔杯。六朝坊市谁兴废，九道江流自漩洄。"

碑左侧镌刻乾隆三游雨花台时所题诗："闻道文殊问病由，雨花摩诘座无留。法师便果诚能致，已落人间第二筹。"

碑阴为："崔巍雨花台，迹传梁武帝。云光讲经致雨花，台城不救嗟何济。文殊问询维摩处，乃有天花散天女。一之为甚可再乎，著者空槌涂毒鼓。"

10. 李杰墓石刻

李杰墓石刻是雨花台风景区内的国家重点文物保护单位。为何它的规格这么高呢？因为明孝陵当初申请全国重点文物保护单位时，是将李杰墓含在一起申报的。李杰是明朝开国功臣，曾随明太祖朱元璋南征北战。在任广武卫指挥时，死于阵前，归葬于此。后来，朱元璋纳李杰之女为淑妃，掌管六宫。作为大明开国功臣的李杰此时又成为国丈，被追封为镇国将军。

现李杰墓石刻有神道碑，碑文由明朝大学士宋濂撰写。整个神道长约60米，有石羊、石虎、拉马侍、武将各二，在神道两旁对称排列。

11. 方孝孺墓

方孝孺墓是南京市重点文物保护单位。方孝孺，明代大忠臣，也是历史上唯一被灭十族的人。说到他的死，得先从朱元璋第四个儿子朱棣篡位说起。1398年，朱元璋将皇位传给了长孙朱允炆，也就是建文帝。第二年，燕王朱棣就从北京起兵，3年后占领南京，夺取了侄儿建文帝的皇位。当时方孝孺是建文帝的老师，时人尊称为"方正学"。

还在朱棣举兵北平时，手下的谋士就对他说："城下之日，彼必不降，幸勿杀之。杀方孝孺，天下读书种子绝矣。"在当时文人眼中，方孝孺是一面旗帜，不杀方孝孺就会笼络一批文人，就会安抚民心。

朱棣攻下南京后，立即召见了方孝孺。没想到方孝孺却穿一身孝服，痛哭失声来见朱棣。朱棣开始显得相当宽容，和颜悦色地请他起草一篇诏文。方孝孺则又挥笔写了一个大大的"篡"字，朱棣也没发火，好言相劝说：这是我的家事。我请你来，是想让你替我草拟一个诏文，告示天下。方孝孺宁死不从。朱棣再也坐不住了：你不怕杀头株连九族？方孝孺针锋相对地说："莫说九族，十族何妨！"朱棣大怒，下令把方孝孺在午门内凌迟处死。古代帝王处死大臣，一般都在刑部天牢、闹市行刑，或者推出午门斩首，在午门内杀人是没有先例的。由此可见朱棣对方孝孺怨恨之深。相传南京明故宫午朝门内丹墀上的血迹石，即为方孝孺鲜血所溅而成。现在，如果雨后看血迹石，血色还鲜红欲滴，闻之似犹有血腥味。

朱棣处死方孝孺后，仍不解心头之恨，下令灭他十族。方孝孺的九族加上他的朋友、门生也算作一族，共 873 人，全部处死，行刑就长达 7 日之久。

方孝孺宁死不屈的高尚情操，受到人们的尊敬。明万历年间，著名戏剧家汤显祖为其修墓立碑建祠，后毁于战火。清李鸿章任两江总督时，又重新为其修墓立碑，民国时江苏省省长韩国钧又重修，后来均遭焚毁。1999 年，雨花台风景区修复方孝孺墓，现墓区由牌坊、神道、方孝孺铜胸像、24 块碑刻、墓前平台、墓碑、墓丘及墓后照壁组成，呈轴线对称式布局，依山就势，保持原有的环境风貌。墓区全部由青石筑就。环境幽静，树高林密，古柏参天，自成一景。

12. 木末亭

在清金陵四十八景中，"木末风高"说的就是位于雨花台东岗之巅的木末亭。历史上，雨花台是江南三分有其一的登高揽胜之地。登临这里，就可以发现此言不虚。雨花台东岗，"平台高起帝城外"，北可远眺钟山，西能遥望长江，龙盘虎踞之势宛如天成；向下则可近俯古城金陵，六朝烟云、市井风情又尽收眼底。南京最早的城垣"越城"就建在其脚下，在六朝乐府民歌和唐诗中被反复吟咏的南京古长干里，也与它只有咫尺之遥。李白在著名的古乐府《长干行》中留下了这样脍炙人口的诗句："郎骑竹马来，绕床弄青梅。同居长干里，两小无嫌猜。"这个"青梅竹马，两小无猜"的故事就发生在这里至中华门一带。

明代这里建有木末亭。"木末"二字，最早见于屈原的《九歌·湘君》，意为树梢，在这里是言其极高。这里的高不仅是指视野开阔，万象环集，金陵胜景一览无余，同时也有追慕明代大忠臣方孝孺的高风亮节之意。方孝孺之墓就在木末亭之北的山脚下。

现在大家看到的木末亭为雨花台风景区 2000 年 6 月复建，"木末风高"四字匾额由著名书法家武中奇书写。值得一提的是，木末亭在复建时，设计师巧妙地将日寇侵占南京时在木末亭原址上修建的钢筋混凝土碉堡包含在内，不仅保留了日寇侵占南京的罪证，而且还成为现在木末亭的仓储之地，游客在此可以仔细观看。

13. 丁香烈士

丁香（1910—1932），江苏苏州人，本是一名弃婴，被外籍女牧师收为养女。1925年，在东吴大学读书的丁香遇到了乐于泓。在革命的洪流中，两个年轻人先后加入了中国共产党，丁香善弹钢琴，乐于泓喜拉胡琴，学习工作之余，他们琴瑟相和。1932年4月，两人在上海结婚。同年9月，丁香被派往平津一带工作被捕，解来南京，牺牲于雨花台，此时她已怀有三个月的身孕。噩耗传来，乐于泓不顾一切地赶往雨花台，祭悼丁香，并立下"情卷卷，唯将不息斗争，兼人劳作，鞠躬尽瘁，偿汝遗愿"的誓言。乐于泓对于丁香的思念从未停息，他将内心绵绵的情意化作笔端流淌的文字，写下了大量的纪念文章。

1982年，在丁香牺牲50周年的纪念日里，乐于泓来到雨花台，在丁香就义的地方，亲手种下了一棵丁香树。

1992年，乐于泓病逝，骨灰也深埋于丁香树下。由于地下斗争的险恶环境，夫妇二人生前没有拍过合影。直到2009年，乐于泓的家人在翻建旧屋时，发现了一张照片，近景是凝视前方的丁香，她背后的钢琴上竖立着乐于泓的相片，两人留下了一张特殊的合影。

14. 晓庄十英烈

1927年3月，正值国家多难、民族危急之时，人民教育家陶行知先生在南京北郊的劳山脚下创办了晓庄师范。1928年，晓庄学校建立了中共晓庄地下党支部、青年团，并领导学生积极参加声援工人罢工的示威游行等革命活动。1930年4月，学校遭国民党反动当局查封，晓庄学生坚持斗争，很多学生被捕。8月至10月，共产党员石俊、叶刚、郭凤韶、沈云楼、马名驹、胡尚志、汤藻和共青团员谢纬棨、袁咨桐、姚爱兰等英勇就义，血洒雨花台。十位烈士年龄最大的才23岁，史称"晓庄十英烈"。

石俊（1907—1930）化名张惠如，江苏如皋人，中共党员。1927年初加入中国共产党，1928年2月考入晓庄师范，

油画《陶行知和晓庄英烈》

1929年任中共晓庄师范支部书记，1930年6月任中共南京市委委员。1930年7月，在夫子庙组织集会示威时被捕，9月牺牲，年仅23岁。

叶刚（1908—1930）原名叶道生，浙江南田人，中共党员。1925年加入中国共产主义青年团，1926年转为中共党员，1927年2月任中共南田独立支部组织委员，1928年春考入晓庄师范，任中共晓庄师范支部委员，1930年在中共南京市委宣传部工作。1930年7月，在策反晓庄国民党驻军时被捕，8月牺牲，年仅22岁。

石俊　　　　叶刚　　　　郭凤韶　　　　汤藻

郭凤韶（1911—1930），女，浙江临海人，中共党员。1925年考入临海女子师范学校，1926年加入中国共产主义青年团；1929年秋考入晓庄师范，在校转为中共党员，年底进入中共南京市委宣传部工作。1930年9月，为营救被捕同志，在南京下关火车站被捕，同月牺牲，年仅19岁。

汤藻（1908—1930），江苏如皋人，中共党员，1927年初加入中国共产党，1928年2月考入晓庄师范，1929年秋在中山陵园区白马村创办乡村小学，后任南京东洼子小学校长。1930年7月初，因秘密印发革命传单在南京被捕，8月牺牲，年仅22岁。

马名驹（1908—1930），江苏如皋人，中共党员，大革命时期加入中国共产党，1928年2月考入晓庄师范，1930年4月学校被国民党当局查封后转移到南京东洼子小学任教。1930年夏，因秘密印发革命传单被捕，8月牺牲，年仅22岁。

胡尚志（1907—1930）原名胡圣年，笔名楚子，湖北潜江人，中共党员。大革命时期加入中国共产党，1928年考入南京安徽公学，1929年3月考入晓庄师范，1930年春被党组织派往北平新农学校深造，晓庄师范被查封后赶回南京坚持斗争。1930年，参加党组织地下革命活动准备工作时在南京被捕，9月牺牲，年仅23岁。

姚爱兰　　　　袁咨桐　　　　沈云楼　　　　谢纬棨

　　姚爱兰（1912—1930），女，江苏六合人，共青团员，1928年考入晓庄师范，1929年加入中国共产主义青年团。1930年9月，因学校被国民党当局查封后仍坚持斗争而被捕，同月牺牲，年仅18岁。

　　袁咨桐（1914—1930），贵州赤水（现习水）人，共青团员，1929年考入晓庄师范，加入中国共产主义青年团，1930年任共青团晓庄师范支部书记，1930年5月、8月两次被捕，9月牺牲，年仅16岁。根据当时国民党的法律规定，未满18岁是不可以被判处死刑的，可是敌人为了达到杀害他的目的，用卑劣的手段将袁咨桐判决书上的年龄改成了18岁。他是牺牲在雨花台的最年轻的烈士。

　　沈云楼（1913—1930）化名沈一山，江苏兴化人，中共党员。1929年考入晓庄师范，不久加入中国共产主义青年团，后加入中国共产党，1930年任中共南京市委秘密交通员。1930年8月，因中共南京市委机关遭到破坏而被捕，同月牺牲，年仅17岁。

　　谢纬棨（1910—1930）又名宗晖，湖南长沙人。1927年考入晓庄师范，1930年参加上海戏剧运动联合会、南京自由大同盟。1930年，因学校被国民党当局查封转移上海后被捕，解来南京，10月牺牲，年仅20岁。

【课后实践】

　　1. 整理晓庄十英烈事迹的导游词，并模拟讲解。
　　2. 赏析《姚爱兰》导游词，并录制讲解视频
　　要求两位同学一组练习讲解。A为旁白，B为姚爱兰。
　　A：1927年至1930年间，在南京活动的众多党组织当中，有一支年轻的

队伍，就是晓庄师范的师生们，其中石俊、叶刚、姚爱兰等十位学生因参加爱国运动而遭到国民政府的逮捕。在狱中，他们坚贞不屈，最后血洒雨花台。当我们走进南京晓庄学院校史馆时，总会被墙壁上那一张张稚嫩而青春的脸庞所感动。今天，让我们一起走近英烈姚爱兰。

B："1912 年，我出生在南京六合，一个农民家庭。是家里的独生女，父亲对我十分疼爱。十六岁那年，在祖父带领下来到了南京晓庄试验乡村师范学校，彼时正是 1928 年的夏天，'四·一二'反革命政变刚过去一年。晓庄师范秘密成立了共产党、共青团支部，党团员们在课堂上讲授革命道理，我听了深受启发。明白了穷人要翻身、妇女要解放。"

A：此时的姚爱兰，已不再是刚进校时那个腼腆的小姑娘，因为这一年，她光荣地加入共产主义青年团。她在晓庄这个学堂里日益成长，更在思想上有了长足的进步。

A：1930 年的 4 月，姚爱兰不幸被国民党反动军抓捕了，但她没有放弃斗争。在押送过程中，姚爱兰骗特务打开手铐，趁其不备，纵身一跃，奋力游向江边。特务们残忍地拿起带钩的长竹篙，将她敲晕并钩上了船。上岸时，姚爱兰的衣衫早已被鲜血染红，她拖着沉重的脚镣，一步一步艰难地行走。面对群众的围观，她抬起头，大声说道——

B："父老乡亲们，共产党不是匪徒，是为劳苦大众谋解放的革命者。共产主义万岁！"

A：特务恼羞成怒，威胁她不想活了。姚爱兰轻蔑地冷笑一声说——

B："共产党不怕死，怕死不当共产党！"

A：望着这位勇敢的姑娘，沿途群众无不感动得掉下泪来。姚爱兰被投进监狱后，敌人施尽种种酷刑，逼她招供，可她始终只回答一句——

B："我是共青团员，我要像共产党员那样地没入战斗，像共产党员那样面对死亡！"

B："像共产党那样去生，去死！"

A：姚爱兰烈士的话语仍在耳边回响。斗转星移，现今，身为晓庄学子的我们虽然不能像先烈那样抛头颅、洒热血，但我们会在他们的精神引领下，为祖国的基础教育事业而做出努力——

合：让我们以行动建功新时代，以奋斗创造美好生活！

3. 学习线上示范讲解视频后，根据下列提纲练习讲解雨花台。

序号	名称	景点内容要点	讲解时长
1	景区概况	1. 地理位置、景区地位 2. 历史沿革 3. 景区布局	1分钟
2	北大门、陵园广场	1. 北大门的建筑特点 2. 烈士群雕像的内涵及设计特点	1分30秒
3	主峰	1. 纪念碑的文字内容及建筑特点 2. 碑前纪念物 3. 碑廊的布局及碑刻内容	1分30秒
4	纪念池、纪念桥	1. 纪念池设计特点 2. 国际歌碑、国歌碑的位置及内容 3. "缅怀"雕塑简介 4. 纪念桥	1分钟
5	纪念馆	1. 纪念馆的设计者及建筑特点30秒 2. 新馆布展简介，五大展厅名称30秒 3. 序厅展陈内容简介30秒 4. 基本陈列厅内容简介1分钟 5. 缅怀厅、家书厅内容简介30秒 6. 尾厅内容简介30秒	3分30秒
6	思源广场、忠魂亭	1. 思源池 2. "忠魂颂"浮雕数量及内容 3. 忠魂亭的建筑特点	1分钟
7	其他	雨花石、雨花茶、文物古迹区	30秒
累计时长			10分钟

附录一 导游服务规范问答

1. 导游服务有哪些原则?

答:满足游客合理需要;维护游客合法权益;注重经济和社会效益。

2. 除了政治属性,世界各国的导游服务还有哪些共同属性?

答:社会性、文化性、服务性、经济性、涉外性。

3. 全陪的主要职责是什么?

答:实施旅游接待计划;联络工作;组织协调工作;维护安全、处理问题;宣传、调研。

4. 地陪的主要职责是什么?

答:安排旅游活动;做好接待工作;导游讲解;维护安全;处理问题。

5. 导游员应遵守什么样的行为规范?

答:严守国家和企业的机密,注意内外有别;严格遵守请示报告制度;遵纪守法。

6. 地陪接待工作的服务准备包括哪几个方面?

答:业务(服务)准备;语言和知识准备;物质准备;形象准备;心理准备。

7. 欢迎词一般包括哪些内容?

答:代表所在旅行社、本人和司机欢迎旅游者到本地观光游览;介绍本人和司机的姓名及所属旅行社;表示努力为旅游者提供服务的诚挚愿望和希望得到合作的意愿;预祝大家旅游愉快顺利。

8. 欢送词一般包括哪些内容?

答:回顾旅游者在本地的旅游活动;对领队、全陪和旅游者的合作表示感谢;表达友谊和惜别之情;诚恳地征求旅游者对接待工作的意见和建议;对服务的不足之处表示歉意;表达美好祝愿,欢迎再度光临。

9. 地陪在旅游团抵达前应做好哪些服务安排?

答:确认旅游团所乘交通工具抵达的准确时间;与旅游车司机联系;与行

李员联系；再次确认旅游团抵达的准确时间；持接站牌迎候旅游团。

10. 地陪在旅游团抵达后的服务一般有哪些？

答：认找旅游团；认真核实人数；集中清点行李；集合登车。

11. 旅游团抵达饭店后，地陪应做好哪些入店服务工作？

答：协助办理住店手续；介绍饭店设施；带领旅游者用好第一餐；宣布当日或次日的活动安排；处理旅游者进房有关问题；照顾行李进房间；确定叫早时间。

12. 游览前的导游讲解应注意哪些问题？

答：讲清参观游览所需的时间、结束后集合的时间和地点；提醒旅游者记住旅行车的型号、颜色、标志、车号以及参观游览中的注意事项；在景点示意图前，应讲明游览路线，并对景点做概括性介绍。

13. 地陪应如何向旅游者提供购物服务？

答：购物前，地陪应向旅游者讲清在商店的停留时间及购物的注意事项；旅游者购物时，地陪须当好他们的参谋，热情如实地介绍商品及其特点，必要时承担翻译工作；如果商店向他们销售假冒伪劣商品或不按质论价，地陪应同商店负责人进行交涉，以维护旅游者的合法权益；在景点（参观点）游览参观时，如果遇到小贩强拉强卖，地陪应提醒旅游者不要上当。

14. 在店外餐馆用餐时，地陪应注意哪些问题？

答：地陪应按合同规范予以落实，对用餐地点、时间、人数、标准和要求逐一核实和确认；用餐时，应引导旅游者入座，清点人数，介绍餐厅和菜肴的特色，告知领队、全陪和司机用餐地点及餐后的出发时间；用餐过程中，至少应巡视1—2次，查看餐馆是否按标准提供服务并解决可能出现的问题；用餐后，严格按实际用餐人数、标准和饮用的酒水数量，如实填写《餐费结算单》，与餐厅结账，并索要正规发票。

15. 对待计划内的文娱活动，地陪应如何提供导游服务？

答：地陪应陪同前往，并向旅游者简单介绍节目内容和特点。入场时，应引导旅游者入座，介绍有关演出设施和位置，解答旅游者的问题。在观看节目时，可适当指点，但不宜逐一解说。演出结束后，要提醒旅游者不要遗留物品并带领旅游者依次退场。

16. 对待计划外的文娱活动，地陪应如何提供导游服务？

答：地陪应告知演出时间、地点和票价，可协助购票，但一般不陪同前往。

对于旅游者要求去不健康的娱乐场所，地陪应有礼貌地进行劝阻。

17. 导游员应做好哪些送站前的服务工作？

答：核实交通票据；商定行李出房时间；商定集合、出发的时间；商定叫早和早餐时间；提醒结账；及时归还证件。

18. 导游员应做好哪些离店服务工作？

答：集中交运行李；办理退房手续；集合登车。

19. 散客旅游的服务包括哪些程序？

答：散客接站服务；散客导游服务；散客送站服务。

20. 导游人员对旅游团中的儿童，应注意哪些接待技巧？

答：注意儿童的安全；掌握"四不宜"原则；对儿童多给予关照；注意儿童的收费标准。

21. 接待有儿童的旅游团，应掌握好"四不宜"原则，是指什么？

答：不宜为讨好儿童而给其买食物、玩具；不宜突出儿童而冷落其他旅游者；即使家长同意也不宜单独带儿童外出活动；儿童生病，应及时建议家长带孩子去医院治疗，而不宜建议其给儿童随便服药，更不能将自己携带的药品给儿童服用。

22. 对高龄游客应注意怎样的接待技巧？

答：妥善安排行程；做好提醒工作；注意放慢速度；耐心解答问题；预防游客走失；尊重西方传统。

23. 接待聋哑旅游者，导游人员应做好哪些服务？

答：导游员应安排他们在旅游车前排就座，以便他们在导游人员讲解时可通过口形来了解讲解的内容。为了让他们获得更多的信息，导游人员还应面向他们放慢讲解的速度。

24. 接待有视力障碍旅游者，导游人员应做好哪些服务？

答：导游员应该安排他们在旅游车前排就座，能用手触摸的地方、物品可以尽量让他们触摸。在导游讲解时可主动站在他们身边，讲解内容力求细致生动，口语表达更加准确、清晰，讲解速度也应适当放慢。

25. 接待截瘫旅游者，导游人员应做好哪些服务？

答：导游员应根据接待计划分析游客是否需要轮椅，如需要应提前做好准备。接团时，要与计调或有关部门联系，最好派有行李箱的车，以便放轮椅或其他物品。

附录二 导游服务应变问答

1. **在核商日程时，当旅游团（者）或其领队、全陪要求对活动日程做较小修改或增加个别新项目时，地陪应该怎么办？**

答：对合理而又可能满足的项目，应努力予以安排；如新增游览项目需增加收费，地陪应及时向旅行社有关部门反映，并事先向领队和旅游者讲明，若他们同意，订立书面合同，按规定收费，但新增项目不得影响计划项目的实施。无法满足时，要耐心做好解释和说服工作。

2. **在核商日程时，当旅游团（者）或其领队提出对活动日程做重大修改的要求，并可能导致旅游接待计划发生较大变动或涉及接待的规格变动，地陪该怎么办？**

答：一般应婉言并拒绝，并说明我方不方便单方面不执行旅游合同；如经领队和全体旅游者提出的要求确有特殊理由，地陪须请示旅行社有关领导，按领导指示而定。

3. **在核商日程时，如果地陪发现地接社发给的接待计划与旅游团领队或全陪出示的旅游计划之间存在明显差异，地陪应该怎么办？**

答：应及时报告旅行社查明原因，以分清责任；若是接待方的责任，地陪应实事求是地说明情况，并向领队和全体旅游者致歉，并及时作出调整。如责任不在接待方，地陪也不应指责对方，必要时，可请领队向旅游者做好解释工作。

4. **导游员在去机场接团途中遇到前方车祸塞车，他想尽办法到达机场时发现飞机早已正点到达。请问导游员这时该如何处理？**

答：实事求是向游客说明情况，诚恳地赔礼道歉；尽量采取弥补措施，使旅游者的损失减少到最低限度；提供更加热情周到的服务；必要时可请旅行社领导出面赔礼道歉或酌情给旅游者一定的物质补偿。

5. **地陪初次带团没有把握好时间，当他把旅游团送到机场时该航班已经起飞，这时该如何处理？**

答：地陪应立即向旅行社领导及有关部门报告并请求协助；地陪和旅行社应尽快与航空公司联系，争取让旅游团乘最近班次的航班离开本站，或采取包机或改乘其他交通工具前往下一站；稳定旅游团的情绪，安排好在当地滞留期间的食宿、游览等事宜；及时通知下一站，对日程作相应的调整；向旅游团赔礼道歉；写出事故报告，查清事故的原因和责任，责任者应承担经济损失并受相应处分。

6．一位华侨在旅游过程中，不慎丢失了自己的护照，导游员应如何协助其办理补办手续？

答：由旅行社出具遗失证明；失主准备本人照片；失主持证明和照片到公安局出入境管理处报失并申请办理新护照；持新护照到其侨居国驻华使、领馆办理入境签证手续。

7．旅游团团体签证丢失应如何处理？

答：由接待社开具遗失公函；重新打印与原团队签证格式、内容相同的该团旅游者名单，并准备好原团队签证的复印件（副本）；收齐该团全体游客的护照；持以上证明材料到公安局出入境管理处报失，并填写有关申请表，申请新的团体签证。

8．海外游客在来华途中丢失行李，导游员该如何处理？

答：带失主到机场失物登记处办理行李丢失和认领手续；游客在当地游览期间，导游员要不时打电话询问寻找行李的情况，一时找不回，应协助失主购置必要的生活用品；离开本地时还没有找到，应帮助失主将接待旅行社的名称、全程旅游线路以及各地可能下榻的饭店名称转告航空公司，以便行李找到后及时运往相应地点交还失主；如行李确系丢失，失主可向航空公司索赔。

9．在景点参观游览时，导游员发现少了一名游客，拨打电话联系不上，询问团内其他游客仍未找到。导游员该如何处理？

答：立即向参观游览点的管理部门和派出所求助；与下榻饭店保持联系，询问走失游客是否已自行回到饭店；如以上措施仍未找到，地陪应及时向地接社汇报，必要时经领导同意，向公安局报案；找到走失的旅游者后，绝不可对其进行指责或训斥，而应问清情况，分析走失的原因，以免再次发生走失事故。

10．旅游者在旅途中患上了感冒，导游员应如何处理？

答：劝其及早就医并多休息；关心患病的游客；需要时可陪同患者前往医院，并向其讲明相关费用自理，并提醒其保存诊断证明和收据；严禁导游员擅自给患者用药。

11. 旅游者在游览景点时突患重病，导游员应如何处理？

答：不要搬动患病旅游者，让其就地坐下或躺下；立即拨打电话叫救护车；请求景点工作人员或管理部门帮助；及时向接待社领导或有关人员报告。

12. 旅游团住店期间遭遇火灾情况危急，不能马上离开火宅现场，导游员应采取哪些正确做法？

答：提醒旅游者不要搭乘电梯或慌乱跳楼；用湿毛巾捂住口、鼻，身体重心尽量下移，使面部贴近墙壁、墙根或地面；必须穿过浓烟时，要用浸湿的衣物披裹身体，捂住口鼻，贴近地面顺墙爬行；若身上着了火，可就地打滚，将火苗压灭或用厚重衣物压住火苗；大火封门无法逃出时，可用浸湿的衣物、被褥堵塞门缝或泼水降温，等待救援；消防人员到来后，可以摇动色彩鲜艳的衣物寻求救援。

13. 泥石流发生时，导游员应采取哪些紧急措施？

答：泥石流发生时，导游员要镇定地引导游客逃生：不能在沟底停留，而应迅速向山坡上坚固的高地或连片的石坡撤离，抛掉一切重物，跑得越快越好，爬得越高越好；切勿与泥石流同向奔跑，而要向与泥石流流向垂直的方向逃生；到了安全地带，游客应集中在一起等待救援。

14. 洪水来临时，导游员应如何带领旅游者进行自救？

答：不要带领旅游者去危险地带，如电线杆和高压线塔周围，危墙及高墙旁，河床、水库，沟渠与涵洞边，化工厂及储藏危险物品的仓库；带领旅游者迅速离开低洼地带，选择有利地形，将旅游者转移至地势较高的地方以躲避洪水。

15. 被洪水围困时，导游员应如何带领旅游者进行自救？

答：带领旅游者选择较安全的位置等待救援，并用自身备有的通信器具，不断向外界发出求救信号；设法稳定旅游者的情绪，若离开原地要采取集体行动，不要让旅游者单独离开，以免情况不明而陷入绝境；利用手机迅速报警，将旅游者受洪水围困的地点、人数和所处的险情一一报告清楚，请他们迅速组织人员前来救援。

16. 旅游者由于特殊的饮食要求提出换餐，导游员应如何处理？

答：如果所提要求在旅游协议中有明文规定的，须早作安排，地陪在接团前应检查餐厅的落实情况，不折不扣地兑现。如果是旅游团抵达后提出的，需视情况而定：一般情况下地陪应与餐厅联系，在可能的情况下尽量满足；如确有困难，地陪应向旅游者说明情况，可协助其自行解决，餐费自理。

17．旅游者由于口味习惯等原因要求将中餐换成西餐，导游员应如何处理？

答：如果在用餐前3小时提出换餐要求，地陪应尽量与餐厅联系换餐，但需事先说明，如能换妥差价由其自付；如计划中的供餐单位不具备供应西餐的能力，可考虑更换餐厅。如果旅游者在接近用餐时提出换餐，应视情况而定。若餐厅有此服务，地陪应协助解决；若无此项服务，一般不应接受其要求，但应做好解释工作；若旅游者仍坚持换餐，可建议其到零点餐厅点菜，费用自理且原餐费不退。

18．旅游者要求外出自费品尝风味，导游员应如何处理？

答：应予以协助，可由旅行社出面，也可由游客自行与有关餐厅联系订餐；风味餐订妥后旅游团又不想去，导游人员应劝他们在约定时间前往餐厅，并说明不去用餐必须赔偿餐厅的损失。

19．旅游团行车途中发生交通事故，导游人员未受重伤，应如何处理？

答：立即组织现场人员抢救受伤旅游者，特别是抢救重伤旅游者；保护现场，立即报案；迅速向接待社报告；做好旅游者的安抚工作；做好事故善后工作；写出事故书面报告。

20．住双人间的旅游者要求住单间，导游员应如何处理？

答：导游员应主动了解原因；一般情况下，因与同室旅游者闹矛盾或生活习惯不同而要求住单间的居多；这时，导游员应请领队调解或在团队内部进行调配，如果调解、调配不成，而酒店又有空房可满足的话，则可以满足要求，但须事先说明房费由游客自理（一般由提出方付房费）。

21．旅游者要求在自由活动时单独外出购物，导游员应如何处理？

答：导游员要尽量帮忙，当好购物参谋，如建议他去哪家商场、联系出租车、写中文便条等；但在旅游团离开本地当天要劝阻，以防发生误机（车、船）事故。

22．境外旅游者希望购买古玩或仿古艺术品，导游员应如何处理？

答：应带其到古玩商店购买；买妥物品后要提醒其保存好发票，不要将物品上的火漆印（如有的话）去掉，以便海关查验。旅游者如要在地摊上选购古玩，导游员应劝阻，并告知中国的有关规定；如果发现个别旅游者有走私文物的行为，须及时报告有关部门。

23．到游览点后，有旅游者希望不按规定路线游览而要求自由活动，导游员应如何处理？

答：如环境许可（游人不多，秩序不乱），可满足其要求。但要提醒旅游者集合的时间、地点以及旅游车的车号，必要时可写一便条，上写集合时间、地点和车号以及饭店名称和电话号码，以备不时之需。

24. 一外国游客因工作上急需，要求提前离开旅游团，导游员应如何处理？

答：经接待方旅行社与组团社协商后可予以满足，至于未享受的综合服务费，按旅游协议书中规定，或部分退还，或不予退还。同时，导游人员应在领导指示下协助游客进行重订航班、机座，办理分离签证及其他离团手续，所需费用由游客自理。

25. 对于境外旅游者存在违法行为，导游员应如何处理？

答：要分清违法者是由于对我国的法律缺乏了解，还是明知故犯。对前者，应讲清道理，指出其错误之处，并根据违法行为的性质、危害程度，确定是否应报告有关部门处理。对后者，要提出警告，并报告有关部门严肃处理。若有人从事窃取国际机密和经济情报、宣传邪教、组织邪教活动、走私贩毒、贩卖黄色书刊、盗窃文物、倒卖金银、套购外汇、嫖娼卖淫等犯罪活动，一旦发现应立即汇报，并配合司法部门查明情况，严肃处理。

附录三 2024年全国导游资格考试大纲

一、考试性质

全国导游资格考试是依据《中华人民共和国旅游法》，为国家和社会选拔合格导游人才的全国统一的准入类职业资格考试。考试遵循公平、公正的原则，目的是检验考生是否具备从事导游职业的基本素养、基础知识和基本技能。

二、考试科目、语种与要求

全国导游资格考试科目包括：《政策与法律法规》《导游业务》《全国导游基础知识》《地方导游基础知识》《导游服务能力》。

考试语种分为中文和外语，其中外语类包括英语、日语、俄语、法语、德语、西班牙语、朝鲜语、泰语等。

上述科目内容，分别从了解、熟悉、掌握三个层次对考生进行考查。

三、考试方式

考试形式分闭卷考试与现场考试（面试）两种，《政策与法律法规》《导游业务》《全国导游基础知识》《地方导游基础知识》为闭卷考试，《导游服务能力》为现场考试（面试）。闭卷考试实行全国统一的计算机考试。现场考试（面试）以模拟考试方式进行，由省级考试单位根据考试大纲和《全国导游资格考试现场考试工作标准（试行）》组织。

《政策与法律法规》《导游业务》合并为1张试卷进行测试，其中《政策与法律法规》《导游业务》分值所占比例各为50%；《全国导游基础知识》《地方导游基础知识》合并为1张试卷进行测试。考试题型包括判断题、单项选择题、多项选择题。每张试卷考试时间为90分钟，含165题，共100分，其中判断题40题（每题0.5分，共20分），单项选择题90题（每题0.5分，共45分），多项选择题 35 题（每题 1 分，共 35 分）。

《导游服务能力》考试中文类考生每人不少于 15 分钟，备考旅游景区不少于 12 个；外语类考生每人不少于 25 分钟，备考旅游景区不少于 5 个。考试成绩采用百分制，中文类分值比例为：礼貌礼仪占 5%，语言表达占 20%，景点讲解占 45%，导游服务规范占 10%，应变能力占 10%，综合知识占 10%；外语类分值比例为：礼貌礼仪占 5%，语言表达占 25%，景点讲解占 30%，导游服务规范占 10%，应变能力占 5%，综合知识占 5%，口译占 20%。

四、各科目考试大纲

《政策与法律法规》考试大纲

（一）考试目的

考查考生对新时代党的创新理论和国家重大方针政策以及与旅游业发展相关的法律、法规、方针政策的了解、熟悉和掌握程度。

（二）考试内容

1. 习近平新时代中国特色社会主义思想和党的二十大精神

了解：习近平新时代中国特色社会主义思想的重大意义、精神实质、丰富内涵、实践要求和原创性理论贡献。党的二十大主题，新时代十年的三件大事与三个历史性时刻。

熟悉：新时代坚持和发展中国特色社会主义的总目标、总任务、总体布局、战略布局，新时代党和国家取得的历史性成就，发生的历史性变革，推进马克思主义中国化时代化的根本途径，全面建成社会主义现代化强国总的战略安排。

掌握：习近平新时代中国特色社会主义思想的世界观、方法论和贯穿其中的立场观点方法；习近平法治思想、习近平文化思想的主要内容；习近平总书记关于文化和旅游工作的重要论述；中国式现代化的中国特色、本质要求和重大原则，新时代新征程中国共产党的中心任务，全面建设社会主义现代化国家的首要任务。

2.《中共中央关于全面推进依法治国若干重大问题的决定》

了解：《中共中央关于全面推进依法治国若干重大问题的决定》所提出的全面推进依法治国的重大意义和指导思想。

熟悉：全面依法治国的"五大体系、六大任务"。

掌握：全面依法治国的总目标和基本原则。

3. 国家"十四五"发展规划及旅游业专项发展规划

了解：《中华人民共和国国民经济和社会发展第十四个五年规划和 2035 年远景目标纲要》（以下简称《纲要》）关于我国进入新发展阶段的发展环境，"十四五"时期经济社会发展的指导思想、必须遵守的原则和战略导向；《"十四五"旅游业发展规划》（以下简称《规划》）关于"十四五"旅游业发展的指导思想、基本原则与发展目标。

熟悉：《纲要》关于 2035 年远景目标和"十四五"时期经济社会发展主要目标，文化建设的三项重要任务，社会主义文化繁荣发展工程；《规划》关于推进智慧旅游发展及专栏 1 国家智慧旅游建设工程，优化旅游空间布局及专栏 3 旅游城市布局，构建科学保护利用体系及专栏 6 国家文化公园建设，完善旅游产品供给体系及专栏 7 美好生活度假休闲工程等任务措施。

4. 旅游业发展相关政策

了解：《文化和旅游部等十部门关于深化"互联网＋旅游"推动旅游业高质量发展的意见》（文旅资源发〔2020〕81 号）、《交通运输部办公厅　公安部办公厅　商务部办公厅　文化和旅游部办公厅　应急管理部办公厅　市场监管总局办公厅关于进一步加强和改进旅游客运安全管理工作的指导意见》（交办运〔2021〕6 号）、《市场监管总局商务部文化和旅游部关于以标准化促进餐饮节约反对餐饮浪费的意见》（国市监标技发〔2021〕7 号）、《国家消防救援局文化和旅游部关于印发剧本娱乐经营场所消防安全指南（试行）的通知》（消防〔2023〕26 号）、《文化和旅游部公安部关于加强电竞酒店管理中未成年人保护工作的通知》（文旅市场发〔2023〕82 号）的主要内容。

熟悉：《国务院办公厅印发〈关于释放旅游消费潜力推动旅游业高质量发展的若干措施〉的通知》（国办发〔2023〕36 号）、《文化和旅游部办公厅公安部办公厅交通运输部办公厅关于进一步规范旅游客运安全带使用保障游客出行安全有关工作的通知》（办市场发〔2023〕20 号）、《文化和旅游部关于推动非物质文化遗产与旅游深度融合发展的通知》（文旅非遗发〔2023〕21 号）、《文化和旅游部关于推动在线旅游市场高质量发展的意见》（文旅市场发〔2023〕41 号）、《文化和旅游部关于印发〈国内旅游提升计划（2023—2025 年）〉的通知》（文旅市场发〔2023〕118 号）的主要内容。

5.《中华人民共和国宪法》及宪法相关法

（1）《中华人民共和国宪法》

了解：《中华人民共和国宪法》序言的内容与效力、宪法确认的国家指导思想、发展道路、奋斗目标、根本任务，宪法的基本原则。

熟悉：《中华人民共和国宪法》关于国家机构组织的构成、任期和权限划分的规定。

掌握：《中华人民共和国宪法》关于国家制度、公民的基本权利和基本义务的规定。

（2）宪法相关法

了解：《中华人民共和国国旗法》《中华人民共和国国歌法》《中华人民共和国国徽法》关于首都、国旗、国歌、国徽的规定；《中华人民共和国香港特别行政区维护国家安全法》关于中央人民政府驻香港特别行政区维护国家安全机构及其职责的规定。

熟悉：《中华人民共和国香港特别行政区维护国家安全法》关于总则的规定；《中华人民共和国英雄烈士保护法》关于烈士的历史功勋、人民英雄纪念碑的法律地位、纪念缅怀英雄烈士活动、弘扬传承英雄烈士精神、烈士褒扬和遗属抚恤的规定；《宗教事务条例》关于总则以及宗教活动场所、宗教活动的规定；《伊斯兰教朝觐事务管理办法》关于总则以及朝觐人员确定、境内组织工作、境外组织工作以及相关法律责任的规定。

掌握：《中华人民共和国香港特别行政区维护国家安全法》关于分裂国家罪、颠覆国家政权罪、恐怖活动罪罪行和处罚的规定；《中华人民共和国英雄烈士保护法》关于英雄烈士姓名、肖像、名誉、荣誉法律保护及其相关法律责任的规定。

6.《中华人民共和国旅游法》

了解：《中华人民共和国旅游法》的框架及其附则关于本法用语含义的规定。

熟悉：《中华人民共和国旅游法》关于总则、旅游规划和促进、旅游监督管理及主要法律制度的规定。

掌握：《中华人民共和国旅游法》关于旅游服务合同制度及其相关法律责任的规定。

7. 旅游者相关法律制度

了解：《中华人民共和国治安管理处罚法》关于处罚种类和适用的规定；

《中华人民共和国消费者权益保护法》关于总则的规定。

熟悉：《中华人民共和国消费者权益保护法》关于消费者权利、消费者权益的国家保护、消费者协会的公益性职责和禁止行为及其相关法律责任的规定；《中华人民共和国治安管理处罚法》关于违反治安管理的行为和处罚的规定；《旅游不文明行为记录管理暂行办法》关于旅游者、旅游从业人员被纳入"旅游不文明行为记录"的主要行为，"旅游不文明行为记录"的信息内容以及评审、申辩和动态管理制度的规定。

掌握：《中华人民共和国旅游法》关于旅游者权益保护制度及其相关法律责任的规定；《中华人民共和国消费者权益保护法》关于经营者的义务及其相关法律责任的规定。

8. 旅行社法律制度

了解：《旅行社条例》《旅行社条例实施细则》关于总则的规定；《文化和旅游市场信用管理规定》关于总则的规定；《在线旅游经营服务管理暂行规定》关于总则、监督检查的规定。

熟悉：《中华人民共和国旅游法》《旅行社条例》《旅行社条例实施细则》关于旅行社设立与变更的规定；《文化和旅游市场信用管理规定》关于文化和旅游市场信用信息采集与归集、失信主体的分类、信用信息公开与共享的规定。

掌握：《中华人民共和国旅游法》《旅行社条例实施细则》《旅游服务质量保证金存取管理办法》关于旅行社经营范围、经营原则、经营规范、旅游服务质量保证金制度的规定，旅行社权利和义务等法律制度及其相关法律责任的规定；《文化和旅游市场信用管理规定》关于文化和旅游市场失信主体认定、管理措施、信用修复、信用评价与信用承诺的规定；《在线旅游经营服务管理暂行规定》关于在线旅游经营者运营、法律责任的规定。

9. 导游法律制度

熟悉：《中华人民共和国旅游法》《旅行社条例》《导游人员管理条例》《导游管理办法》关于导游资格考试制度、导游执业许可制度及导游从事领队服务条件的规定。

掌握：《中华人民共和国旅游法》《旅行社条例》《导游人员管理条例》《导游管理办法》关于导游执业管理、导游执业保障与激励、导游的权利和义务及其相关法律责任的规定。

10.《中华人民共和国民法典》

（1）民法基本常识

了解：《中华人民共和国民法典》第一编总则关于基本规定的内容，自然人的监护制度、法人的一般规定、民事责任的规定。

熟悉：《中华人民共和国民法典》第一编总则关于民事权利能力和民事行为能力、民事法律行为一般规定、意思表示和代理制度的规定。

掌握：《中华人民共和国民法典》第一编总则关于民事法律行为效力的规定；第四编人格权关于一般规定以及生命权、身体权、健康权、肖像权、隐私权和个人信息保护的规定。

（2）合同法律制度

了解：《中华人民共和国民法典》第三编合同关于合同的法律约束力，订立合同的形式与内容，格式条款的规定。

熟悉：《中华人民共和国民法典》第三编合同关于合同的履行原则、合同条款补充和确定、合同内容约定不明确的履行规定，合同的变更和转让、合同的解除，违约责任的种类和承担方式、定金罚则、客运合同和委托合同的规定。

掌握：《中华人民共和国民法典》第三编合同关于不可抗力、不可抗力的责任、防止损失扩大义务、双方违约和过失相抵规则、第三人造成违约的责任承担的规定。

（3）侵权责任法律制度

了解：《中华人民共和国民法典》第七编侵权责任关于一般规定的内容，人身损害、财产损失、精神损害的责任承担的规定。

熟悉：《中华人民共和国民法典》第七编侵权责任关于监护人、用人单位、教育机构责任，机动车交通事故责任，高度危险活动损害责任的规定。

掌握：《中华人民共和国民法典》第七编侵权责任关于宾馆等经营场所、公共场所的经营者、管理者或者群众性活动的组织者责任，参加具有一定风险文体活动责任，饲养动物损害责任、建筑物和物件损害责任的规定。

11. 旅游安全法律制度

了解：《旅游安全管理办法》关于旅游突发事件等级及相关罚则，关于及时上报突发事件信息的内容要求；《大型群众性活动安全管理条例》关于大型群众性活动的界定、参加大型群众性活动的义务的规定；《中华人民共和国安全生产法》关于从业人员的安全生产权利义务的规定。

熟悉：《中华人民共和国旅游法》《旅行社条例》《旅游安全管理办法》《旅行社责任保险管理办法》关于旅游安全保障、安全管理、责任保险制度的规定。

掌握：《旅游安全管理办法》关于旅游经营者安全经营义务与责任、旅游目的地安全风险提示制度的规定；《中华人民共和国突发事件应对法》关于突发事件的界定、种类、级别，公民、法人和其他组织参与突发事件应对的义务、突发事件预警制度、突发事件应急处置与救援制度的规定。

12. 入出境及交通法律制度

了解：《中华人民共和国民用航空法》关于运输凭证、承运人责任的规定；《中华人民共和国铁路法》关于铁路运输营业中铁路运输合同、铁路运输企业和旅客权利义务的规定；《中华人民共和国道路运输条例》关于客运经营的规定；《国内水路运输管理规定》关于水路运输承运人和旅客之间的权利义务的规定。

熟悉：《中华人民共和国民用航空法》关于劫持航空器、危及飞行安全、携带危险品及管制刀具等乘坐航空器、在航空器上放置危险品、损毁移动航空设施、聚众扰乱机场秩序法律责任的规定；《中华人民共和国出境入境管理法》《中华人民共和国护照法》关于中国公民出境入境和外国人入境出境的义务性规定和禁止性规定及相关法律责任的规定。

13. 食品、住宿、娱乐法律制度

熟悉：《中华人民共和国食品安全法》关于食品安全保障法律制度及相关法律责任的规定；《中华人民共和国旅游法》《旅馆业治安管理办法》及有关法律法规关于饭店经营者权利和义务及相关法律责任的规定；《娱乐场所管理条例》关于娱乐场所的设立和经营规则、监督管理及相关法律责任的规定。

掌握：《中华人民共和国食品安全法》关于食品安全事故处置制度及相关法律责任的规定。

14. 旅游资源法律制度

了解：《博物馆条例》关于博物馆开展社会服务的原则、设立条件、社会服务及其相关法律责任的规定；《保护世界文化和自然遗产公约》关于文化遗产和自然遗产的定义、国家保护和国际保护、保护世界文化和自然遗产政府间委员会的规定；《保护非物质文化遗产公约》关于非物质文化遗产的定义、缔约国的作用、其他保护措施的规定。

熟悉：《风景名胜区条例》关于风景名胜区及其设立、保护、利用和管理及其相关法律责任的规定；《中华人民共和国非物质文化遗产法》关于非物质

文化遗产及其保护措施和原则，非物质文化遗产代表性项目传承与传播的规定。

掌握：《中华人民共和国自然保护区条例》关于自然保护区及其类别、设立条件、区域构成、管理及相关法律责任的规定；《中华人民共和国文物保护法》关于适用范围、文物工作方针、所有权归属，不可移动文物、民间收藏文物、文物出境及其相关法律责任的规定。

15. 旅游纠纷处理法律制度

了解：旅游纠纷及其特点，《旅游投诉处理办法》关于旅游投诉及其管辖的规定。

熟悉：《中华人民共和国消费者权益保护法》关于争议解决的规定；《最高人民法院关于审理旅游纠纷案件适用法律若干问题的规定》的主要内容。

掌握：《旅游投诉处理办法》关于旅游投诉案件受理和处理制度的规定；《旅行社服务质量赔偿标准》关于旅游主管部门调解旅游纠纷时执行的赔偿依据的规定。

16. 时事政治

熟悉：2023年10月以来的国内外时事政治。

《导游业务》考试大纲

（一）考试目的

考查考生对导游服务能力要求、导游服务规范以及导游服务相关知识的了解、熟悉和掌握程度，考查考生对导游语言技能、带团技能和应变技能的了解、熟悉和掌握程度。

（二）考试内容

1. 业务基础

了解：导游的定义、分类和管理；导游服务的内涵、特点和原则，导游职业产生及发展历程。

熟悉：导游的职责内容及礼仪要求；导游服务的地位和作用。

掌握：导游服务能力要求。

2. 服务规范

了解：散客旅游的定义；入境游导游服务特别要求。

熟悉：散客旅游的特点；出境游领队服务程序和服务要求。

掌握：地陪导游、全陪导游服务程序和服务要求；散客的导游服务程序和服务要求；导游引导文明旅游的规范内容。

3. 导游技能

了解：导游语言的内涵和基本要求。

熟悉：导游主导地位的确立和导游形象塑造、信息技术应用的技巧；导游口头语言的表达技巧和体态语言的运用技巧。

掌握：导游运用心理服务、引导旅游者审美、组织协调旅游活动、做好集体协作、接待不同类型旅游者的方法和技巧；常用的导游讲解方法、语言沟通技巧。

4. 应变处理

了解：导游处理突发事件、团队常见问题和旅游者个别要求的原则。

熟悉：漏接和误机（车、船）事故产生的原因；影响旅游活动的气象灾害，包括台风、暴雨、雷电、海啸等；影响旅游活动的地质灾害，包括地震、洪水、泥石流与山体滑坡等。

掌握：旅游者在餐饮、住宿、交通、游览、购物、文娱活动等方面个别要求的处理；旅游者要求自由活动、探亲访友、亲友随团、中途退团、延长旅游期限的处理；旅游合同变更或解除的处理；漏接、误机（车、船）事故的预防与处理；旅游行程变更的处理；旅游者证件、行李、物品遗失和旅游者走失的预防与处理；旅游者晕车（机、船）、中暑的预防与处理；旅游者毒虫蜇伤的处理；旅游者在旅游过程中伤病、病危或死亡的处理；旅游者不当行为的处理；旅游交通事故、治安事故、火灾事故、溺水、食物中毒、传染病疫情、社会骚乱等事件的预防与处理；旅游接待纠纷的处理。

5. 相关知识

了解：高原旅游、冰雪旅游、温泉旅游、沙漠旅游、研学旅游的安全常识；时区与时差、温度和度量衡的换算；货币的相关知识。

熟悉：旅行社、旅游饭店及旅游景区的相关知识；旅游保险的相关知识；中国海关有关入出境携带物品的规定。

掌握：航空、铁路、水路客运知识；入出境证件和入出境手续的相关知识；中国离境退税的相关知识。

《全国导游基础知识》考试大纲

（一）考试目的

考查考生对中国共产党成立以来领导全国人民在革命、建设、改革各个历史时期创造的伟大成就，中国旅游业发展概况，中国历史文化知识，中国文学常识，中国民族与宗教知识，中国自然与地理常识和中国主要旅游客源国（地）概况的了解、熟悉和掌握程度。

（二）考试内容

1. 中国共产党百余年奋斗历程及领导中国人民取得的伟大成就

熟悉：中国共产党的发展历程（重要会议、重大事件和重要人物）；中华人民共和国成立以来取得的重大科技和建设成就。

掌握：中国共产党的成立、第一次国共合作、南昌起义、秋收起义、三湾改编、古田会议、红军长征、遵义会议、西安事变和抗日民族统一战线的形成、抗日战争、解放战争、中华人民共和国成立、抗美援朝、"三线"建设、改革开放、"一国两制"、"一带一路"倡议、构建人类命运共同体、脱贫攻坚、乡村振兴与全面建成小康社会、中国式现代化和人类文明新形态等知识。

2. 中国旅游业发展概况

了解：中国旅游业的发展、文旅融合、数字文旅、中国旅游业三大市场、中国旅游日、定制旅游、红色旅游、生态旅游、乡村旅游、康养旅游、冰雪旅游、研学旅游等行业发展趋势。

3. 中国历史文化知识

了解：中国戏剧戏曲、中医中药、书画艺术的发展等常识，主要科技发明成果。

熟悉：中国历史上的重大事件和重要人物，中国不同历史时期的主要成就，中国传统哲学思想。

掌握：中国历史的发展脉络，古代著名文化类型和代表性遗址。

4. 中国文学常识

了解：中国古典和近当代文学重要知识、重要文化名人及作品，古典旅游诗词名篇。

熟悉：名胜古迹中的著名楹联。

掌握：中国汉字的起源、发展与格律常识，历代游记名篇《岳阳楼记》《滕王阁序》《赤壁赋》《兰亭集序》赏析。

5. 传统工艺美术

了解：中国陶器、瓷器发展概况，中国文房四宝、年画、剪纸和风筝的主要产地和特色。

熟悉：中国陶器、瓷器、漆器、玉器的主要产地和特色，中国传统四大刺绣及其代表作。

掌握：唐三彩、龙泉青瓷、宋代五大名窑、青花瓷、德化白瓷、彩瓷的特点，景泰蓝工艺等。

6. 中国建筑、园林和饮食文化

（1）中国建筑

了解：中国建筑的历史沿革和基本特征，中西建筑流派风格比较，中国近现代建筑的特点，中国当代著名建筑等。

熟悉：中国传统建筑的基本构成与等级观念。

掌握：中国古代著名宫殿、坛庙、陵墓、古城、古镇古村、古长城、古楼阁、古塔和古桥的类型、布局、特点等相关知识，新中国建筑重大成就。

（2）园林

了解：中国古典园林的起源与发展，中国现代园林艺术。

熟悉：中国古典园林的特色和分类。

掌握：中国古典园林的构成要素、造园艺术、构景手段，盆景艺术和代表性园林。

（3）饮食文化

了解：中国饮食文化发展历史、风味流派。

熟悉：中国风味特色菜——宫廷菜、官府菜、江湖菜、素席的特点和代表菜品。

掌握：鲁菜、川菜、粤菜、淮扬菜的形成、特点及代表性菜品，中国传统名茶、名酒的相关知识。

7. 中国各民族知识与宗教知识

了解：佛教、道教、基督教和伊斯兰教的基本概况。

熟悉：中国各民族的基本概况和地理分布，中华民族共同体意识，佛教的传入、在中国的发展及主要宗派，道教的产生、发展及主要派别。

掌握：著名宗教旅游景观的相关知识。

8. 中国自然与地理常识

了解：中国自然与地理基础知识。

熟悉：中国主要地貌类型及代表性景观，山、水、动物、植物、天象等自然景观知识。

掌握：常见自然景观的地质成因。

9. 中国主要旅游客源国（地）和目的地国（地）概况

了解：世界性旅游组织、世界旅游日。

熟悉：中国主要旅游客源国（地）和目的地国（地）的基本情况、风俗习惯、主要城市与景点。

《地方导游基础知识》考试大纲

（一）考试目的

考查考生对中国各省（区、市）以及香港特别行政区、澳门特别行政区、台湾地区概况的了解、熟悉和掌握程度。

（二）考试内容

按照中华人民共和国行政区划，考查的知识点如下：

了解：历史、地理、气候、区划、人口、交通、旅游等概况。

熟悉：列入《世界遗产名录》的中国遗产地景观，列入《人类非物质文化遗产代表作名录》的遗产项目，国家 5A 级旅游景区和国家级旅游度假区，各民族具有代表性的历史文化和民俗风情。

掌握：各地代表性饮食的特点、主要美食和风物特产。国内知名地域文化、民族文化及特色产业。

《导游服务能力》考试大纲

一、考试目的

通过现场考试，考查考生的语言表达能力、应变能力、景点知识掌握、服务意识及外语考生的中外文互译能力等导游应具备的基本素质。

二、基本要求

考生应语言表达准确、流畅、生动，其中外语类考生需全程使用所报考外语语种进行应试；掌握导游的服务规范及工作程序，具备一定的导游服务应变能力；能对考试景点进行熟练讲解，且详略得当、重点突出，具有一定的讲解技巧；掌握全省及所在城市的概况、景点背景知识；对国内外时政、经济、文化、社会发展等综合知识有一定的了解。

三、考试内容

（一）内容

1. 中文类

中文类考生现场考试内容包括：城市概况、景点讲解、景点知识问答、导游规范、应变能力和综合知识问答。

2. 外语类

外语类考生现场考试内容包括：用所考语种讲述城市简况和景点，回答评委用所考语种提出的"导游规范"、"应变能力"、"景点知识问答"和"综合知识问答"题目。阅读所考语种短文，并用所考语种复述阅读内容，阅读材料字数在 150～200 字。同时，需根据要求进行中外文互译。

（二）景点讲解范围

南京市现场考试景点讲解范围如下：

中文类现场考试景点：中山陵、明孝陵、灵谷寺、夫子庙、南京城垣与中华门、总统府、雨花台、牛首山、大报恩寺、侵华日军南京大屠杀遇难同胞纪念馆。

外语类现场考试景点：中山陵、明孝陵、夫子庙、南京城垣与中华门、总统府、侵华日军南京大屠杀遇难同胞纪念馆。

参 考 文 献

[1]　江苏省旅游局 . 走读江苏 [M]. 北京：中国旅游出版社 , 2011.

[2]　康泰 . 南京导游词 [M]. 南京：东南大学出版社 , 2005.

[3]　国都设计技术专员办事处 . 首都计划 [M]. 南京：南京出版社 , 2006.

[4]　百度百科 [DB/OL]. https：//baike. baidu. com/item. 2023-08-26.

[5]　牛首山 [DB/OL]. https：//www. niushoushan. net/. 2023-07-20.

[6]　侵华日军南京大屠杀遇难同胞纪念馆 [DB/OL]. http：//www. 19371213. com. cn/. 2023-07-28.

[7]　南京夫子庙 [DB/OL]. http：//www. njfzm. net/brc/40. htm. 2023-06-18.

[8]　南 京 总 统 府 [DB/OL]. http：//www. njztf. cn/index. sh?charset=jian. 2023-05-20.

[9]　南京市文化和旅游局 [DB/OL]. http：//wlj. nanjing. gov. cn/njswhgdxwcbj/ 202307/t20230713 _3961393. html. 2023-07-15.

[10]　江苏省文化和旅游厅 [DB/OL]. http：//wlt. jiangsu. gov. cn/art/2023/7/12/ art_699 _10949970. html. 2023-07-12.

[11]　王丽 . 畅游南京 [M]. 南京：南京大学出版社 , 2016.

[12]　江苏省文化和旅游厅 . 江苏省导游人员现场考试手册 . 2023.

[13]　知乎 [DB/OL]. https：//www. zhihu. com/question/593909170/answer/ 2976576869.